何定生著作集二：
尚書與文法

何定生　原著

車行健　主編

盧啟聰　整理

本書為：

（一）主編車行健之科技部專題研究計畫「國立政治大學在臺復校初期中文系經學領域學人的學術淵源與學風表現」（計畫編號：MOST 109-2410-H-004-144-）和「顧頡剛與戰後臺灣經學」（計畫編號：MOST 110-2410-H-004-125-MY2）之部分研究成果。

（二）整理者盧啟聰之科技部補助延攬人文學及社會科學類博士級研究人員參與專題研究計畫案（補助編號：MOST 110-2811- H-004-509）之部分研究成果。

緣滅又緣起

── 喜見《何定生著作集》出版

　　約莫在今年四月吧？我突然接到車行健先生的來訊，囑我為其主編的《何定生著作集》撰序一篇以為誌。我與行健先生素無相接，但我知道他在經學方面嚴謹的治學功夫與突出的研究表現，是學界中壯輩中的佼佼者。我想他囑我撰序，自是因為我曾與同窗曾志雄兄整理過定生師的文稿，並將其中較有體系者予以付梓之故。行健兄的這一邀約，顯示了他嚴謹之外的溫暖與周到。由是，雖自忖疏淺，遲疑再三，卻終究還是勉予應命。

　　民國五十六年秋，我入輔大中文系就讀，當時的系主任王靜芝先生請了許多臺大中文系的老師來授課。我上過張亨先生的《史記》、葉慶炳先生的《中國文學史》、葉嘉瑩先生的《詩選及習作》、臺靜農先生的《楚辭》，以及孔德成先生的《禮記》，但我並不知道何定生先生。一直到我修王靜芝先生的《詩經》課，並且選定《詩經》做為我報考研究所的「專書」考科，讀到定生師的《詩經今論》才知道有這麼一個見解獨到的學者。我當時有關《詩經》的知識，大體來於一般學者的通說，而這些通說又率屬義理、情懷的詮釋，完全無涉《詩》三百與樂歌關係的探討。所以讀到定生師的著作，真是大開眼界，欣悅之情差可以「不知手之舞之，足之蹈之」來形容。坦白說，定生師

的論述，我有太多一知半解、不甚了了的地方，但它給我非常豐富的啟示——而那些啟示並不限於我對《詩經》的思考，乃廣泛的影響我後來對學術觀點去取的敏感、對核心課題辯證與掌握的準確。

民國六十年秋，我入台大中文所碩士班，定生師已於前一年八月與世長辭，自無緣親炙請益。嗣後由於論文以唐詩為題，遂更與《詩經》之學逐漸疏離，除了在廖師蔚卿《文心雕龍》的課上，繳交過一篇〈詩經比興二義探究〉的報告外，再無其他涉獵，但定生師詩與樂的論見，一直在我心裏熠熠生輝，不曾或忘。

民國六十三年夏，我碩士班畢業，旋即入伍服預官役。六十五年夏退伍，入幼獅文化事業公司任圖書編輯。出版定生師遺稿的想法，當時一直在腦海裏盤旋。於是在那年暑假，與志雄兄一道去看師母，表達我的心願。承師母慨允以及念貽妹的協助，志雄兄花了三天的時間將遺稿整理出一個大概，交給我做後續處理——這一部分的原委與過程，在後來出版的文集中有清楚的說明（亦見本書附錄四），此處不贅。但這本文集直至民國六十七年七月始由幼獅文化事業公司印行，書名《定生論學集——詩經與孔學研究》。

從整理完竣至出版，時隔二年之久，不難想見此書之付梓並非如當初想像般順利。惟我至今仍清晰記得那段過程中內心的焦慮以及終獲出版時的歡喜雀躍。我亦清晰記得去看師母那個晚上，和念貽妹在日式宿舍窄小的空間裏面對一落落文稿的畫面——那畫面中我們心情之糾結複雜，迄今難以言說。

四十五年過去了，我與念貽妹早已失去聯繫，與志雄兄也斷了音訊，人生因緣際會之難料難執，令人百感交集而無可如何。每憶歐陽永叔所云：「予讀班固〈藝文志〉、唐四庫書目，見其所列，自三代秦漢以來，著書之士，多者至百餘篇，少者猶三、四十篇，其人不可勝數，而散亡磨滅，百不一、二存焉。予竊悲其人，文章麗矣，言語工

矣，無異草木榮華之飄風，鳥獸好音之過耳也！」戚戚焉中，有無限悲感。當年孜孜整理付梓之書，早已一冊難求；而後起之秀知定生師、讀其書者復有幾人？就在我準備接受當年所殷殷致意「不要再讓一位真正的學者永遠埋沒下去」的冀望終將落空時，行健兄默默進行《臺灣經學叢刊》編輯的艱鉅工程，將定生師的著作做了更詳盡完整的呈現，其不僅發潛德之幽光、賡學術之命脈，實踐了史遷〈伯夷列傳〉中自命「青雲之士」的壯懷，而其上窮碧落下黃泉的蒐羅工夫、一芥一毫俱不苟的任事態度，尤令我不能不為之感動、敬佩。我突然有一種體會：緣起緣滅、緣滅緣起，莫非循環？然則，世間有意義、有價值的東西畢竟可以長存，「藏諸名山，傳諸其人，以俟後世知者」，固當是我輩應有的信念吧！

最後，謹談幾點個人感想，做為本文的結束，並敬供大家參考。

陳槃菴先生於定生師之作有如下評語：「《詩經》與樂歌關係，古人言之矣。然二千年來學者，徒知其然，而不能道其詳。至于定生，然後能辨識『正歌』與『無算樂』，徵之《詩》本經與《儀禮》、《禮記》，以暨《左傳》、《國語》等，本本原原，如合符節，而使吾人讀其文者，一旦之間，昭若發矇；其餘諸篇，亦往往鞭辟入裏，時見精義，卓矣！」而槃菴先生復曾對我說定生師的文章：「不人云亦云，亦不為非常異議可怪之論，真佳構也。」人云亦云固難入流，而好為非常異議可怪之論，則往往為躁進空疏之士所常見，是尤不可取。定生師為槃菴先生所許的這二種境界，在我踽踽而行的學術道路上，始終提醒著我、砥礪著我，我因此希望後起的新秀，能三復斯言，誌之不忘。

其次，定生師的著作，每一句話都有根據、都信而有徵，不論是嚴肅的論文或通俗的討論，我們很容易感受到他學問的淵博、材料的嫻熟、見解的深刻。但我願意特別指出他行文的流暢奔放、邏輯的嚴

整清晰。緣此，再艱深的課題，都明白易懂；再繁複的辨證，都眉目清爽，讀來酣暢淋漓。這是他那一輩學者共同的特長，也正是時下學者所望塵莫及的。所異者，他的文字更斬截、直率、銳利，煙火氣甚濃。我認為這可能正顯示了定生師的人格特質；也或許是《古史辨》學者特有的風格。在這個世界，狷介之士注定是孤獨的，定生師一生的周折恐怕都與此不無關係。寫到這裏，我不能不又落入惘惘然的深淵；而我多麼希望這內心的鬱鬱，只是我個人的臆想而已。

何寄澎 謹誌

2021.9.12

何定生著作集序

　　臺灣中文相關科系的現代學術研究，源自於國共內戰之際，大陸渡海來臺學者的引導啟發，當是無可爭議的事實。這些渡海來臺的學者，最先落腳的學術單位，或在中研院、或在臺灣大學、或在臺灣師範大學的前身臺灣師範學院。這些學者一般中文系稱之為「中文第一代學者」，比較著名的如臺灣大學的戴君仁先生（1901-1978）、臺靜農先生（1902-1990）、鄭騫老師（1906-1991）、屈萬里先生（1907-1979）、王叔岷老師（1914-2008）……等等；臺灣師範大學的高明老師（1909-1992）、林尹先生（1910-1983）、魯實先先生（1913-1977）……等等，在這些學者的耕耘奠基下，臺灣中文現代學術研究於焉開展，形成今日活潑多元的局面。

　　中研院中國文哲研究所經學文獻研究群，為了更深入了解二十世紀以來，現代經學相關學術研究的歷史，因而申請執行了「民國以來經學研究計畫」。這個大型研究計畫，分成三個部分執行，第一部分「（大陸）民國時期經學研究計畫」；第二部分「（1949年以後）新中國經學研究計畫」；第三部分「臺灣經學研究計畫」。「臺灣經學研究計畫」分成二階段進行，第一階段為「明鄭時代到日本時代」的臺灣經學研究，第二階段為「二戰後臺灣經學研究計畫」，「臺灣經學研究計畫」第二階段的研究，就在探討國民政府遷臺以後，臺灣經學研究發展的相關事項。研究的對象及內容，即是前述跟隨國民政府到臺

灣，建構臺灣經學研究的第一代學者及其後繼學者的學術貢獻狀況。目的是比較深入的了解第一代學者對臺灣現當代經學研究的貢獻，以及臺灣經學研究與大陸經學的關係等等的議題。

當年執行「二戰後臺灣經學研究計畫」的第二階段之際，就曾發現渡臺第一代學者，並非個個都名聲顯揚，其中某些學者或者因為著作不多，或者未指導研究生，或者任教時間不長，或者沒有擔任行政職務，僅是默默教學引導學生，因而並未受到學界特別的重視，然若就引導傳播學術而言，是否受到學界關注，並不是唯一的判準，是以當年執行研究計畫時，基於學術研究專業的關係，特別注意到第一代《詩經》研究學者，又因就讀學校的關係，所以特別關注臺灣大學中文系的師長，因而發現在屈萬里先生、戴君仁先生和裴溥言先生（1921-2017）之外，何定生先生（1911-1970）也是臺大中文系重要的《詩經》研究學者，但詢問臺大中文系的師長，則幾乎已經被遺忘，因此乃著手進行資料蒐集，最終在《中國文哲研究通訊》第二十卷第二期（2010年6月）編成〈何定生教授紀念專輯〉，共收錄7篇文章，簡略的介紹了何定生先生的生平與學術，行健兄當年即是參與資料蒐集與編輯工作的重要成員。

行健兄行事向來堅持不懈，尤其對學術研究更是追求完美，因此在參與編輯〈何定生教授紀念專輯〉之後，繼續追蹤並蒐集何定生先生的相關學術資訊，這部《何定生著作集》就是行健兄這幾年認真努力的一部分成果。行健兄編輯此書，不僅發潛德之幽光，讓何定生先生的心血可以重新面世，同時還提供臺灣經學研究界重要的學術資源，讓臺灣經學研究者能夠比較深入的了解何定生先生的學術表現及其貢獻，因而有效彌補了臺灣經學研究界的疏漏。不僅如此，從此有心研究臺灣經學的研究者，就又多了一份容易取得的有效文

獻，大大有助於臺灣經學的研究者，當真是功德無量，令人敬佩，是
為序。

2021年元月10日楊晉龍序於思玫秀影齋
離開中國文哲研究所5樓R504室之日

關於《何定生著作集》的
整理與出版

　　我很早就知道臺大中文系曾有何定生這位老輩教授。記得讀碩士班時，與一位大我兩屆的學長住在中央大學的研究生宿舍，學長的書篋中收有一篇何定生教授在《臺大文史哲學報》上發表的〈詩經與樂歌的原始關係〉影印本，我當時曾取此文拜讀，無奈囿於學力，無法深入領會這篇文章的精奧，如是者再，仍不得要領，遂廢置不顧。

　　千禧年秋，隨劉漢初教授赴香港參加學術研討會，期間於書肆中購得王學典、孫延杰合撰之《顧頡剛和他的弟子們》（濟南：山東畫報出版社，2000年），內有何定生一章，作者根據顧頡剛日記、顧氏與何定生往來書信，以及何氏人事簡歷等一手資料，首次將顧、何師徒二人的關係與交涉，做了完整的披露。我當時深為其中情節之曲折複雜、情感之激昂飽滿所吸引，一方面固然為二人師徒關係未能圓滿和諧而遺憾；但另一方面也為何定生之渡海來臺，任教臺大而慶幸。因為此舉不但在客觀知識上將顧頡剛與《古史辨》的學問延續至臺灣，而且也讓吾人在主觀情感上對何定生所傳承的民國學脈有所親近與憧憬。

　　二〇〇七年起，林慶彰和蔣秋華二教授開始在中央研究院中國文哲研究所推動「民國以來經學之研究」（2007-2012）大型研究計畫，旋即於該年七月十二、三日舉辦「變動時代的經學和經學家（1911-1949）第一次學術研討會」。我在會中發表〈田野中的經史學家——

顧頡剛學術考察事業中的古蹟文物調查活動〉一文，是為研究顧頡剛之始。七月下旬，我又參加由林慶彰教授組織的學術考察團，此團目的為赴上海、北京二地訪察民國大陸時期與此二地有關之經學設施、機構，以及相關經學研究者之故居、遺跡、墳塋、文物和親友門生等。在上海考察期間，我透過時任華東師範大學出版社社長朱杰人教授的協助，獲得顧頡剛哲嗣顧潮教授在北京居處的電話。七月二十九日晚，考察團一行人與顧潮教授在北京郵電賓館晤面，並隨之對她進行訪談，訪談紀錄經整理後刊登在《中國文哲研究通訊》第十九卷第三期（2009年9月）。回臺之後，我又屢次與顧潮教授通訊，從她那裏獲得不少與何定生有關的資料，包含早年著作、人事簡歷檔案和書信。與此同時，主要由顧潮教授整理、編校的《顧頡剛日記》（臺北：聯經出版事業公司，2007年）和《顧頡剛全集》（北京：中華書局，2010年）又陸續出版。我就在這些資料的基礎上，開始了對何定生的研究，最早的成果是與徐其寧學棣共同撰寫〈顧頡剛與何定生的師生情緣〉和編製〈何定生教授論著目錄〉。

無獨有偶，文哲所的楊晉龍教授也正在關注何定生教授，他透過何教授和其家人參加的教會姐妹的協助，聯繫上了何定生教授的夫人王淑儀女士、長子何光慈先生和女兒何念貽小姐，楊教授分別於二○○九年二月和九月為他們進行了兩次訪談，之後又得到家屬提供的何定生日記，這為楊教授編寫〈何定生教授年表初稿〉創造了有利的條件。此外，我又藉著於二○○九年一月中旬參加由香港中文大學中國語言及文學系、中國文化研究所中國古籍研究中心主辦的「古道照顏色——先秦兩漢古籍國際學術研討會」機會，結識了何定生教授的學生，曾與何寄澎教授共同編訂《定生論學集——詩經與孔學研究》的曾志雄教授。在種種機緣逐漸成熟的情況，且又適逢何定生教授逝世四十週年的即將到來，遂與楊晉龍教授商議，假《中國文哲研究通

訊》的版面，策畫編製何定生教授的紀念專輯。經過一番努力後，此專輯順利登載於該刊第二十卷第二期（2010年6月），共收錄七篇文稿，包含兩篇研究論文、三篇紀念文章，以及年表與著作目錄各一篇。可說是迄今為止對何定生教授的生平、著作和學術研究成果，所做的最全面且系統的介紹，具有里程碑的意義。

隨著對何定生教授生平經歷及學問著作認識的逐步加深，似乎總有一股來自學術的驅動力量，迫使著我不斷地在資料蒐尋和學術探求的面向上，對既有的研究成果加以更新和完善。於是我又持續將〈何定生教授論著目錄〉修訂增補，且對其《詩經》學做深入地探索。趁著在二〇一三年七月下旬受邀參加德國特里爾大學漢學系主辦的「經學與社會應用國際研討會」機會，發表了〈何定生與古史辨的詩經研究〉，並於該文刊登於《中國文哲研究通訊》第24卷第1期（2014年3月）時，將〈何定生教授論著目錄增訂稿〉附載於文末。

二〇一五年九月八日，又意外收到顧潮教授從美國寄來的電郵，告訴我她在顧頡剛保存的他人來信中，發現一通何定生寫於抗戰勝利後的信函。同年十一月十二日，顧潮教授回到北京後，將此函的文字檔寄給我。我利用這通信函，撰寫了〈何定生一九四六年致顧頡剛未刊書函述要〉，在二〇一七年七月十三日文哲所主辦之「戰後臺灣經學研究（1945-現在）第五次學術研討會」上發表。

二〇一七年三月，何念貽女士從美國回臺省親，我與臺大中文系史甄陶教授商議，擬為其攝製五分鐘左右的訪談短片，後來將此構想擴大為攝製何定生教授整體生平經歷和學術成就的十分鐘紀錄短片。在當時就讀臺大中文系博士班的盧啟聰學棣協助下，再另外聘用兩位政大大傳系的學生專責拍攝和影片製作等技術性的工作，極其克難地完成了《經師身影──臺灣大學何定生教授》的影片。此短片首先在二〇一七年五月十四日於福建師範大學經學研究所舉行的「二〇一六

年國家社科基金重大項目《臺灣經學文獻整理與研究（1945-2015）》開題報告會」上播放，之後又上傳至YouTube平臺，供人自由點閱。

　　福建師大經學研究所推動的「臺灣經學文獻整理與研究（1945-2015）」研究計畫（中國大陸稱之為「項目」），本擬與萬卷樓圖書公司有計畫地出版戰後臺灣經學家的著作，何定生教授的經學論著也名列其中，後受種種因素限制，並未實現，卻因此將何定生著作的重新刊佈之事，排上了日程。何教授來臺後，僅公開出版一本論著，即《詩經今論》。他去世後，其弟子何寄澎、曾志雄二人蒐集遺稿，出版了《定生論學集──詩經與孔學研究》。此次的整理出版，在此二書的基礎上，又蒐羅了其早年的作品，和來臺後正式刊行的文章及研究獎助論文的手稿，並且也儘可能地將其書信和與其生平、著作相關的資料包括進來。我將蒐集好的文稿依照內容分成兩集，分別定名為《何定生著作集一：詩經、孔學及其他》和《何定生著作集二：尚書與文法》，交由萬卷樓圖書公司出版。二〇一九年三月，《著作集一》的打字檔大體完成。由於檔案頗為零亂，因此在正式排版前，我先請當時就讀政大中研所的徐偉軒、詹秉叡、林軒名和張育豪四位同學，將檔案做一番整理。《著作集二》的打字檔則在同年八月完成，檔案則委由盧啟聰整理。出版社雖已在二〇二〇年中即完成編排，但我因忙於《民國經學六家研究》和《傳經授業──戰後臺灣高等院校中的經學教育》二書的出版，抽不出手處理何定生著作集的校對工作。直至二〇二一年元月，方才展開《何定生著作集一：詩經、孔學及其他》的校對，《何定生著作集二：尚書與文法》的整理校對則交由盧啟聰負責。

　　在屢次的校稿過程中，除了需努力解決文稿中所衍生的大量問題，和克服校對時所面臨的種種困難外，與此同時，仍不斷地試圖完善《何定生著作集》的內容，包含蒐輯佚文和增補資料。前者如何氏

獲得國家科學委員會一九六九年研究獎助的論文：〈從儀禮樂次的分類覘三百篇原始的解題〉，此文並未收錄在《定生論學集──詩經與孔學研究》中，因此在我之前編製何定生教授的論著目錄時，頗對此文是否完成置疑。但卻在今年七月初，發現此文手稿藏於臺大圖書館，透過史甄陶教授的協助，將此文掃描寄給我，解決長久以來的疑問，終得以將何定生教授的《詩經》研究成果完整地呈現。後者則如在何定生的日記資料中發現曾志雄教授當年向何教授請教《詩經》問題的信函，以及何教授在病榻上勉力提筆寫成的兩張回覆提問的卡片（曾教授稱之為預覆信）。此外，其日記中也鈔錄了趙元任在一九六八年十月應邀訪臺期間，趙氏在旅館寫給何教授的覆函。這些文獻資料皆收錄在這二冊的《何定生著作集》中，相信可讓讀者對何定生其人和其學有更豐富的認識。

此次的整理與出版，雖已涵蓋何定生教授大多數的論學文章，但仍有遺漏，包含佚失者（如〈宣統政紀考證〉）、殘缺不全者（如〈王充及其學說〉）和某些早年的作品（包括《詩的聽入》、《治學的方法與材料及其它》所撰四文），其他如政論文章、譯作和文藝創作均未收入。而其日記中，除家庭日常生活瑣事外，還記有大量的靈修體驗文字，以及與學術、學界和學校（即臺大）相關訊息的記錄，這兩方面的材料，均有相當的價值，值得重視。由此看來，目前的工作只能說是階段性的成果，離何定生教授著作的完整刊佈，仍有漫漫長路。

感謝何寄澎、楊晉龍二位教授的惠賜序文，施隆民教授的題籤，而本書在整理過程中，也得到何光慈長老、何念貽女士、顧潮、曾志雄、金周生、楊晉龍、蔣秋華、史甄陶諸位教授，以及盧啟聰、徐偉軒、詹秉叡、林軒名、張育豪、陳菲等學棣的協助。當然，若沒有萬卷樓圖書公司的全力相助，包括張晏瑞總編輯和廖宜家、陳胤慧、呂玉姍三位先後任編輯的默默付出，這兩冊《何定生著作集》的出版是

不會如此順利的。··

　　　民國一一○年十二月十四日車行健謹識於國立政治大學

《何定生著作集二：尚書與文法》整理說明

一、本集分為「尚書與文法」、「書信」、「附錄」三部。

二、「尚書與文法」收錄何氏〈漢以前的文法研究〉及〈尚書的文法及其年代〉兩篇論文。〈漢以前文法研究〉（一至三），原載《國立中山大學語言歷史學研究所週刊》，第3集第31-33期，1928年5月30日、6月6日、6月13日；〈尚書的文法及其年代〉，原載於《週刊》第5集第49-51期合刊之「尚書的文法及其年代專號」，1928年10月17日。

三、「書信」輯錄1928年至1929年間，《週刊》「學術通訊」登載何氏致函顧頡剛、余永梁、衛聚賢討論古代漢語文法、《尚書》年代問題、《週刊》編務等書信十一通，及王叔岷《慕蘆憶往》載錄何氏書信二通。「附錄」楊筠如〈讀何定生君尚書的文法及其年代〉、曾志雄〈尚書的文法及其年代述評〉兩篇論文。

四、是次整理，《國立中山大學語言歷史學研究所週刊》以1986年臺北文海出版社之影印合訂本為據。《慕蘆憶往》以1993年臺北華正書局本為據。〈讀何定生君尚書的文法及其年代〉原載《週刊》第6集第72期，1929年3月13日。〈尚書的文法及其年代述評〉原載《中國文哲研究通訊》第20卷第2期，2010年6月，收入本集之前，經由原作者修訂。

五、何氏論文從撰文至發稿、編輯、校對、刊登，因時間倉促，內容存在文字譌誤、體例不一、編排失誤等情況。是次整理，以何氏

補述為主，修改原文刊載時的內容，並以〔校案〕方式說明；
原載之圖解、圖表，除個別例外，予以重製重繪；計量數字，原
為排印時誤植者，逕自校正；異體字、段落排版、引文格式、標
點符號的使用，則按目前學術規範修訂，除特殊情況外，不另外
注明。

目次

一　《尚書》與文法

二 書信

三　附錄

一　《尚書》與文法

漢以前的文法研究

前論

一　本題的範圍

　　古代的文法，是有時代的演變的。而其演變的軌迹，特徵頗大的，那便是春秋戰國及其前後這個時期了。所以，我的研究，以這時期的為對象。

　　古代文法，既有演變的軌跡；那末，古代的著作，必不能逃到這文章結構的公例以外去的。是什麼時代的書，必會合什麼時代的文法。反之，不合那時代的文法的，也不會是那時代的書了。我這研究，是想藉以看古代著作的先後。

　　但是，這話很不容易講。一是沒有直接的文法材料可用。須自己從古代作品裏去找。二是，古代作品的材料自身，便已需要討論和整理；而且有些問題，不能立刻解決。故文法材料，也便很不容易確定。（這二點，在第二、三段討論。）

　　其實，這困難也是不講文法所造成的。「文成法立」，既是國人自來的文法觀，於是做文章的，於所謂結構，只是「知其然」；讀文章的，所謂厚薄，所謂演變，也是「不知其所以然」，故前人言文法（馬氏以前，是沒有這樣個名辭term乃至概念的。）終是不清楚，看不出演變的特徵；又很縹緲，有時竟像在談玄學。《文通》是清末的書。文法概念到這時才確立。然而以它為做文章的工具的，固沒有；

以它讀古書的，也不嘗有過。他雖是第一部國文的文法書，和國文仍是截然兩件事，不相聞問。我以為這也是由於國人的（1）玄學性根和（2）我國文字的特質有以形成之。前一點是哲學問題，這裏不必說；後一點，則實在是個問題。我國的文字，「詞」word和「字」character或混用或合併用，而且詞性part of speech很常改變，和英法的文字不同。它們的字，都是單詞word，意義和詞性都是清清楚楚的。國文則「變化無方」，恰合玄學脾胃。即以「文法」二字作例：「文」字可用於「文化」，可用於「文學」，可用於「斯文」，可用於「一文錢」，可用於「文字」……；「法」字則是「法律」的「法」「方法的」，「法則」的法，「效法」的「法」……。是名詞是狀詞是動詞，皆不必一定，而意思則換得廳利了。其在英文，那「文學」是literature，「文化」是civilization，「文字」是letter，「斯文」做形容詞是gentle，名詞是culture，「一文錢」是cash；「法律」是law，「方法」是way，「法則」是method，「效法」是imitate了。這只是簡簡單單的個例子。要是再分析則更駁雜了。所以國字實在有點特別。）

不過，是玄學也好，是國字的特質也好，橫豎我是要研究它的演變的，是以想分古書為目的的，旁的問題，不是這所該管的了。

於是，我這嘗試的工作，也可以說是在想歸納古代的文法。

二　過去的幾部文法書和本題的關係

要是認「文法」的界說是相對的，那末，過去的時代，也有過幾部文法書。在研究文法寥若晨星的情況之下，這幾部書，實在是有探文法的傾向。梁任公的〈國學入門書要目及其讀法〉裏，將《經傳釋詞》、《古書疑義舉例》二書與《文通》同列於「文法書類」裏，並說：「讀此三書，可知古人語法文法。」這不消說了。此外就是《爾

雅》、《助字辨略》、《經詞衍釋》，也便都是一類的書，《助字辨略》是擇五百幾個字而釋之。大概《經傳釋詞》的體裁是從這部書來者，《經詞衍釋》是就《經傳釋詞》而「衍」之，這都是同性質。惟《爾雅》一書，梁任公、胡適之二家，皆不取入國學書目裏，似乎不以為文法書也者。其實《爾雅》的性質，確亦是在分文法。〈釋詁〉、〈釋言〉、〈釋訓〉這幾篇，皆有這種傾向；而且，古來（當然從漢說起）對於這書，很是重視，其間不無多少關係。所以我也拿來比較了。現在照時代的先後，將這幾部書略說一說。

1　《爾雅》

《爾雅》是漢代的作品。它本來是部字書。然亦有分過詞性。（當然不是個顯在的概念）固然〈釋詁〉、〈釋言〉等，我現在仍不知其究竟的分別的所在，而看它的意思，「言」字好像在表示動詞或形容詞。（這裏所用的術語，都依黎氏錦熙的《國語文法》，不取馬氏《文通》。下倣此。）二類的詞似的。而〈釋詁〉則又是多關於名代詞之類的。像：

> 林、烝、天、帝、皇、王、后、辟、公、侯，君也。（公名）
> 典、彝、法、則、刑、範、矩、庸、恒、律、戛、職、秩，常也。（抽象名）
> 柯、憲、刑、範、辟、律、矩、則，法也。（抽象名）
> 辜、辟、戾，皋也。（抽象名）
> 黃髮、齯齒、鮐背、耇老，壽也。（複合名）
> 謔、浪、笑、敖，戲謔也。（抽象名）
> 仇、讎、敵、妃、知、儀，匹也。（抽象名）
> 績、緒、采、業、服、宜、貫、公，事也。（抽象名）

卬、吾、台、予、朕、身、甫、余、言，我也。（代名）

朕、余、躬，身也。（代名）

台、朕、賚、畀、卜、陽，予也。（代名）按：此條有動詞。如「賚」，「畀」是也。大概是涉「予」而誤。

疇、孰，誰也。（代名）

黎、庶、烝、多、醜、師、旅，眾也。（公名）按：此條也混形容詞。

祿、祉、履、戩、祓、禧、禠、祜，福也。（抽象名）

禋、祀、祠、蒸、嘗、禴，祭也。（抽象名）按：《書》「禋于六宗」固作動詞，然皆是祭名，為抽象詞。看〈釋天〉可以了然。又，《禮記》。

嚛、幾、烖、殆，危也。（抽象名）

績、勳，功也。（抽象名）

茲、斯、咨、呰、已，此也。（代名）

育、孟、耆、艾、正、伯，長也。（公名）按：「育」字王引之的《經義述聞》已證其誤。「假借條」云：「借育為胄，而解者誤以育為長。」

元、良，首也。

之類是。雖然，〈釋詁〉二百九十條，而其為實體詞者，不過上面二十幾條。（按：抽象詞與形容詞動詞頗易混，現在不過舉其大較，不是欲作《爾雅》研究也。）其餘則形容詞動詞介詞不一而足。是其「釋詁」二字，又不是在類名代了。

又像〈釋言〉，二百八十餘條，差不多都是關于動形容介等詞類，好像有「言」為類之意矣，而又有名詞。如：

　　舫，舟也。

　　宵，夜也。

　　師，人也。

　　趾，足也。

　　鯛，鱧也。

之類。倘若謂皆是動靜之詞，如「舫，舟也」條，郭《注》云：「謂
竝兩船也。」依馬氏《文通》例，在偏次者亦為靜詞，則《詩》之
「肅肅宵征」，「宵」字也為形容詞（即靜詞）。然其餘如「趾，足
也」之類，則名詞也。又，「土，田也」條，郭云：「別二名也。」其
為名詞更明甚。《孟子》「今王田獵于此」，「田」字可作動詞。然土字
未之見也。

　　不特此。〈釋詁〉中竟亦有同於〈釋訓〉之條。〈釋訓〉一百六十
餘條，而疊字形容詞居其七十條。（〈釋訓〉一類之詞，我初以為是副
詞即《文通》狀詞。以其規則恰同於英語之-ly。像《詩》〈伐檀〉「坎
坎伐檀兮」，「坎坎」為限制「伐」字的，為副詞。〈小星〉云「肅肅
宵征」，「肅肅」便是限制「征」字。〈兔罝〉「椓之丁丁」、〈柏舟〉
「耿耿不寐」之類皆是。又《禮記》〈檀弓〉云「貿貿然來」，「貿
貿」乃限制「來」字的副詞。後來，一翻《詩經》，又證明〈釋訓〉
的疊詞，不是副詞而是形容詞了。劈臉第一篇「關關雎鳩」便已出
例。「雎鳩」是名詞。「關關」更是形容詞了。於是而〈葛覃〉的「維
葉莫莫」、「其鳴喈喈」。這句「其」字假是認為在主位，則「喈喈」
為副詞，因為「鳴」字便為動詞了；倘若是在領位，則「鳴」字是抽
象名詞，而「喈喈」又是形容詞。而〈螽斯〉之「螽斯羽、薨薨
兮」、「揖揖兮」，〈桃夭〉之「桃之夭夭」，〈兔罝〉的「肅肅兔罝」、
「赳赳武夫」，〈苤莒〉的「采采苤莒」，〈漢廣〉之「翹翹錯薪」，〈麟

趾〉之「振振公子」,〈采蘩〉之「被之僮僮」,〈草蟲〉之「喓喓草蟲」、「趯趯阜螽」,〈柏舟〉之「威儀棣棣」,〈凱風〉之「棘心夭夭」,〈雄雉〉之「泄泄其羽」,〈匏有苦葉〉之「雝雝鳴鴈」,〈谷風〉之「習習谷風」,〈新臺〉之「河水瀰瀰」、「河水浼浼」,〈二子乘舟〉之「中心養養」。〈鶉之奔奔〉的「鶉之奔奔」、「鵲之彊彊」,〈碩人〉之「碩人敖敖……朱幘鑣鑣……河水洋洋……鱣鮪發發」,〈氓〉之「氓之蚩蚩」,〈竹竿〉之「籊籊竹竿」、「淇水滺滺」,〈有狐〉之「有狐綏綏」……太多了,要是將一部《詩經》抄來,敢有幾百條,所以現在不再舉了。這樣,它們都是限制名詞的,所以都是形容詞。最少,在文章結構的樣式,form上該認它是形容詞。倘若謂它們是副詞,則須另定界說。這在將來研究句法時再說。）好像內容頗純一了,乃〈釋詁〉中有二條云:

> 晊晊、皇皇、藐藐、穆穆……,美也。
> 關關、噰噰,音聲和也。

照《爾雅》的分類,最少此二條宜歸入〈釋訓〉之篇。——固然要整理《爾雅》,還有很多很多應該爬羅剔括之處。

此外,〈釋親〉、〈釋宮〉、〈釋器〉、〈釋樂〉、〈釋天〉、〈釋地〉、〈釋丘〉、〈釋山〉、〈釋水〉、〈釋草〉、〈釋木〉、〈釋蟲〉、〈釋魚〉、〈釋鳥〉、〈釋獸〉諸篇,則都是名詞分類。而且已不是關文法,而是一小部辭書了。它的序說:

> 總絕代之離詞,辨同實而殊號者也。誠九流之津涉,六藝之鈐鍵,學覽者之潭奧,指翰者之華苑也。……

我看，只是末一句是實在的。要之：這書除〈釋親〉以下，不必講外，那是一部渾混的詞性書。我們聊可以這樣認它。

然而古代文法的材料怎樣呢？那是沒。

此後繼《爾雅》而起的，有《廣雅》、《拾雅》一類的書。不消說，那都是照《爾雅》的老法子做的，不但就讓「青出於藍」，已不能供我們的需求；況分明不見得會更比《爾雅》高明。

2 《助字辨略》

這書是清康熙年間的作品，咸豐年間才印行，作者是劉武仲，他對於文法的觀念，好像比較進步了。他已提出虛實之名。雖則他的所謂虛字，仍與馬氏《文通》的虛字界說不同，——《文通》界說：凡字有義理可解者，曰實字；無解而惟以助實字之情形者曰虛字。——而確能分兩個概念，他在序文說：

> 構文之道，不過實字虛字兩端，實字其體骨，而虛字其性情也。蓋文以代言，取肖神理；抗墜之際，軒輊異情；虛字一乖，判於燕越。……且夫一字之失，一句為之蹉跎；一句之誤，通篇為之梗塞。

我們看這段文字，把虛字這樣說的動要，那好像是包括動詞了。動詞在文法中，是二條件之一，沒有動詞，實體詞（當於實字）將無從表其意思，即「虛字其情性也」的話。然則他的確以動詞為虛字麼？不然。他說：

> 既取虛用，故「之」訓「往」，而「若」訓「汝」之屬，雖虛猶實，悉無載焉。

是他的謂虛，和《文通》，差不多了，他也謂動詞為實字了。他把虛字再換而為助字以名其書，那可決其論列，必的確是虛字了，乃其內容又變。

他的書裏，不但兼收形容詞、副詞、動詞一類的實字，又收代詞，所不收的，惟名詞一類罷了。

他知「汝」之為實詞，而不知「茲」、「斯」也為實詞。大概他以「汝」是代人，而「茲」、「斯」則是代事物。事物是可有抽象的，所以也是「虛」的了。所以以為虛字吧？像「斯」字條，他引《日知錄》古人用「茲」、「斯」、「此」等字的不同一段話。可證。而「茲」字條云：

> 《爾雅》云：「茲、斯，此也。」邢《疏》云：「此者，對彼之稱」，言近在是也。

又，知「往」之為實字，而不知「為」之除讀去聲為介詞外，也是實字，所以他在「為」字條引《論語》云：

> 「知之為知之，不知之為不知」，又云「子為誰」、「為仲由」，《孟子》「不為不多矣」，「為」猶是也。

可證。又「如」字條云：

> 《廣韻》云：「若也。」《論語》：「弗如也；吾與女，弗如也。」……

他仍然不悟其為實字。又，「無」字條云：

　　　　有之反也。《論語》：「大車無輗，小車無軏，……。」

這也是實字。

　　我們試將上面所引的各例，將「動詞」抽去，則——

　　「知之知之。不知不知」，還和孔子的話意相同否？

　　「弗也，吾與女，弗也。」還成什麼話？

　　「大車輗，小車軏」，都是這樣。這一點，他也想到。他知道不
成話了，又誤認為虛字，於是便在序文上說「一字之失，則一句為之
蹉跎也」，說「虛字一乖，判於燕越」也。然則他依然認不清虛實之
分了。

　　我看，《助字辨略》的材料較王引之的《經傳釋詞》尤差。現在
說王作。

3　《經傳釋詞》

　　王氏是清代個治學問最精的人。《經傳釋詞》，固然未必是他重要
的著作，而他以其深入顯出的才力來作成此書，則是一樣的。這書取
一百六十字來分析其性質，其例好像是援自《助字辨略》。然而他不
提虛實的話，他所用的術語是「語詞」。

　　「語詞」，到底是怎樣一個意義，實在有點不大明瞭。就《經傳釋
詞》的序文看來：「蓋古今異語，別國方言。類多語助之文。……自
漢以來，說經者宗尚雅訓，凡實義所在，既明著之矣，而語詞之例則
略而不究；或即以實義釋之，還使其文扞格而意亦不明。」又說：
「又見其詞之發句助句者。昔人以實義釋之，往往詰籬而為病」這
樣，曰「語助」，曰「語詞」，曰「詞之發句助句者」。又與「實義」
二字對舉，又謂「以實義釋」，往往「扞格而不通」。是「語詞」者，
即「虛字」也。

「語詞」既是虛字了。王氏在《經傳釋詞》的序上，開口便說：「『語詞』之釋，肇于《爾雅》。『粵』『于』為曰，『茲』『斯』為此。」是「若」「斯」之類亦是語詞了。

這樣，故王氏書一百六十條，不但合副、動、形容等實字與連、介等虛字而為一團，即代字亦並入之。其所不收者，正和劉氏一樣，止個名詞耳。王氏大約也認名詞之外，都是虛字吧？

現在姑隨便舉幾個字來做例。要詳細批評，須俟專篇。

> 台猶何也，如台，猶奈何也。

這是副詞。

> 惡猶安也，「何」也……〈檀弓〉曰：吾惡乎用吾情？……鄭注竝曰：「惡乎，猶於何也。」……蓋「惡」本訓「何」。「惡乎」猶言「何所」，不必訓「於何」也。

王氏以「何所」易「於何」，而「何」字為代詞，這裏不嘗有變。

> 《廣雅》曰：「盍，何也。」《楚辭》〈九歌〉曰：「盍將把兮瓊芳」，王《注》曰：「盍，何也。」言靈巫何持乎，乃復把玉枝以為香也。

這「何」字仍為代詞。

「者」字為代詞語尾。而王氏云：

> 《論語》〈陽貨〉篇：「惡紫之奪朱也，惡鄭聲之亂雅樂也，惡利口之覆邦家者。」「者」與「也」同義。

其實，「者」並不是「也」。其意思是說「惡那種以利口覆人邦家的人。」故「者」字是關係代詞。「紫」「朱」「聲」「樂」皆以抽象詞為公名用。故王氏以上文而例下文作「也」字。這種粗糙的歸納法，也是不行的也。（而且尾句句不同）按：《經傳釋詞》「者」字條云：「者，別事之詞也。或其事，或指其物，或指其人。……」是王氏也已見及此，而上例的那樣解釋，實不可解。

> 是，猶衹也。《論語》〈為政〉篇曰：「今之孝者，是謂能養。」言衹謂能養也。

就讓「衹」字也是副詞。

> 為，曰也。桓四年《穀梁傳》曰：「一為乾豆，二為賓客，三為充君之庖。」《公羊傳》作「曰」，是也。

總是動詞。

> 謂，猶為也，《易》〈小過〉上六曰：「是謂眚災。」

這種循環論證，本不成立。也為動詞。

> 有，狀物之詞也。若《詩》〈桃夭〉「有蕡其實」是也。

這是形容詞。

現在不再抄例子了。總之，《經傳釋詞》的內容，和前面所舉的書，是沒有什麼優劣的。姑無論其所用的方法如何，其成就初沒有什

麼重要之處。然這還是時代的限制之故，要他有清楚的系統，是不可能的。

　　所以，《經傳釋詞》或許於我人了解古書，不無幫助。若謂於文法上直接的，那是不行。

　　說幫助讀古書的話，也有應該當心的地方。古書有修詞很美，意思很清楚，給他一釋便完全變了的也常有。現舉個重要的例。「矧」字條云：

> 矧，猶又也。……〈召誥〉曰：「今沖子嗣，則無遺壽耇曰：『其稽我古人之德，矧曰其有能稽謀自天。』」言既曰稽古人之德，又曰稽謀自天也。（此條也載《經義述聞》「語詞誤解以實義」條）

此句，王氏簡直不懂它的意義了。按〈召誥〉此句，《孔傳》云：「言成王少嗣位，治政，無遺棄，老成人之言，欲其法之。且言沖子成王，其考行古人之德，則善矣；其況曰有能考謀從天道乎。言至善。」錯固然也是錯的。而引會知道「矧」是進一層的話。《蔡傳》的「……其能稽古人之德，是固不可遺也；況言其能稽謀自天，是尤不可遺。」也錯。而也能分為兩重語氣。王氏乃改為「又曰」，把語氣句法弄為平列已糟；原文的意義盡失了。這句文，本來是一種包孕句complex sentence。而其句之關鍵，全在「矧曰其」三字。王氏不知「其」字的重要，輕輕將它放過。真是出我意料之外。（《經傳釋詞》裏「其」字列不同的用法十四條，而只一條云「指事之詞」承認其為形容詞性的代詞外，都硬拉入助字去，可知其留意包的態度。）「其」字是關係代詞，領下面的短句clause而為「矧曰」之賓語（即止詞）。以現代語釋之，為：

現在您幼年人起來做國君，已經沒有老成人同您說：「應該參
察我們祖宗的德行呀了；還說那會夠有考察於天道的事麼？」

這裏，「其」，便是代「那……事」的。

把這句句子和王氏比較，其內容之相去為何如？

抑且，「……則無……矧曰……」之式，不是很清楚的麼？何以
王氏會誤到這個地步？像這些地方，《經傳釋詞》還能夠有幫助我們
讀古書的力量也無！？

4 《經詞衍釋》

這書是以《經傳釋詞》為綱領，而再附蓋之。本來，王氏之書，
原是在求「詞」的一些通例，而不是在作一部「詞」書。吳氏衍之，
依其通例而再從而搜尋例子，已屬無聊之作，矧其所援引，往往多不
可通，則其書可知已。

他也想，於王作外，別出新義，乃一鬧，便出笑話。詳後。茲略
舉其謬處數事如下。

「興，猶如也。《論語》：『與其媚於奧，寧媚於竈』，凡此之類，
皆『如其』也。」既無旁例，而又點金成鐵。可笑甚矣！「與其……
寧……」此種連詞之式，不懂嗎？

「為，以也。《孟子》：『王如善之，則何為不行』，……《左
傳》：『莊姜美而無子。衛人所為賦碩人也。』……『為』並『以』
義。」「為」字本來甚明白，無換字之必要。而且「莊姜」句，「為」
字比「以」字語氣較重。這種修辭學他不懂也算了。那最可怪的是：

「為」字亦可訓為「如此」。……《孟子》：「我何以湯之聘幣
為哉。」言「何用湯聘幣如此哉」也。

這實在不知成何說話。

> 伊，有也。《書》：「其伊恤朕躬？」「其」猶「豈」也。言「豈有恤朕躬」也。

總之。吳氏之書，可以說簡直不懂文法，與王氏較，然後知其見解之劣。現再舉其最可笑的一條，做個結束。不必再多引了。

> 《博雅》曰：「惟，豈也。」（此義《釋詞》不載。定按：可見《釋詞》畢竟高明的多。）《書》：「自作不和，爾惟和哉！爾室不睦，爾惟和哉！」言「豈能和也」……。

我真不知吳氏的話，從那裏得來！按：《書》〈多方〉「惟和」四句下，尚有「爾邑克明，爾惟克勤乃事」二句為一氣的，是勉勵和肯定的語氣。吳氏看末句有「惟」而無「哉」字，則於「惟」訓「豈」的意思，不容易成立，所以不引。其實他的眼光真小，不嘗有「哉」字而用於問句，恰是古人的文法，他生在清末，時代既使之變，而讀古書又不高明，於是反以古人所無的問句語尾，加於古人的文法上去，而古人原來沒有語尾的句子，就不有把握了。於是他以「惟」字訓「豈」必擇「哉」字之句。可惜，他不但沒有發明新義（他說「此義《釋詞》不載」），並失了固有的義。今論之如下。

按：古人沒有以虛字做疑問的語尾的。這不須遠引。就是較後出的〈堯典〉，其文也如此「有能俾乂」，這是一句何等異樣的問句，「有能典朕三禮」也是這樣（惟〈堯典〉仍「囂訟可乎」之句，是〈堯典〉後出之證。），〈堯典〉以外，沒有這例。這是一個重要的特徵。俞氏蔭甫已見到此一層，他在《古書疑義舉例》上說：

古文簡質，往往有省「乎」字者……〈西伯戡黎〉篇：「我生不有命在天？」據《史記》則句末有「乎」字。〈呂刑〉篇：「何擇非人？何敬非刑？何度非及？」《史記》作「何……乎」，則亦當有「乎」字。經文皆從省故也。

又其言《老子》云：

《老子》第五章「天地之間其猶橐籥乎」，易州唐景龍二年刻石本無「乎」字。第十章「抱一能無難乎，專氣致柔能嬰兒乎……」，河上公本此六句竝無「乎」字。蓋無「乎」字者，古本也。有「乎」字者，後人以意加之也。

這是很對的話。故「哉」字之用於疑句，確是春秋及以後的事。《尚書》沒有這一回事。「哉」是為正煞語氣（即歎詞），不特《尚書》為然，到後來仍是有的。《戰國策》的「與君王哉……與君王哉！」便是這例，若是從《尚書》之例，則很多了。像：

……自我五典五惇哉！……自我五禮五庸哉！……和衷哉！……五服五章哉！……五刑五用哉！政事懋哉懋哉！
予未有知，思曰贊贊襄哉！
臣哉鄰哉！鄰哉臣哉！
服肱喜哉！元首起哉！百工熙哉！……元首明哉！股肱良哉，庶事康哉！……

〈皋陶謨〉實在太多了。現在從他篇再舉幾句，便不再舉了。

〈召誥〉：「汝往敬哉！茲予其明農哉！」

〈君奭〉：「文王之德迪見冒聞于上帝，惟時受百殷命哉！」

上面的「哉」字皆歎詞也。但，這還不奇。吳氏之以為「哉」訓「麼」者，因其有「惟」字。現在再舉有「惟」字的例來比看：

〈召誥〉：「汝乃是不蘉，乃惟時不永哉！」

〈堯典〉：「欽哉！欽哉！惟刑之恤哉！」

難道可以釋為「豈刑之恤哉」麼？我們不須看其文句上下的關係，「爾唯和哉」、「爾惟和哉」二句，斷斷沒有釋為否定之句子的道理也。吳氏這樣釋法，我想，只讓稍懂句法，不須研究古代的，便一見而會笑倒也。

吳書且會攪亂古代文法的材料，如之何其能夠供給我們以研究之貲呢！

5 《古書疑義舉例》

這書凡釋語詞的，與《經傳釋詞》相伯仲。惟其體裁，略不相同，故其內容也包含較多：有校勘的話，有修辭的話。故我覺得這書，到很有可以參考之處。俞氏後王氏幾近百年。其成績此如，自是意中事。其書中有幾處對於《尚書》的材料，甚有幫助。當於下面討論《尚書》材料時再說；這裏對他的解釋詞性，也略說一說。然甚少。他說：

虛字乃語助之詞，或用於句中，或用於首尾。本無一定。

他在這條之下，所舉的例很少，而多為人名物名，故無甚重要。解得不妥處：

《論語》〈子罕〉篇：「雖覆一簣，進吾往也。」按此雖字當讀為「唯」。言平地之上，唯覆一簣，極言其少。正與「未成一簣」相對成義。

又：

〈鄉黨〉篇：「肉雖多不使勝食氣；唯酒無量，不及亂。」按此唯字當讀為「雖」，與上文一例。

定按：此條皆以上例例下，本甚薄弱，上文果否是例，不能無證。且文義本曲，改則平矣。二句皆然。俞氏之書，雖多未有大錯處，而亦甚多未有大對處，如此類是也。至到有「求深反淺」的，那便是下面的一個例了，現在抄來結束這段文字。「古書連及之辭例」條云：

「之」字，古人亦或用為連及之詞。……《禮記》〈中庸〉篇：「知遠之近，知風之自，知微之顯」，……若謂「知遠之由於近」，……不得但云「遠之近」……。今按：……「之」字皆連及之詞。「知遠之近」者，知遠與近也。……然則「知風之自」句，當作何解？「風」讀為「凡」。「風」字本從凡聲，故得通用。《莊子》〈天地〉篇：「願先生之之言其風也」，「風」即「凡」字。猶云言其大凡也。「自」者，「目」字之誤。《周官》〈宰夫職〉：「二曰師，掌官成以治凡。三曰司，掌官灋以治目。」鄭注曰：「治凡若月計也；治目若今日計也。」然則「凡」之與

「目」，事有鉅細，故以對言，正與遠近微顯一例。

按：此說固曲折是致，如猜謎然。不過，我以是求源反淺了。為什麼呢？《中庸》第一章便云：「莫見乎隱，莫顯乎微。故君子慎其獨也。」是微顯二字之關係甚明，似乎不必這樣穿鑿。且凡與目是綱目，與顯隱不相額。又《中庸》這一章，到底什麼地方說凡目呢！

總看上面幾部書，當仍以王俞二家為較有價值。然其價值，不是在它們的文法性質上，而在比較古書的同異這一點。故它們幫助我的，也便不是直接供給文法材料，而是可以幫助我找尋文法材料。所以這樣看起來，過去的文法書到實在沒有了。依舊是一些間接的材料而已。現在讓我們來看唯一的中國文法書《文通》。

6　《文通》

《文通》的確是部中國文法。它的成書，是取法於西文的，所以會那樣有系統。自來國人所鬧不清的詞性，縹緲的像在談玄的講法，到《文通》便釐然不紊。這是何等快活的事！而且，《文通》的確是純粹的中國書。牠的取材，皆從古代。自周秦和以降，經史子的書，都是材料。內容是何等的豐富！

可是，它又另是一種性質了。它是單單純純的一部講文法的書。於時代的演變不甚注意。因為馬建忠氏作這書的意思，是在以文法為工具的。他說：

> 西文有一定之規距，學者可循序漸進而知所止境；華文經籍，雖亦有規矩隱寓其中，特無有為之比儗而揭示之。遂使結繩而後，積四千餘年之智慧材力，無不一一消磨於所以載道所以明理之文。……斯書也，因西文已有之規距，於經籍中求其所

同。所不同者，曲証繁引，以確知華文義例之所在，而後童蒙
入塾，能循是而學文焉。其成就之速，必無遜於西人。……夫
如是，胥吾京陔億兆之人民而羣其財力，羣其心思，以求夫實
用，而後能自羣，不為他羣所羣。(〈後序〉)

以故，他以古書為材料，卻於古書很疏忽。《文通》指名代字二
之三有云：

……「我」字古書皆用之，而「予」字則《孟》《論》而外，
鮮見於他書。

這話疏忽得厲害。《尚書》裏，「予」字固明明用過百幾十次也。他的
注意的方向，這裏更可看出。要是稍注意古書，斷沒有連《尚書》不
注意像這樣的。

然則，《文通》之于我們的研究古代文法，也是愛莫能助。

國文所有的幾部文法書都不能有直接關係。像上面所說的了。於
是我們的研究，便入於新材料的問題。

三　新材料的問題[1]

所謂新材料，便是具備有下面二條件的之謂。這當然是說文字的
著作品。

    A. 可以代表時代的

    B. 意義已經確定的

具上面兩個條件的，是不很容易找的材料。有的在時代可相信

1　〔校案〕《週刊》原刊作「新的材料問題」，此據上下文修訂。

了，而不能很了解它的內容；有的可以了解了，又不甚可信。如今將
材料的先後，逐次排列而討論之。

1　甲骨文

甲骨文是商代的東西。就現在所有的文字，當以此為最古，而亦
最可信。故在時代的問題上，甲骨文可妥妥當當地解決。故第一條件
（A）不消說是有的了。而第二條件（B），正是個難關。

甲骨文都是商代的卜辭。以文字刻於龜甲及獸骨之上。甲骨的質
地，不很堅牣，而且埋在地下，至今已二千餘年，故殘缺自不消說。
這是一點。文字甚古，不易辨認。廿餘年來許多考古家聚訟紛紛，殫
竭精力，不特尚多不好懂的文字；就是認為可曉的，還是多取「存
疑」態度，于是而欲讀後了了然的文，實在很少。這是第二點。甲骨
之文，既都是卜辭，則文句簡單，字數短少。欲從此中尋出文字結構
的迹象，也非易事，這是第三點。《殷墟書契考釋》〈卜辭六〉云：

> 商人文辭頗簡，方寸之文，或紀數事。又字多叚借。有能得其
> 讀，不能得其誼者。……今……錄文之具可讀者，其斷缺不可
> 屬讀者，不復入焉。

雖如此說，所謂可屬讀之文，仍多不可解之字。故往往錄原文。像言
征戎的有一條：

> 丁丑，王卜貞，今田王九合冊糤吏疾弓□戈罪二壁余其从戰。
> 凵有自下上□□□有不臠戈□□□邑商，凵宅在□□

如此之類。不過，還不至于不能著力的，便是其卜辭常有同樣語氣
的，歸納不很難。如卜年之條云：

受黍年	貞，不其受黍年。
庚申卜貞，我受黍年，三月。	弗其受黍年
癸卯卜以貞，我受黍年。	貞，不其受黍年。
貞乎黍受年。	貞，弗其受𦉢年。
隹黍受年	貞，我不其受年。
夙受年。	乙巳，卜以貞，𢓨不其受年。
甲辰，卜，商受年。	弗受之年。
辛未，貞，受年。	

　　我們看上面的例子，曰「受黍年」，曰「黍，受年」，曰「受年」，都是肯定的語氣；曰「不其受年」，曰「弗其受年」都是否定的語氣；惟「弗受之年」是例外。然也不曰「弗受年」而加「之」字。就上面二種語氣看來，有「不」或「弗」字的，必接以「其」字。適符弗辭的規則。不過，這例之是否是絕對的，那當於本論討論之。

2　彝器文

　　彝器之文，也多商周的作物。我們從其文氣的繁簡可以認得清它時代之先後。——當然文字考釋的責任，我們當信任之於當代及前代的考古學者。——故商器，從文辭的立腳點上，我們可以相信它。周器則語氣舒暢，漸近後代，其間有否為後人所偽作那不可知（漢人有假作）。不過這也是考古家的事，我們沒有法子解決。我們的責任，是在比較文法。

　　彝器的考釋，頗為豐富。周器較多，文字頗近，比甲骨文容易些，故考釋的人也比較多。於是不同樣的釋文，也便是常有的事。像〈毛公鼎〉，吳大澂的《愙齋集古錄》：

弘厥乃德，……克辭乃辟……乃非先告父瘩，父瘩舍命……。

的三個乃字，劉心源的《奇觚室吉金文述》本皆作「乐」，即「厥」
字。「乃」和「厥」字，在通常以為是一樣，用此用彼，都沒有關
係；其實，頗關緊要。像「乃非先告父瘩……」和「乐非先告父
瘩……」二字便不同詞性。作「乃」的是連詞；作「乐」的是代詞。
就上面引那段文字看，前二「乃」字皆是代詞，於「乃」字用法，很
是重要。竊謂「乃」字，在古代──至少也必在商末──是用為實字
的。彝器文中並有「廼」字「乃」字「乐」字，其用法必不是漫無限
制。故吳氏之本，率以「乐」為「乃」，於我們的研究，頗為危險。
這是我們該特別留心處。又：

毋敢龔橐，廼秡鰥寡

句，「秡」字劉氏釋為「侮」，云：「言汝敢呂庶人財賦供私囊，而廼
教侮鰥寡乎？」吳則云：「秡，疑『矜』之古文……或云『敊』，務
省，以鰥寡為先務也。」兩說恰恰相反了。

　〈孟鼎〉：吳本的釋「乃」字者，自「乃祖南公」以上，劉氏皆作
「乐」。又「畯正乃民，有越即事」，「畯」字劉作「畎」訓「允」。「酒
無敢酗」，「酗」劉作「酤」。不過這尚不甚要緊。大概劉本較吳本為細
心。〈曶鼎〉：吳本「乃」字凡十五見，而劉本則作「乃」者五，作
「廼」者十。〈曶鼎〉原文，「廼」固皆作「🌀」而「乃」則作「又」
也。〈曶鼎〉呂調陽氏《商周彝器釋銘》本又有與劉本異者。如：

以限訟于幷叔，我既賣女玉□□父用匹馬束絲限詣曰質則俾我
賞馬效

句，「束絲」呂本作「龜絲」，與吳本及阮元氏《積古齋鐘鼎彝器款識》本並同。劉云：「※※並非『龜』字。蓋象棋衺交束形，是『束』字也。」又，「詒」字，吳本作「訟」，阮本作「詔」，劉云：「『詒』薦釋『詔』，非。《說文》無『詔』字。……三代無其文。秦漢有之。古刻安得有『詔』字。」又：「徒賣茲五夫，百鋝，非出五夫。」呂本「徒」作「永」，「出」作「之」與阮本同。而「茲」字，阮本則作「絲」。「智毋俾成于所」句，「成」呂本作「越」，與阮本並同。「智廼委于所」句，「委」，呂作「悔」，阮作「每」訓同。……總之：異字太多了。現在可以不必再抄。再略比一比較釋義。呂本的釋，最有趣。他簡直像在報告實事一樣真切。原文很長。現在抄一小段。

〈智鼎〉第二段。呂云：「小子勸訟于井叔，訟茲與智也。茲者，智之父兄也。效父蓋質人也。」阮云：「小子勸訟于井叔，以金百鋝贖五夫。智受五夫而為誓詞也」，而呂于智誓詞事。反不說及。下文「以智等及羊及茲三鋝用到，茲及智廼悔于質」句，呂云：「到，倒也。謂償五庚之外。更使出是數者。倒與勸也。用倒。則智遂奪邑矣……則願舍勸及大五秉以改過而恤訟累，」阮云：「智與勸得直。效父乃悔于質也。」雖是繁簡之分，而意思不一致。

總之：我們要是細細地各家的釋文，來一一比較下去，結果不過使我們「靡所適從」。上面所略舉的例，還是從釋文的字面上的。要是去看他們的討論原文的話，那可真了不得。不論如何，我總覺得有點害怕。

但是，話雖這樣講，我們也儘有妥當的路可跑，我的意思是：

A. 各家解釋一致的文句，可用。

B. 有意義可尋繹的，可用。

C. 爭辯中的字句，如証據確鑿的，從之。

大概，凡關于代詞，如「女」，「我」，「余」，「乃」之數，問題較少。

3 《尚書》二十八篇

《尚書》所謂「古文」的諸篇，都證明是後人假作，現在可不須討論了。而伏生的二十八篇，仍是有真有偽。頡剛先生于《古史辨》上嘗給它這樣分組，而加按語：

> 第一組：（十三篇）〈盤庚〉、〈大誥〉、〈康誥〉、〈酒誥〉、〈梓材〉、〈召誥〉、〈洛誥〉、〈多士〉、〈多方〉、〈呂刑〉、〈文侯之命〉、〈費誓〉、〈秦誓〉，這一組，在思想上，文字上，都可信為真。
>
> 第二組：（十二篇）〈甘誓〉、〈湯誓〉、〈高宗肜日〉、〈西伯戡黎〉、〈微子〉、〈牧誓〉、〈金滕〉、〈無逸〉、〈君奭〉、〈立政〉、〈顧命〉。這一組，文體平順，不似古文，有的是，人治觀念很重，不似那時的思想。這或是後世的偽作，或是史官的追記，或是真古文經過翻譯。均說不定。不過，決是東周間的作品。
>
> 第三組：（三篇）〈堯典〉、〈皋陶謨〉、〈禹貢〉。這一組，決是戰國至秦漢間的偽作，與那時諸子學說有相連的關係。那時擬書很多，這三篇是其中最好的；那些陋劣的（如孟子所引「舜後井」一節）都失傳了。

但，雖這樣分，頡剛先生仍認為「還沒有確實的把握」來分開第一二組。（第三組那是從事實上證過是偽作的。）而錢玄同氏答顧頡剛先生書上，則疑心它「沒有成書」，近日顧頡剛先生也嘗對我說：「〈盤庚〉到底確否為商朝的作品，仍是成問題。因為那樣長篇大論，或不是商代所能夠。」這話，我覺得的確可研究。我們試看甲骨文和彝器文，甲骨文無論矣，即彝器文之為商器的，都是簡短得很，

至多不過二三十字左右，（很少）而文氣甚簡樸；較之周器，便顯然不同了。周器如〈頌鼎〉、〈盂鼎〉、〈毛公鼎〉，率百餘字乃至二百餘字不等，〈虢叔旅鐘〉亦幾及百字，且文句舒緩如：

　　……皇考嚴在上，翼在下，叡叡熊熊，降旅多福……

又，〈宗周鐘〉：

　　……王對作宗周鐘，倉倉虫虫雄雄雝雝……先考其嚴在上，熊
　　熊叡叡……

像「倉倉虫虫雄雄雝雝」和「熊熊叡叡」、「叡叡熊熊」等字，居然是聽覺的文學作品。這種地方，商器是不能夠有的。即如周器所最常用的套調（言也是裝飾的文字）如：「敢對揚天子丕顯……其子孫萬年永寶用」一類的文，商器也沒有。可見商代的簡質了。像：〈庚午父乙鼎〉（三十字）：「……用作父乙尊鼎。」〈庚申父丁角〉：「……用作父丁尊彝……」這是文字最長中引出來的例子。其餘都是十把個字或五六字三四字更不消說。如：〈乃作器敦〉；「器作乃」（止三字）；〈酌父乙敦〉：「酌作父乙敦」；〈寶彝〉：「作寶尊彝」；〈祖巳彝〉：「作祖巳彝」；〈日庚父癸彝〉：「日庚作父癸寶尊彝」之類。那都是全文了。這樣看來，〈盤庚〉之文，未必果是商代作品，這話當不會錯。〈盤庚〉如此，那末，其餘諸篇，便更不消說了。

　　這是《尚書》的時代關係之容易看得出而可以幫助我們的研究的。現在略從其字句之有問題者，略為討論。

　　二十八篇之書，《史記》、《漢書》皆謂為「伏生……以教于齊魯之間」。而《漢書》又云：「……欲召。時伏生年九十餘。老不能行。

於是詔太常使掌故朝錯往受之。」沒有伏生口授的話。惟下面：「師
古曰：『衛宏定《古文尚書》序云：伏生老不能正言，言不可曉也；
使其女傳言教錯。齊人語多與潁川異。錯所不知者，凡十二三，略以
其意屬讀而已。』」孔安國〈尚書序〉也說：「濟南伏生，年過九十，
失其本經，口以傳授，裁二十餘篇……。」則伏生倘若果係以口念出
來的，固委實難保其不錯誤。但，就讓不嘗有這回事，《書》算是很
古的書，流傳轉寫，那能不有錯寫或衍脫的字。〈朱子古文書疑〉「尚
書條上」云：

> ……今文乃伏生口傳，古文乃壁中書。……況又是科斗書，以
> 伏生書攷之，方讀得。豈有數百年來壁中之物，安有不訛損一
> 字？

這話雖是在說古文，正可以用來說今文。又云：

> 鼂錯以伏生不嘗出，其女口授，有齊音不可曉者，以意屬
> 成。……只疑伏生偏記得難底，卻不記得易底。然有一說可論
> 難易。古人文字：有一般如今人書簡，說話雜以方言，……時
> 記錄者；有一般是做出告戒之命者。疑盤誥之類，是一時告語
> 百姓……出於記錄……然更有脫簡可疑……。

朱子這話，是以今古文對論，意思是說今文難懂，是有方言之故，而
也許或有脫簡。這一點，我以為自是意中事。所以曹金籀的《籀書續
編》二〈尚書沿革表序〉云：

> ……謂秦燔經籍，惟書為盛，賴伏生口授於齊魯間，孔安國以
> 今文讀之，地各異音：書各異字，不能比而同之也，……

所以字形字音的轉變而錯誤，必定有的。這一點，俞氏蔭甫已經將它証實了。《古書疑義舉例》「一字誤為二字例」云：

> 《尚書》〈多方〉：「我有周惟其大介賚爾。」按：枚氏因大介連文而以大大賜汝釋之，不詞甚矣。《說文》〈大部〉：「奔，大也。從大介，聲讀若蓋。」凡經傳訓「大」之介，皆其叚字也。此經疑用本字。其文曰：「我有周惟其奔賚尔」，「奔賚」即「大賚」也。後人罕見奔字，遂誤大介為二字。

這是何等精確的發見！又，「不識古字而誤解例」下云：

> 旅，古文作「𣃥」。《尚書》〈康誥〉篇「紹聞旅德言」，旅者，「陳」也。言布陳其德言也。因「旅」字從古文作「𣃥」。學者不識，改作「衣」字矣。

又：

> 「服，古文作「𠬝」。《尚書》〈呂刑〉篇「何敬非刑，何度非服」，「刑」，「服」對言，古語如此。〈堯典〉曰：「五刑有服，五服三就。」此篇曰：「上刑適輕下服，下刑適重上服。」並其證也。《史記》作：「何居非其宜」，《爾雅》曰：「服，宜，事也。」是「服」、「宜」同義。故經文作「服」，《史記》作「宜」也。「服」字從古文作「𠬝」。學者不識，改作「及」字，則《史記》作「宜」之故，不可曉矣。

這又是何等精確的發見！至到字的訓詁，也有當留意處。如《經傳釋

詞》「茲」字條云：「茲，猶斯也。〈酒誥〉曰：『朝夕曰祀茲酒。』言朝夕戒之曰：『惟祭祀斯用酒也。』故下文曰：『飲酒惟祀』。」惟此句俞釋又不同。《古書疑義舉例》「上下文同字勿異義條」云：「〈酒誥〉曰：『朝夕曰，祀茲酒。惟天降命，肇我民，惟元祀』，按上『祀』字，讀為『巳』。《周易》〈損〉初九：『巳事遄往。』《釋文》曰：『巳，虞作祀。』是『祀』與『巳』古通也。『巳』者『止』也。『巳茲酒』者，止此酒也，……」兩說並於意義可通，又難定其是非了。《尚書》的句子，分明有很不易了解處。所以朱子常常對他的學生們，都是取一種存疑的態度。他的意思，以為懂的才去讀它，難懂的沒有研究的必要。但這不是我們所應取的態度。我們非真沒法子，我們總應該想走通它的難通之處。不過這種冀圖，到底是得失各半。假若我們對到一句特異的句子，用十二分小心的態度去研究它，而其實只是錯字或異義之故，句子原來很平常，那末，我們那費去的精神還不要緊，頂可怕的是失它本來的文法了。要是每句句子，我們都設法推敲，旁出曲證，以求合我們的文法慣例，那末，那是失了本來的結構了。所以這一點，尤為重要。《尚書》特異的句子，像〈微子〉篇「若之何其」之句，偽《孔傳》仍以常法釋之云：「若之何其救之。」黃扶孟《字詁》「無字之音」條下云：「《毛詩》『夜如何其』及『彼其之子』，二『其』字皆當讀『基』濁音。〈檀弓〉『何居』，『居』字當讀本聲濁音（按：束晳《補亡詩》中云「彼居之子」，易「其」作「居」，益信「其」字不音記字矣。《書》「若之何其」讀如字也誤。）蓋何其何居，皆發問之助語詞。……」此說，《經傳釋詞》並同。這樣解釋是可通的。但，不知「其」字果是做助詞否耳。《尚書》「其」字約百五六十見，其用法皆不離代詞性。「予其懋簡相爾」、「我其發出狂」、「而邦其昌」、「嗣王其監于茲」、「我惟時其教告之」、「其汝克敬德」、「其今爾何懲」……其例甚多，可占全量百分之五六十。——

這以為是什麼發語辭，實則都是以代詞作「語勢」emphasis用的。
（將來本論詳說）至到作助詞用，還未看見引的例子。故〈微子〉這
句句子，也不能無懷疑。《詩》的「彼其之子」，我看「其」字也不好
做助詞釋像字詁那樣。倘若以為「其」字太重複了，既有「彼」又有
「其」，則〈召誥〉「曷其奈何弗敬」，豈不更複沓？大概歸「其」字
於助詞，也算是一種說法罷了。倘若〈微子〉這句，將「其」字易置
於句首，「其若之何」，也是助詞吧？又：

　　「予惟時其遷居西爾」這句，也頗可疑。《孔傳》云：「是以徙居
汝西於洛邑」、「我徙汝，……是惟天命宜然。」這種語法恰和廣州話
「畀仙你」一樣奇特。廣州這句話說：「給仙于你。」（仙是銅元）
「仙」字在文法上是直接賓詞而「你」為間接賓詞。但若不用介詞
時，則當置間接賓詞于直接賓詞之前而為「畀你仙」，沒有「畀仙
你」的語法也。可是廣州話卻以這為正當語法。「我惟是其遷居西
爾」難道是「我惟是其以爾遷居於西」的方言，而遺其介詞麼？抑是
《孔傳》的不懂語法，率為附會解釋呢？若以《蔡傳》，則似以
「爾」字為助詞。然，「爾」字為詞，也未嘗見過旁的倒子，在《尚
書》裏。（按：此句《經傳釋詞》「爾」字條未引。）

　　不過我們處置這種句法，仍是「存疑」也好。因為例子太少的，
許不成為例。

4　《論語》《詩三百篇》及其它

　　《論語》是部真書，這是人人所承認的。似乎沒有討論之必要。
文章的結構，從《尚書》到《論語》，便截然不同。而所用字，亦有
嚴謹的例。胡適之先生的〈爾汝篇〉和〈吾我篇〉皆嘗說過。《詩三
百篇》也是可靠的。不過多東周作品，顧剛先生這樣說。此外《孟
子》和《莊子》……等，文字又一變。一點甚明顯的，代詞和前此不

相一致。而最奇特的「汝」字之用於領位（即馬氏所謂偏次）也便見
於《莊子》最多，像〈人間世〉篇云：

　　……蘧伯玉曰：善哉問乎！戒之慎哉！正女身哉！……

這是內篇的。若外篇便多極了，〈在宥〉篇：

　　……來，吾語女至道：……無勞女形；……慎女內；閉女
　　外；……慎守女身，物將自壯……

〈天地〉篇：

　　汝方將忘汝神氣；墮汝形骸而庶幾乎！……

〈知北遊〉篇：

　　……若正汝形，──汝視。天和將至；攝汝知，──汝度，神
　　將來舍；德將為汝美；道將為汝居。……

以「居」字例之，「……為汝美……」句，也是在領位。又雜篇──
〈外物〉篇：

　　……老萊子曰：丘，去汝躬矜，與汝容知，斯為君子矣。……

「與」即「丟」的意思。至若〈大禹謨〉的「天之曆數在汝躬」，是
從這時或以後做的，固不消說。但，作者為什麼不會避免這「汝」字

的破綻呢，不過只用一次呀？！這分明是上了《莊子》的惡當。試讓我們去看〈知北遊〉篇，便可知其有趣的地方。

〈知北遊〉云：

> 舜問乎丞曰：「道可得而有乎？」。曰：「汝身非汝有也，汝何得有夫道？」……

偽作〈大禹謨〉者，以為《論語》「天之曆數在爾躬」整句抄太相像了，所以想用別的代字，而又宜有根據，今《莊子》言的是對舜，而又曰「汝身」，這真巧極，所以改「爾躬」為「汝躬」了。這不但〈大禹謨〉，〈皋陶謨〉也用「汝」於領位，「予違汝弼」、「汝無面從」、「師汝昌言」皆是也。故〈皋陶謨〉也必出自戰國以後。

《莊子》的內容，甚為複雜。學說很有不一致處。不消說，即文字上，也不一致。故用字，有的嚴謹，幾像《論語》；有的混用。胡適之先生只引個「吾喪我」，我去翻看，例子到也不少。現在舉一些，其餘的，都留在「本論」討論了。

〈田子方〉篇：

> 吾聞中國之君子，明乎禮義而陋於知人，吾不欲見也。……往也蘄見我，今也又蘄見我，是必有以振我也。……吾固告子矣，……昔之見我者……其諫我也似子。其道我也似父……

三「吾」字皆在主位。五「我」字皆在賓位。

〈寓言〉篇：

> 子列子笑謂之曰：君非自知我也。以人之言而遺我粟；至其罪我也。又且以人之言。此吾所以不受也。

大概《莊子》之書。好像寓言的總集。我們初不能說那篇真那篇假。其所謂篇，實在不是前後連貫，不過像《伊索寓言》的一小段一小段罷了。以故儘有先後並雜的事。故真偽至少不能以篇分之。內篇許也可有假，而外雜各篇許也可有真雖不必是莊周之真。也可以是時代之真。

「吾」字的用法，在《莊子》固亦有混用。而從未在過賓位。其用於外動詞之後為正詞者，必是在領位的。此條頗嚴，也係可注意的事，姑舉些例子：

〈大宗師〉：

> 夫大塊載我以形，勞我以生，佚我以老息我以死。故善吾生者，乃所以善吾死也。

二「吾」字皆在領位，不是「善」字的賓次。

〈充德符〉：

> 吾唯不知務而輕用吾身……

「吾身」，「吾」字在賓次。

〈在宥〉篇：

> ……得吾道者，上為皇……失吾道者，上見光……

「得」「失」所及，則「吾」遂為在領位的了，不嘗獨用為賓次的也。

〈天地〉篇：

> 子往矣，無乏吾事。

《莊子》中，也有駁新得利害的。像〈讓王〉篇子州支父曰：

> 我為天子，……雖然，我適有幽憂之病……予適有爰之病
> 有……善卷曰：余立於宇宙之中，……吾何以天下為哉！悲夫
> 子之不知余也……

這樣，以「吾」「我」「余」「予」互用，而「余」又為賓次的用。故此篇必有更後出者了。

本論

第一篇　代詞

古代文法、變化的迹象，比較更明顯的，當以代詞為最。像甲骨文彝器文的沒有「吾」字「予」字，《尚書》之沒有「余」字之類。這不但用法上，便是字形也換過了。不過，像這類的話，我們還須有這樣的觀察：

（1）字形的變換，是原來如此，還被改過了？

（2）某個字形之發見，會可以成為通例，還是偶然的例外？

像（1）的問題，有甲骨文彝器文可比較。不過《尚書》的文字，已足為後人的譯文，無從作徹底的參證。例如「余」字，在甲骨文作「𠂤𠂤𠂤𠂤……」等幾種形體，在彝器文如〈毛公鼎〉如〈孟鼎〉皆一樣作「𠂤」，〈智鼎〉作「𠂤」簡直可以說是一樣。就如和現在的楷書體比較，也是相差不遠。但，《尚書》為甚麼便沒有這字呢？「予」字之起，始於《尚書》。《尚書》裏倘若有商朝的作品，這固不消說；就是為周代所作，決不能有絕不用「余」字的道理。凡一

個成為普遍使用的字，倘若不是有意假作，——而且也須在詞性自覺以後——，斷不能將它廢止，而另定新例。除非僅僅一個的秦始皇帝所以為禁臠的「朕」字。要廢止一個字或其用法之某種，是一個羣裏遞漸逐進的事。我們倘若說《尚書》竟比彝器文後出了——在周或以後——「余」字已不用或少用，像《論語》；則《楚辭》又為甚用「余」字特別的多？（固然它的使用法之有多少差異，是另一問題。）這一點，我們同時便可以問到（2）的問題了。我們要確立一個字使用的方式，——倘若它果有時代性可以分時——我們不能僅僅以一二個例子為根據，而遽下以界說。由許多個特個的東西，來歸納一個公例時，倘若有例外，我們還須加以相當的注意；況說到以一二個例子而加以肯定！故立通則，至少須就某個時代所有某字的某種使用法，畧作過統計，而看其在全量中的比例，到什麼程度，倘若同時有兩種不同的用法被發見。因為一種例沒有例外，固然這通則可以成立；要是有例外，這例外的關係到什麼程度；我們的通則會不會可以為所影響或推翻，那便是靠這種方法來解決的。像，《尚書》中的第一人稱（first person）的代詞，無論在什麼位（case）都好，「我」字，「朕」字，「予」字，三個已經都分配擔任了；乃〈微子〉之篇，居然有個絕無而僅有的「吾家耄遜于荒」之句子。這可以決其不是重要的例外。或許是後人寫錯。（後人譯古文，或以其時代之文字代替之。）蓋「我」字，「予」字，……在《尚書》裏分明是成個系統也。今「余」字既不見於《尚書》，「予」與「余」的音義又並相同，「予」字後出，固不消說；但，這二字是不是原即一字呢？是有時間的關係還是僅僅空間的關係呢？像，「《論語》言斯七十，而不言此；〈檀弓〉之言斯者五十有三而言此者一而已；《大學》成於曾氏之門人，而一卷之中，言此者十有九。」（《日知錄》）這不是時間的不同，而是空間的不同。不過《尚書》之「予」，其所以不同「余」字

的字形之故，現在也無從考證了。我們所可斷定的，只是「予」字決
是後出的而已。

現在把古代的全部代詞，分別論之。

一　人稱代詞

按：《胡適文存》的〈吾我篇〉云：「人稱代名（英文所謂第三身
是也。）」，是以「人稱」二字譯英文的third person了。這不對。第三
身而概括「人稱代詞」，則第一、二身（first person and second person）
要叫什麼「稱」呀？故「人稱」二字是總名。

（1）　商

A　第一身

a　「我」

古來代詞的變化，惟「我」字頗小。甲骨文中，把它用在主位
（凡「位」，《文通》都叫「次」。現依近人黎錦熙《國語文法》）和領
位（馬氏叫「偏次」），和後代沒有什麼差異之處。惟「賓位」則好像
沒有。現將卜辭「我」字用於主位的抄在下面：

（1）卜貞，我受黍年，三月。　（6）貞，我不其受年。

（2）貞，我受黍年。　（7）貞，上巳，不我其
　　　　　　　　　　　　　　　　受又。

（3）貞，我弗其獲征𡠦方。　（8）帝不我其受又。

（4）卜貞，我不出吉。　（9）不我其受又。

（5）今日，我其狩。

上面的句子，可以分為三種樣式（form）：

（一）……「我受……」　（二）「……我不其受……」
（三）「……不我其受……」

第（一）式是肯定的句子，「我」字為「受」的主題。第（二）
（三）式是否定（馬氏所謂弗辭句法）的句子。在肯定句子的為在主
位，這固不消說。否定各式，卻不是在賓位。馬氏《文通》的所謂弗
辭句子，都是將賓位的代詞，移置於外動詞之前的，像《詩經》之
「不我以」、「莫我肯顧」……之類。其意思即是「不以我」（「以」是
白話「當」字的意思，《論語》：「以吾一日長乎爾，毋吾以也。」是
例子）「不肯顧我」。「我」字都為「顧」字「以」字（外動詞）所
及，所以是賓位的。但，卜辭的各句，「我」字便不為外動詞所及。
第（二）式不須說，第（三）式如：

　　不我其受又

已明明白白地有「又」字（即福祐之祐，是抽名詞）做「受」字的賓
語（即馬氏所謂止詞）了。其句子的本意，恰是「我不其受又」，像
「我不其受年」一樣。故「我」字仍在主位。
　　至若在領位的「我」，則有：

（1）貞，求我羊。　　　（4）土方征于我東鄙口二邑。
（2）土方牧我田。　　　（5）昌方亦牧我西鄙田。
（3）土方出牧我示𤔲田。　（6）上巳，受我又。（？）

上面各例，「我」字之後，皆連以名詞，在文法，常是在領位。

「土方」和「昌方」都是國名。「方」字即「邦」「國」的意思。為主語。「示」是神的意思。（參看《殷墟書契考釋》）𤞤字大約為神名，是限制「田」字的形容詞（名詞為形容詞用）。故「田」字仍為「我」字所領。故可為下式：

　　「土方」……牧我……田。

　　「土方」……征于我……田。

上面六例，惟第（6）條頗須帶說幾句。「受」字以常誼訓之，當為「接受」之「受」。但誰接受我的福祐呢？這在卜辭許不能成立。因為卜辭是卜於祖宗，事神致福的觀念則有之，福及於祖宗神祇，無此理也。故「受」字當訓「授」。《殷虛書契考釋》云：

> 受，《說文解字》云：「受，相付也。从舟省聲。」古金文皆从舟，不省。與此同象授受之形。與與同意。

「受」字若訓為「給予」，那末，「我」字又為在賓位了。因為「又」字變為補足語，而不是為「我」所領也，竊以為卜辭用在賓位的例絕少，這個例，不知是否可靠。卜辭之用字，頗無一定次序，故其文法上的形式，還須另作研究。即以「受我又」此句，倘欲使「我」字不位賓位，惟有「我受又」之句法耳。茲且論賓位問題：

卜辭中有兩句，頗像以代詞用於賓位。

　（1）貞，且辛不我它。

　（2）且辛它我。

我們須先釋「它」字。「它」字假是動詞，則「不我它」恰合否定句子賓詞前置之例。今看《殷墟書契考釋》之釋「它」也，曰：

《說文解字》：「它，虫也。上古艸居患它，故相間無它
乎。」……卜辭中从止，其文皆曰「亡它」，或曰，「不它」，
殆即「它」字。上古間無它故；卜辭中凡祭於先祖，尚用「不
它」「亡它」之遺言，殆相沿為無事故之通稱矣。（……亦單稱
它，則當是有故，不可以祭矣。）

這樣看來，「它」字不但不是外動詞，抑且連動詞都不是，而是
個形容詞語了。讓我們來看用「它」字的句子：

（1）貞，南庚，它。	（6）父辛，不它。
（2）貞，南庚，不它。	（7）貞，庚尹，不它。
（3）隹父甲，它。	（8）貞，羊甲，不它。
（4）隹父乙，它。	（9）貞，羊甲，它。
（5）父庚，弗它。	（10）寅尹，它。

其句子的意思，都是：「貞，……不它」、「貞，……它」。而「南
庚」、「父甲」……等，皆是其所卜祭者。卜辭中，凡關于卜祭祖先，
常於「貞」字之下，先寫所祭者的名，然後言祭牲。如：（例多，不
具舉。）

（1）卜貞，武丁丁，其牢茲用。
（2）卜貞，丁武丁，其牢茲用。
（3）卜貞，甲且丁，其牢茲用。
（4）卜貞，武丁丁，其牢茲用。
（5）卜貞，康丁且，丁，其牢茲用。
（6）卜貞，文丁武，灵，其牢茲用。

這種句子，大概即是下面各例的簡式：

（1）卜貞，之于且乙，十白豕。

（2）貞，之于且乙，五牢。

（3）之于旦乙，三牛。一月。

（4）貞，之于且辛，十牢。

（5）卜，之于且辛，二牛。

（6）之于且辛，一牢。

（7）貞，之于母庚，二牛。

（8）貞，之于王亥，主白牛。

（9）之于南庚，毘，小牢。

（10）卜……之于大庚……一牢。

（11）之于大戊，三牢。

「之」字這裏，《殷墟書契考釋》釋為動詞云：

> 之，《說文解字》云：「之，出也。象艸過屮，枝莖漸益大，有
> 所之也。一者地也」。案：卜辭从止从一，人所之也。《爾雅》
> 〈釋詁〉：「之，往也。」當為「之」之初誼。

又云：

> 之者，適也。……《禮》筮辭云：「遵其皇祖某子矣。」

照這樣講，則「之于」當為「適于」，「往于」的意思。但，
「之」字疑這裏不訓「往」。「貞」字之義，舊時說經之家，多訓為

「正」，但，在卜辭中當如《說文》：「貞，卜問也。」是一種動詞性的名詞語，自為語氣[2]，不連下文。因為連下文為「貞之于」，則「之」字當為代詞賓位也。「貞」字既不連下文，則「之」字當在一句為主語，倘不是實體詞（即名代），則當為形容詞，不當為動詞。故「之」字訓「往」訓「適」都於義未安。我以為「之」當是祭名。卜辭：

(1) 貞，賣于東母。　　　(5) 貞，賣于西。

(2) 貞，賣于土，三小牢。　(6) 貞，賣于兕。

(3) 貞，賣于王亥。　　　(7) 貞，賣于羌，三小牢。

(4) 貞，……賣于蚰。

「賣」字，文作「𡴀」

《說文解字》：「尞，柴祭天也。……古文慎字，祭天所以慎也。」今此字實從木在火上，木旁諸點，象火焰上騰之狀。

可以明白「賣」字是祭名。「賣」字常與彡字連用。

(1) 貞，彡賣于兕。（甲骨文之字形，向上向下向左向右都常是一文。）

(2) 貞，彡賣于東。

(3) 貞，彡賣于土。

(4) 貞，……彡賣。

「彡」字（同彡）《殷墟書契考釋》〈文字第五〉之篇，不嘗舉

2　〔校案〕據何定生〈致顧頡剛〉（1928年7月31日）的補述，此句當改作「貞，……是一種『句子詞』（sentence word），自為語氣。」

釋。大概也是祭名。因為祭名連用，是卜辭所有的事。象：「伐賣二牛」、「伐賣一牛」之類。「伐」字《考釋》云：

> 言伐者，⋯⋯殆以樂舞祭者也。《禮記》〈樂記〉：「夾振之而駟伐。」《注》：「一擊一刺為一伐。」湯以武功得天下，故以伐旌其武功。⋯⋯

故卜辭云：

（1）貞，⋯⋯伐于伊。
（2）貞，⋯⋯之伐于寅父。
（3）卜⋯⋯伐于父乙。

這是「伐」字為祭名的證。祭名連用，不但「賣伐」，還有：

（1）⋯⋯，賣酒于丁。　　（4）貞，⋯⋯酒肜于匘且⋯⋯。
（2）⋯⋯貞，賣酒⋯⋯大甲。（5）貞，⋯⋯酒賣于丁。
（3）伊，酒肜。⋯⋯

「酒」字，《考釋》云：「卜辭中載酒字為祭名。考古者酒熟而薦祖廟，然後天子與群臣飲之于朝。《說文解字》『酎』字注：『三重醇酒也。从西，酎省聲。』〈明堂月令〉曰：『孟秋，天子飲酎。』又案：《左氏傳》：『見于嘗酎。』（襄二十二年）意商之酒祭，即後世之當酎。酒殆酎之本字。⋯⋯〈戊寅父丁鼎〉有酒字，作肜，亦祭名。與卜辭正同。⋯⋯」

「酒」字為祭名，而與「賣」字連用，與「肜」字連用，正和

「𢆃賣」連用，「賣伐」連用，一樣的例。故𢆃字必也為祭名。所以𢆃也有和「酒」字，「𢆃」字一樣單獨用的。例如：

（1）貞，𢎘于南庚。
（2）貞，𢎘于。

現在說到「之」字。「之」字用於如前面各祭名的單獨用者的地位的很多，不勝枚舉。[3]其更有趣者，是用於「所祭者」同一名字之句子上，與其它祭名互用。如：

　　（1）貞，𢎘于南庚。（「𢎘」是祭名。）
　　（2）貞，之于南庚。（「之」字與「𢎘」同例用）
　　（3）貞，賣于東母。（「賣」字是祭名）
　　（4）貞，之于東母。（「之」字與「賣」同例用）
　　……

之類。還不止。「之」字也如其它祭名連用之例一樣使用。如：

（1）貞，𢆃之于且丁。
（2）貞，𢆃之……于多介父。
（3）貞，之伐于寅父。

「𢆃之」、「之伐」，皆祭名連用也。大概，祭名連用，或許有意義，或許沒有意義。因為同一個被祭者，便有幾樣不同的祭名連用

3　〔校案〕據何定生〈致顧頡剛〉（1928年7月31日）的補述：「之」字之為祭名，凡關于「祭名」這個詞（term）也是作「句子詞」解釋，不是「名詞」（noun）解釋。

也。如上面，同一「南庚」，有的用「之于」，有時用「⻆于」；同一「東母」便好用「之于」，可用「貴于」；同一「兒」，也便好用「酒于」，用「貴于」。連用的：同一個「多介父」，便用「之伐于」也好，用「⻆之于」也好。也有或單或連的使用。如：同一個「且丁」，可以「⻆貴于」，可以「貴于」是也。

歸納上面各例，可得下面各式：

（甲）祭名單用　　（乙）祭名連用

（1）「貴」　　　　（1）「貴之」

（2）「⻆」　　　　（2）「⻆酒」

（3）「酒」　　　　（3）「酒貴」

（4）「伐」　　　　（4）「酒肜」

（5）「之」　　　　（5）「⻆貴」

（6）……　　　　（6）「伐貴」

（7）……　　　　（7）「之伐」

這樣看來，「之」字之為祭名，豈不是很明白的嗎？「之于」訓「往于」、「適于」，豈不是沒有這樣訓祭名更妥當嗎？抑不特此，卜辭中又有：

（1）……貞，……酒乙妣，貴，二豕。

（2）……卜，……貴于蚰羊，之，豕。

（3）……貴，三羊。

之句。我們看「貴，二豕」、「貴，三羊」和「之，豕」，不是很相同的嗎？「二」字、「三」字，是「豕」字、「羊」字的限制字──形容詞，於「貴」字并沒有文法上會改變詞性的影響。故其式，恰和「之，豕」一樣。它們是：「貴，……豕」、「貴，羊」。「之」字這裏不能作

形容詞，因為和前文不連貫。「之」字於卜辭常見的祭名用法，既已符合，而這裏又有這特異用法的符合，其為祭名，更可確定。

不過「之」，明也有動詞的用法。像：「之牛于丁」、「之犬于多介父」、「之犬于娥卯」之類。以其連「于某某」，于牲名之下，文例頗少，故不作祭名解。（然商代的文法，正自不能限定。「之，牛，于丁」，以「之，于丁，牛。」，初也不必是創例也。要當再研究。）

現在回說到「我」字是否賓位的問題去。

　　　貞，且辛不我它。

其式為：

　　　貞，「　」，且辛，……（「　」表示可以置個祭名那裏。）

大約記卜的次序是由：

　　　「貞，某，它（或不它）。」……（甲）

到：

　　　「貞，〔　〕（用于或不用于）某。」……（乙）

這是什麼原故呢？因為有「它」或「不它」的記載的，是未祭之辭。羅氏云：「亦單稱它，則當是有故，不可以祭矣。」是「它」與「不它」是可祭可不祭的斷詞也。用斷詞，則自身已不是在祭候明矣。故：

（1）「貞，于唐，它。」為其還在「亡它」之斷說間，「于」字之前，不用祭名了。曰：（2）「貞，之唐。」為其皆已經過「亡它」之斷則，當入可祭之時，故或於曰：（3）「貞，之于唐。」祭者之前，或於「于」字（介詞）之前，用祭名「之」字也。我們看卜辭，凡「亡它」或「它」字的句子，所祭者之前首，必無祭名，是又一明顯之證據也。

於是：

（1）「貞，且辛，不我它」即是：

「貞，且辛，我不它。」意思是「卜問于祖辛，我沒有什麼不好祭的地方」也。

（2）「且辛，它，我」即是：

「且辛，我，它。」也就是「于祖辛，我不好祭了」的意思。故「我」不在賓位。因為不為「它」字所及也。

歸納我字的用法，可以如下面：

（一）用於主位　其形式為：

（1）生語……例：「我弗其獲征𫜦方」

（2）在「不」字之後例：「不我其受又」

（二）用於領位　其形式為：

（1）在外動詞之後：「土方牧我田」

（2）在介詞之後例：「土方征于我東鄙」

（三）用於賓位（缺）

b　「余」

用「余」字的句子，《殷墟書契考釋》卜辭中所載，只如下面：

（1）乙丑，卜王貞，余伐獸。

（2）辛未，王曰，卜，曰，余告多凶曰，殷卜有求。

（3）己亥，卜，王，余弗子歸姪子。

（4）已酉，王卜貞，余征三半方。……

（5）庚寅，王卜，在羲，貞，余其㾗在緕……示于商正，余
受冬，王㽙曰吉。

（6）丁卯，卜，余求于署三牛允正。

（7）丁丑王，卜貞，……（其文多不可曉，略）……余其從
戰，亡有自下上……。

各句的文誼，多不可曉。但，大意可畧如下面所分析而看出：

（一）（余）字的前面，自為語氣。

（1）卜……貞，余……

（2）卜…曰，余……

（3）卜……王，余……

（4）卜貞，余……

（5）卜……貞，余……

（6）卜貞，……余……

（7）卜……貞……余……

第（3）條「王」字，是名詞，所以沒有可以影響「余」字的力量。
第（5）條，「……示于商正」也是如此。故余字，皆獨立而為句的主
語。讓我們再看「余」字的後面，是什麼詞性：

（二）「余」字的後面，都是動詞。

（1）……余伐……

（2）……余告……

（3）……余弗子……

（4）……余征……

（5）……余其**皇**……

（6）……余受……

（7）……余其從戰……

（8）……余求……

第（3）條的「子」字，似乎是動詞（即是名詞為動詞用，因為有「弗」字），第（5）條「**皇**」字不可曉，然有「其」字間之，「余」字可以有在主位的可能。其餘各例。便都是述語（predicate，《文通》叫做語詞）了。故「余」字宜在主位。

卜辭用「余」字的例子太少。是否有用於賓、領等位，無從斷定。但，卜辭句子也不算是很少了，只用這幾個「余」字，而又皆在主位；大約這時，沒有用在其它的「位」吧？

此外，第一身的代詞，《殷墟書契考釋》〈文字〉編裏亦載之。然卜辭則未見用在句裏，無從詳其用法。《考釋》云：

> 朕，《說文解字》：「躾，我也，闕。」予意當以訓兆為初誼；故象兩手奉火之形，而从舟；火，所以作龜致兆；舟，所以承龜。訓「我」殆後起之誼矣。

則「朕」這時或未為代詞用也。又，此字必很少用，就讓訓「我」，我想。

B 第二身（缺）

卜辭除少數的第一身的語句外，都是第三身的句子；所以第三身的代，用的比較多。至到第二身的，只有一個可以是的「女」字。但，卜辭中亦只用過一句，且不是作代詞用。那是：

　　庚戌，□庚錫多女之貝朋。

　　「錫女」二字，在彝器文頗常見。其「女」字，便作第二身代詞用（詳後文）。但這裏的用法不同。現將全句分析之：

　　「庚戌」是日子，「□庚」當是人名，這不須研究。「錫」字，《考釋》（《殷墟書契考釋》之省稱，下倣此）中，只載文，不加以訓詁。按，《說文解字》云：「錫，銀鉛之間也。」段注云：「經典多叚錫為賜字」。本字不訓賜。惟「賜」字條，則云：「賜，予也。從貝，易聲。」段注：「凡經傳云錫者，賜之假借也。……『賜』者，『與』之通稱。」這樣，錫字是外動詞。《詩經》〈小雅〉〈采菽〉：「君子來朝，何錫予之。」「多」字，《考釋》亦不訓詁。《說文》云：「多，緟也。從緟夕。夕者，相繹也，故為多。」段注：「緟者，增益也，故為多。」「多」字與「女」字連用，為「多女」。這大概同《尚書》的「多士」、「多方」一樣用法。「多」字是形容詞。凡形容詞所限制的字，必為名詞，如「方」，如「士」都很明顯。在文法上，（除現代的白話文不說）形容詞之後，是不能以代詞為所限制的。於是「多女」的「女」也如「士」和「方」等一樣必為名詞了。「女」字於《考釋》中文字第五篇裏，也只載文不訓詁。惟於「丑」字條云：「𦥯，卜辭中亦通作『女』。〈諸婦方尊〉作𦥯，與此同。」而已。更沒有訓「你」的話。卜辭既多第三身的文字，借使中間忽有一句第二身的句子，已不能無疑；況有這「多」字作證；其為非代詞，可以決定。

　　「之」字在這句中，是指示形容詞，限制名詞「貝朋」的。這在卜辭中也有過例。如「貞，歸好之子」、「貞，子卜，□庚，歸好之子」是。「之子」二字，正和《詩經》的一樣。「子」是「之」字所限制的名詞。所以「庚戌，□庚錫多女之貝朋」一句，可譯如下：

　　庚戌（這一天），□庚給許多女人們這些貨幣。

C 第三身

a 「之」（？）

「之」字除作指示形容詞，及少數的動詞外，那便是做代詞的第三身用。卜辭云：

（1）貞，乎伐🔲，受之又。

（2）貞，伐🔲方，受之又。

（3）貞，🔲王往伐🔲，受之又。

（4）庚申，卜🔲貞，乎伐🔲方，受之又。

（5）乙巳，卜🔲貞，🔲，王往伐🔲方，受之又。

（6）貞，乎伐🔲，弗其受之又。

（7）庚子，卜賓貞，🔲登三千乎🔲方，弗其受之又。

（8）貞，今□□從🔲候虎伐🔲方，受之又。

（9）伐土方，受之又。

（10）丁酉，卜𪔂貞，今🔲王取人五千征土方，受之又。

（11）弗其受之年。

（12）貞，弗其受之又。

（13）受之又。

上面各句子，可分為二式：

（甲）受之又

（乙）弗其受之又

「受」字為外動詞，故「又」字必為名詞，做它的賓語（馬氏謂之止詞）。在外動詞之後，賓詞之前，只有三種詞可以有：

（甲）名詞

（乙）代詞

（丙）指示形容詞

二個名詞相連，前一個名詞，用法和形容詞（《文通》叫靜詞）相當。其實再進一步，這種用法的名詞，也便是領位，代詞更不消說。「之」字這裏不是名詞。我們要是以它是為指示形容詞，如前面「之子」的例，那末，「受之又」可以釋為：

「受這種利益」（指示形容詞和指示代詞好像一樣，其實是不同的。指示代詞之後面，必不有名詞。像，《論語》：「是可忍也，孰不可忍也。」「是」字是代詞，代「季氏舞八佾」的事。至《孟子》「是心足以王矣」的「是」字，便是指示形容了。因為後面有「心」字〔名詞〕為所限制。）但，這和全句的意義不相應。「伐土方」以形的一件事，本身并不是「又」。倘若有「又」可受，須得在「伐土方」這件事之外。所只是容詞不成立。不是名詞，不是形容詞，那末，當然是代詞了。故「之」字是：在領位它第三身代詞。

「之」字的這樣用法，可以說在後代是很少的。《詩經》的「之」字，差不多都用在賓位。（這當於論周代代詞時論之）不過間也有用在領位的。如：〈清廟〉中的「丕顯文王，之德之純」上一個「之」字是代「文王」而在領位。《小雅》〈采綠〉：「之子于狩，言韔其弓；之子于釣，言綸之繩。」兩句正平比，「其弓」和「之繩」看來，「之」字之為在領位的，再明白沒有了。後此，則《論語》也有「吾不徒行，以為之椁」，《莊子》：「覆杯於坳堂之上，則芥為『之』舟。」皆其例。《左傳》、《國策》以至《史記》，間亦是之。至若《莊子·人間世篇》：「汝不知夫養虎者乎，不敢以生物與之；為其殺『之』之怒也。」則有「之」字做「之」字的語尾，以成其領位語氣，這恰如「予之」、「余之」、「子之」一類的例了。

「之」字，此外更不嘗有過列的代詞的被使用。

b 「其」[4]

我講「其」字，和前人不同。對於古書的語法，研究最精的，當以王氏引之父子。而《經傳釋詞》，又是一部「戛戛獨造」之書。現在便將王氏所講的「其」字，做前人講「其」字的代表。（馬建忠當然不在這裏）《經傳釋詞》將「其」字的用法，列為十四條：

（1）指事之詞也，常語也。

（2）狀事之詞也：先言其事，而後言其狀者；先言其狀，而後言其事者。

（3）擬議之詞也。

（4）猶「殆」也。

（5）猶「將」也。

（6）猶「尚」也。

（7）猶「若」也。

（8）猶「乃」也。

（9）猶「之」也。

（10）猶「寧」也。

（11）更端之詞也。

（12）語助也。

（13）「其諸」，亦擬議之詞也。

（14）間詞之助也。

其所到各界說（如1、2、3和13條），是不好懂的。但，看它所謂「指事」，又云「常語」，且不嘗舉例，則當然是指在代詞領位用的其字。因為「其」字到後來，的確常用於代詞的領位也。所謂「狀事」，舉「殷其雷」、「擊鼓其鏜」……等為例，本來這種「其」字，仍是為

---

4 〔校案〕《週刊》原刊誤標為「c」，此按文章架構順序修訂。

代詞（詳下）；但也好，「殷」字的確是「雷」字的副詞，「副詞」在
《文通》叫做「狀字」，王氏這話，我們也權認包是立「其」字的副詞
界說。（當然王氏原意是不這樣不是，這不可知。）第（3）第（13）
之條，所謂「擬議」，當也便是「假設語氣」（subjunctive mood）的意
思。（但，這已經是動詞的事。）此外，那便散漫了。「猶什麼也」的
式子，將其他的詞，逐字目舉，而不能求其用法的共通之點了。王氏
的方法，有一個最大的弱點，便是，以「甲」證「乙」，同時又以
「乙」證「甲」。這在論理學上叫「循環論證」的謬誤。一部《經傳
釋詞》，要藉它了解一個詞的確當用法，其確當的程度，便只是在某
處某字的用法，是某處某個字那樣用法的理由；同時，這某處某字的
用法（斷案），也便是前面理由的理由（理由）了。這簡直不成其為
論證。譬如「其，之也」；同時又於它處云：「之，其也。」（見《經
傳釋詞》）試問到底「之」字是什麼詞？「其」字又是什麼詞？到底
明白的用法是怎麼？王氏對於這些問題，有給予我們以答案也無呀；
不但這樣，就這「其」字十四個細目中，姑舉一二來說：第（9）條
舉書為倒云：「不其或稽」，則是「不之或稽」，依否定句法（《文通》
謂之弗辭）例，移置動詞之前的「其」的，是在賓位的。「不之或
稽」便是「不或稽之」。試問這是什麼詞來？王氏時，並未有「代
詞」這個名辭（term），但，也應該和他自己的界說前後一致。到這
不是他所謂「指事之詞也」麼？第（10）條第（11）條，「其」字謂
之更端，他嘗說明「更端」的確定的界說，但，其為代詞，到仍很可
看出。……現在不舉了。不橫豎《經傳釋詞》是沒有標準的，這十四
條的「其」字，仍只是弄不清，更不消說了。

　　現在看以「其」字確定的代詞的《文通》。《文通》以「其」字的
用法，分為許多類：

　　（1）讀為一句之起詞，而「其」字在主次者。

（2）讀為一句之止詞，而「其」字在主次者。

（3）讀蒙連字，而「其」字為主次者。

（4）「其」字用於偏者。

這，第（1）（2）（3）條，雖則都只是個「主次」（即主位），（4）條則是在「偏次」（領位），只得兩個屬性。但，有「句」的關係，這可以分列。至若：

（5）「其」解如「已」字者，則所用必同一句讀也。

（6）「其」字有指示意，而習以為更端語者。

（7）「其」字用為分數之母，而在偏次者。

等句：第（7）條，「分數之母」，真是個奇特的名辭！其仍在「偏次」，姑不論。（5）條則只仍是在領位。他引「彼奪其民時」當例。第（6）條是在主位。引《書》：「其在高京」、「其在祖甲」。這樣舉法，仍很像王氏的老法子。又，他（馬氏）對於語勢（emphasis）代詞，不嘗論及，也是個缺點。

現在說我自己的話。

「其」字正正確確是個代詞。「其」字不作本義用時，便是個代詞。「其」字的本義是：「𠀠，說文解字，⋯⋯從𠀠，象形，下其，丌也。古文作𠀠⋯⋯其字𠀠象形⋯⋯初但作𠀠，後增丌，改象形尚會意。」（《殷墟書契考釋》）而羅氏又云：「其字象形，而假為語詞。（卜辭中諸其字也然。）」這則不對。其字一用假義，便成代詞了。不過在甲骨文和彝器文時代，殊少──或是至於不用在領位。用領位是《尚書》及以後的事。

這話怎樣講呢？這和國文法很有關係。

在國文法上，一句句子，第一身的且不說，第三身的，頗為重要，都是可以略去主語（馬氏叫主詞。即英文的subject）。而僅僅以述語（馬氏語詞，英文叫predicate）為一句的中心。這在後來成為文

法的一種形式（form）了，所以也不感到署與不署隨便在卜辭中舉
一、二句例子：（固然不只卜辭。現在講商代文法，故以作例。）

(1) 今日，雨。
(2) 壬申，雨。
(3) 今日，不雨。

如此句法很多很多。姑舉肯定、否定二類以概之。

「今日」和「壬申」一類的名詞，不能是「雨」字的主語。因為
「雨」不是對於「今日」和「壬申」的自身有所述說，而是於「今
日」或「壬申」這時候的天氣有所述說。換句講，便是「在什麼時候
下雨呢？」在「今日」在「壬申」便是答案。[5] 故「壬申」和「今
日」，是表示「雨」的時間的。「雨」字是動詞，故「今日」、「壬
申」，都是副詞。然則主語在那裡？以常語說，完足的語氣是：「下
雨」。（雨是不是確屬於「天」的動作，這是另一問題。）現在單說個
雨字，則主題分明略去了。主語既略，則為主語三字，反不得其解。
因為本來不須主語，而有在主語的什麼詞，疑其增加，是理之常。惟
此故也，故「其」字之為代詞明甚。卜辭曰：

(1) 丙申，其雨。
(2) 今日，其大雨。
(3) 今日，不其雨。

5 〔校案〕據何定生〈致顧頡剛〉（1928年7月31日）的補述：「『雨字是動詞』宜改為
　　『雨是動詞短句』；另外，『以常語說』至『這是另一個問題』則宜改為『文法講，
　　完足的語氣，是：『這是下雨了』，或是做『天雨』。『天雨』二字，在論理上，或者
　　未必很對，因為『雨』的『下』，未必是天的一種動作的說明，但這是另一問題，
　　我們要知道個『雨』字在文法樣式，要怎樣應該有個主語罷夠了。」

之類。不既於「雨」字之前，加以「其」字作這主語乎？句子之在英文，是不能沒有主語的。（除對稱可罍）即以「雨」的例為例。「今日雨」，英文必於雨字之前冠以代詞it-字。[6]恰與「其雨」之「其」字用法相當。故「其」字是在「主位」。

自後，「其」字也有用於有主語的句子裏，與主語同位，則「其」字是用為語勢（emphasis）。語勢與主語，這其間固鑿然以清也。商代用「其」，便只有這二個用法。現在略抄卜辭之為二用法之例者如下，而以式釋之：

（一）純代詞在主位

（1）貞，不其獲。　　　　　＝其不獲。

（2）貞，其射鹿。　　　　　＝其射鹿。

（3）不其獲羊。　　　　　　＝其不獲羊。

（4）貞，其雨，在留。　　　＝其雨……。

（5）下貞，其狩。　　　　　＝其狩。

（6）貞，弗其畢。　　　　　＝其弗畢。（畢是田獵之意）

（7）乙酉，不其田。　　　　＝其不田。

（8）貞，不其受黍年。　　　＝其不受黍年。

（9）其遘大風。　　　　　　＝其遘大風。

（10）丁巳，其雨。　　　　＝其雨。

（11）今，丙申，其雨。　　＝其雨。

（12）今日，其大雨。　　　＝其大雨。

（13）貞，其延雨。　　　　＝其延雨。

（14）今日，不其雨。　　　＝其不雨。

6　〔校案〕據何定生〈致顧頡剛〉（1928年7月31日）的補述：「『雨字』二字之後，必增加『這個述語』四字！然後才會成個可通的意思。」

（15）庚寅，不其雨。　　　　＝其不雨。

（16）貞，不其雨，任五月。　＝其不雨。

（17）辛丑，不其雨。　　　　＝其不雨。

（18）今，丙午，不其延雨。　＝其不延雨。

（19）今日，其延雨。　　　　＝其延雨。

（20）其自南來雨。　　　　　＝其自南來雨。（自南為副詞。
　　　　　　　　　　　　　　　合「來」字為形容詞）

（21）其自東來雨。　　　　　＝其自東來雨。

（22）貞，弗其受之又。　　　＝其弗受之又。

（23）貞，不其得。　　　　　＝其不得。

（24）貞，不其降。　　　　　＝其不降。

（25）貞，不其衣。　　　　　＝其不衣。（衣字是祭名，用為
　　　　　　　　　　　　　　　調動。）

卜辭這類的句子，簡直是俯拾即是。這裏不過略擇其不同者抄之。至到否定（弗辭）句子雖有將賓語移於動調之前的，但這裏的「其」字不作賓語辭。像第（1）條「不其獲」，不是「不獲其」；（23）條「不其得」，不是「不得其」。蓋第三身的句子的樣式（Form），終當以有主語為正當也。

（二）語勢（emphasis）代詞

已有名詞或他代詞做主語，而其字還用者，屬於此類。

（1）王其往逐鹿。

（2）王其田。

（3）帝其降服。

（4）王其觀。

（5）戊其來。

（6）余弗其子。

（7）王不其獲鹿。　　　＝王其不獲鹿。（名詞之後）

（8）否不其獲豕。　　　＝否其不獲豕。（名詞之後）

（9）光不其獲羊。　　　＝光其不獲羊。（光當是人名）

（10）我弗其獲征�方。　＝我弗其獲征𠤤方（代詞之後）

（11）帝不我其受又。　　＝我其不受又。（代詞之後）

（12）今日，我其狩□。

（13）余其從戰……

　　同樣的句子，也是多得很，現在只抄信些做例。還有一點，很可以看得出的。前面所抄的三十幾條中，凡屬於否定的句子，「其」字必都在「不」字之後。這個規則很嚴謹，不嘗有例外。

　　「其」字自為語勢代詞以後，便一直保持到後代。自彝器的「其子子孫孫永寶用」以至《尚書》的「我其……」一直到《史記》的「（汝）其與家族徙處蜀」，以及陶淵明的〈誡子書〉的「汝其慎哉」，以至……，都是隨便一找便得。（上所舉，不是有什麼特別原因，只是想一回，這類的「其」字，便儘在眼裏搖晃，所以信手寫也。）

　　「其」字用為在領位代詞，這時代完全沒有。

　　商代的代詞，可以說是盡於些的了。此外如，「關係代詞」、「疑問代詞」……等都沒有。這原因很明白。商代的文字結構，還很簡單，且沒有很謹嚴的規律（除上面肯定否定二種句子）。如：

（1）壬戌，卜，射獲不。

（2）乙酉，雨不。

（3）貞，自今日至庚寅，雨不。

（4）乙丑，卜，溝雨已其不。

　　這些句子，不是很奇特的嗎。在各種簡短的句子中，已可以有這類的句法，產生繁複像用「關係代詞」之類的句子，這當然是不很容易的。又，古氏疑問句子形式還未完成，──不但古代，《尚書》（當是在周代）仍沒有疑問的語尾，可證。──「疑問代詞」，自不能產生也。

　　茲將商代的代詞，列如下表：

圖一

商代的信稱代詞			
	身	位	數
第一	我	主，領	？
	余	主，……	？
第二	（缺）	……	……
第三	之	領，……	……
		……	……

（附注）[7]

　　「其」字多是「指示代詞」，這裏因論「其」字，將它在這裏說了，本來是應該歸「指示代詞」類裏說的。當於完篇後再整理之。

7　〔校案〕據何定生〈致顧頡剛〉（1928年7月31日）的補述，此附注：「可以取銷。因為我終認『其』字是論理主語，logical subject 並不是什麼指示代詞。」

《尚書》的文法及其年代

作者的自白

我這文之作，是偶然的。

民十六年的春天，周樹人先生來大學授文學史，于古代文學，取《尚書》〈堯典〉堯叫鯀治水的一段做例子。我聽了他講這一段文章之後，如入火星世界，不知道更有人間，人間那有怪奇詭譎之文至于此極者！于是，我覺得很愛周樹人先生。

那知，周先生授文學還沒有半個學期，便以某種事離大學去了。真的，我覺得很惆悵。

此時，我仍沒有讀過《尚書》。

這一年的秋天，顧師頡剛開講《書經》研究一課，不消說，我立刻選了，每週二小時，趣味很濃。

然而，我的劇激的好奇心，漸平庸化了。因為這時已知有《孔傳》、《蔡傳》一類的訓釋，且知周樹人先生所取講的，也就是這兩家的話。

這學期將完，我的《尚書》還讀不夠三分之一，這固然是無恆之故，亦以周篇分明多很難讀。孔蔡二家之傳，又是多看不懂，理解力給攪的發昏則有之，從此中尋求消息，在我是無所獲的。

今年春，《書經》研究固然是接講下去，而我之所新得于《尚書》的趣味，好像仍離不了在它的文字之詰屈聱牙；常因一兩句句子的不很平常，整天在玩味，津津不倦。記得有一次，竟很細心的將

《史記》的〈本紀〉和〈堯典〉比較了一遍，並都抄出來，對讀。不過，除很樂意于「有能俾乂」、「有能典朕三禮」一類的問句和「女于時」句作不可理解的欣賞外，也並沒有更有趣的發見。

看見《胡適文存》的〈爾汝篇〉了。好像覺得和《尚書》有不甚拍合的地方，于是高興起來，去作《尚書》的「汝爾」研究，竭了三天及半天挨餓的精力，寫了一篇〈從胡適的汝爾篇到尚書去〉，三腳兩步，自送到大學研究所去給顧師。

我很快活，以為不久，總可以在週刊上發表的。

那知，隔兩天，遇顧師，師說，「你的文很好，只是須得改一下，因為有誤會的地方」，我的臉立刻熱了起來，幾乎不敢正視。

顧師將稿交回，我打開一看，看顧師所批的字，才知道自家連今古文還弄不清！天下有于《尚書》的今古文還弄不清而能夠作《尚書》研究者乎！及今思之，于當時之高興情狀，不禁失笑。

我不再將那篇文修改了，而且顧師之意，以為不如作全部代詞的研究，可以得個段落。

我以為，既要研究《尚書》代詞，則勢必比較它書的代詞，不如索性作更大規模研究。顧師說，那末，漢以前都研究之更好吧，于是我的所謂〈漢以前的文法研究〉開端。

這時，《尚書》才真的讀完一遍。閻百詩的《古文尚書疏證》亦很快活的讀完，而丟去古文，專讀今文了。一面，顧師又借幾部書給我，《助字辨略》、《經傳釋詞》、《經詞衍釋》，和俞樾的《古書疑義舉例》，很快很快的都把它讀完。自家再去看一遍《爾雅》，翻一回《馬氏文通》，我想，我的所謂讀書，沒有同這時一樣的勇猛的了，我居然又去看了百幾個鐘鼎文，而所見的本子，有吳愙齋的《集古錄》，阮元的《積古齋古器物銘釋》，呂調陽的劉心源的。商代文字，又讀完王寫本《殷墟文字考釋》，和略略看《殷墟文字類編》。商代文字，

研究所所有盡于此了，所以我所見也當以此為限，然而自家好像不無所得，自家的高興，不可言喻。各書讀過，膽子比較大些，好像心中有些把握了，於是再去圖書館，將《莊子》、《荀子》、《墨子》、《韓非子》、《呂氏春秋》等都瀏覽過，《論語》、《易繫辭》、《禮記》、《孟子》等的溫習更不消說，因為秦代及以前的作品，都能看過，我當時在寫前論，雖用不著它們作材料，而說話則比較舒展不致囁嚅疑慮也。

于是我的文開始寫了。寫到三萬字左右，我竟擱筆。

我何故擱筆？《尚書》的〈盤庚〉，不知將置之何代；不知置之何代，則自不能寫下矣。我乃與顧師討論〈盤庚〉。一天，于研究所遇顧師，師曰：「〈盤庚〉似與〈呂刑〉近」，言後，匆匆別。我如聽半空裏一個霹靂，一切所作想，至此完全廓清。

〈盤庚〉果出西東周之間乎？此一大膽提得出來的一個問題也！我數日來者，正徬徨悶索而不能決，今師言如此，是可注意也。我歸宿舍，再取〈盤庚〉讀之，取〈呂刑〉讀之，終不以師言為然，于是洋洋作一信給師，力辨〈盤庚〉出西周末，並近〈呂刑〉之說。

然而懸案終是懸案，師雖不能駁倒我，我文仍是寫不下。

暑假，顧師以編上古史講義，留廣州，《週刊》遂為師編輯。一天，師叫我何不將《尚書》的問題，都提出之，作為一文，在《週刊》上發表；因為《週刊》需稿，而《尚書》問題，我前此嘗一度提出好些也。可是，我的意思，頗欲將《尚書》的文法，作一度獨立的研究。師于是立叫我去寫去。

居然，我因顧師的催促，寫了《尚書》的代詞交去。一排版，竟占五十面的篇幅。師曰，此非獨立不可矣，又問我下文尚有多少，我答以可倍此量，于是決意以四九、五〇、五一期合刊而為專號專載我文。

　　自此，我遂為被枷帶鎖之人矣！我寫代詞時，覺得很容易，乃接著要寫連詞，便幾乎一籌莫展。坐，站，跑，無論到什麼地方，我的心都不會輕鬆。

　　在未放假之前，傅師孟真，嘗告訴我以 H.Sweet 的 *New English Grammar* 是部最好的文法書，暑假時，我已從大學圖書館購得，今文章既已寫不下，悶絕，無已，取 Sweet 之書再翻閱之，冀有所獲。

　　時顧師又常問我的文章寫到什麼地方。顧師的問，是一種忻悅的，鼓勵的，希望的，所以我又越不敢怠慢。

　　本來，有生以來之我，沒有一個像一九二八年之夏天的糾纏，悲哀，苦悶，灰敗的！接着普通的一封信，會使我淌淚；聽見隔室的拉絃之音，會使我傷感；丟掉書，裝在籐絲圈手椅裏，會使我深深地埋浸在生的幻滅的迷矇裏；聽是某人的某件消息，和我沒有直接的關係，會激剌到自家于哭了一陣；聽見激越的喇叭之聲，又要淌淚。……所以，我好幾次，想把所作的什麼〈尚書文法〉擱下來，不再寫了。但是，一個人終久是不能不生活的，便丟了文不作，我的活下去不是依然天天跟着一起？

　　夫我既掙不了活，──即是還行不到自殺──我便須活，則顧師教督之殷，安能恝然！師越問，我越不敢怠慢，則枷鎖越重，而我的心，乃完全喪失自由！

　　連詞漸漸地寫得下了。好像掙枷是有希望的，然而刻苦已遠不如前。我友楚生說「快點寫罷，又在想什麼？」我往往在他這樣的話下接寫下去的。

　　「不不，我後此再不敢妄想了！我要改我的生活方針了！」我凡是見到顧師，我便這樣表示我的寫〈尚書文法〉的沒有勇氣。顧師則微笑慰藉之曰：「好罷，好好地寫完再說罷。」

　　朋友，你想，〈尚書的文法〉是這樣可憐地寫來的！朋友你只要

聽到這些，你便會知道我這文之怎樣個位置。

且我學力既完全沒有，聰明又有限，心境又不安靜，這樣勉強寫得有個段落，成文之力宜屬之顧師及我友楚生。

文寫成的經過如此，文到底有價值沒有呢？這到是個緊要的問題。

無論怎樣一篇文寫成，都斷不會「沒有」價值的吧。這道理即是就是一件東西會壞，也可以給予我們以壞的激刺。不過，我這文所用的方法，或許可以值得一述。

我以為一個時代的文章——有所謂時代的話——必有個時代的意識。所謂時代意識，便是，其普遍的文法之流。這意識之流是幾乎會成為下意識的，故人們很難于掩蓋它，即是作偽的話。我們要求古代文法，我們要從文法上發見時間性，我們捉住此意識之流，什麼假把戲都是逃不了的。

我們要怎樣捉住這時代的意識呢？我說，像化學家般的分析原素，時代意識，終當有赤裸裸之日。我們把許多文章，逐漸分析到其最後之單詞隻字，分合錯綜，於其種種變化的樣式過程中，作種種的統計，其所得結論，必甚正確。

故我——我的態度，不取刺取一二例子來講話。

雖然，在〈尚書文法及其年代〉這篇文中，這種方法，我是配不上說會使用的。好像有些解嘲嫌疑的說話，則這種方法，須具有刻苦與長時間二條件。識力固不可少，但，能刻苦持續做去，終有膽力很好之一日。今我于此兩條件皆無之，我之成就，可想而知矣。

我這文，我說，與其謂之「研究」，不若謂之整理，或竟謂之集合材料。是的，《尚書》中，可以作「研究」的許多材料，我自問頗頗會將它集合一些了，像代詞，連詞，助詞，成語等。

我之只集合這些，起初是以為只這些材料和時間有關係。其實這是錯的，要徹底的研究，仍當合全體下手，各種詞性，都宜從事分析，

集合。不過，我這文之會勉強完篇，也幸喜是只這幾部分；否則，要更作大規模的整理，許須寫到下學期，而且非三十萬字不了的。

「研究」這件是真奇怪，心理會跟對象的伸縮而改變。讀〈爾汝篇〉，我的心是纖細的，去看《尚書》中的句子，往往在一兩個字上感到精細的差異；到自家做〈尚書文法〉，因為所注意不只一詞，又不止一篇，于是只在感受粗大的差異，精細的丟了，在讀〈爾汝篇〉時的心，幾乎自覺得，將來必絲絲入扣地將《尚書》各篇的先後，如數家珍的寫出，排比出；那知如今完全不然，幾乎疑讀〈爾汝篇〉時的感覺是不重要的。

實在讀〈爾汝篇〉所有的感覺是不會錯的。一個顯微鏡，越多倍，則其視域的面積越小；反之，則通常十倍的廓大鏡，其視域也便最大了。視域最大的，所別粗，故沒有精細的差異可以發見，而欲精發見，又不得不小也。研究學問也便逃不出這種自然的道理。雖然，我終以為仍是二條件之缺，曰，不刻苦，曰，沒有長時間。

我這篇東西很不精。就好像開首一段話，在當日寫時，覺得不錯的，如今看來，已有些話是不應該去見人的了。姑舉一例，像引〈金縢〉周公旦自家云「多才多藝」的話，這何嘗是周公旦說的！〈金縢〉顯然是晚出的書，我仍去引它，可謂傻極！不過，一方面可以見道統家之抬周公，這一點還不至于壞透耳。

首段的那段文字，本宜修改，祇因都已印就，原版都析散了，沒有法著想，故只好讓它。

我是沒有學習統計學的，所以雖知道統計學之有甚重要的應用，而自家沒有辦法。代詞中所列各表，雖好像煞費苦心，而仍不能夠給人以清晰的概念者，此故也。

連詞和助詞，本同為虛字，而我乃既列虛字之目，又有助詞之目；既歸連詞于虛字，而又將助詞自為一類，這似乎有些混淆。然我

之所以出此，也有理由，因為要分析「惟」字，「肆」字，無法措置，則設虛字一篇以容納之也，這一點，願師友指導之。

「惟」字一字，好像已賣力氣去整理了，而結果仍是可以謂為沒有心得。不是「惟」字沒有可得處，是自家仍沒有捉到「惟」字的意識也。頗以為此「惟」字，于假作文章的人，甚有關係。古無發達的助詞，惟字頗在要用之列；而假作家的伎倆，也頗多寄在此字上，不信時，取古文《尚書》比較讀之，當可有不少發見。我當時太專注在今文自身了，故未從事於此，遂爾將「惟」字放過，真的，我雖為「惟」字說了許多話，仍未道著隻字。

我頗有強作聰明的毛病，所以畢竟不刻苦。你想，《尚書》的文字呢，難道會有什麼所謂「靈感」？然而，我不耐煩作披砂揀金的膩工夫！這是我的大失敗處。譬如有時，于某處見得某個片詞隻字，固然會引起聯想，但，我不去抄下，也不去細為尋求，竟讓牠過去。我的假聰明的鄙意是以為有了某個新的激刺，自能會融入舊存觀念中而成為新的觀念，其道理恰像化學原素，加一新元素，必起化學作用也。這分明不行。所以，我有時竟有為某個模糊的省憶去翻了半天書，而絕沒有結果而將其省憶丟開不理者！

莫泊三的老師弗羅倍特Flaubert說天才由忍耐得來，我想我這人決沒有做天才的希望了。

我既這樣不細膩，則我的掛一漏萬，不但是理論所必至，我真罪過，我分明有時眼巴巴看好些詞，辭，句沉沒下去，而無法──或忘記去拯救它！我在此，謹莊嚴地對我的〈尚書文法及其年代〉作深深的懺悔！

我這文所論列，頗覺能「卑無高論」，不作怪特之談，以眩人耳目，這是稍為自信的。我從〈盤庚〉推翻到〈康誥〉等諸篇，都是就事實說話，絕不妄求合己意，這有顧師和我辯論〈盤庚〉一點可證。

顧師以〈盤庚〉為後出，我則以為不甚後，以為與〈大誥〉或係同時，但後來比較之結果，則我自推翻所持論也。（關于論〈盤庚〉之信，載在本週刊中，讀者可參看。）我于《尚書》，從前是典謨的辨，既而為〈盤庚〉之辨，今則為周篇之辨，皆是一步一步由文法事實上來，我以為「此理之常，無足怪者」。不過，還有一些好似不徹底，便是，我許會太信任〈大誥〉。

這也暫時沒辦法。我已屢聲明之，在不能發見〈大誥〉的是晚出之前，我們不能不維持它。

胡適之先生的話是好的，「與其信而過，不若疑而過」，然我這文的態度，則是「可信時信之，可疑時疑之」，或者我這種態度也壞，因為有時會致到「過信」或「過疑」也。

我頗相信助詞一篇，發揮頗透；成語也有甚透處，有甚不透處；《詩經》一段，也太草率，連詞也有好有壞。總之，我終認我這文，並不嘗將我所欲發揮的發揮到盡致。的確的，我咀呪我的不會刻苦！

顧師說：「你要是以為還未詳盡，將來儘可再作第二次研究」。是的，在理，我應該作第二次的研究；不然，太不甘心也，但不知我更有此種勇氣否耳。

我這文寫到成語一部分時，我病了，不能思索，所以下半大不好；後來想，文中未盡處，當于「自白」中提出之；那知如今又不知從何處說起了。唉，真壞，我老是這樣，做文是不能夠慢慢地思維的！

我不敢于我這篇文有什麼更大的希求，我終可以相信，我這文許于想從事《尚書》文法研究者不無幫助而已。

何定生

一九二八年十月在中山大學

《尚書》的文法及其年代

在整理古代文字作品的時代這工作當中，《尚書》是個頗不容易解決的問題，于古代文字之研究精深如王靜安，仍認〈盤庚〉篇為商朝作品（見《古史新證》），此乃甚可法意的一回事。商代文章，除《尚書》裏所謂《商書》的五篇而外，正確之材料，當已現獲之甲骨文字為標準，這無論是誰都不會否認的。從甲骨文文章的結構上，我們所得的結論，則《尚書》裏所謂《商書》諸篇，不能是商代夠上得有的作品。

此說，初無不易證明之處。我們所知，文章是盛于周而不是盛于商朝。古代韻文的總集三百篇詩，便是一個最明顯的事實。《詩經》是周朝的產物，已不消說；其它如銅器文字，及《尚書》中的《周書》諸篇，其文字，皆差不多占了古代發達的文章之全量，這也是很可以看得出的。

「郁郁乎文哉！吾從周。」我以為這是孔子在稱周文之盛的話。「文」即是「天之將喪斯文也，後死者不得與於斯文也」的「文」，「君子博學於文，約之以禮」的「文」，「夫子之文章，可得而聞也」之「文」。不過，古人的「文」，都作「載道」觀，故納一切學問于「文章」裏面；然以文字作有系統的事物記載，則是絕對不容懷疑的。孔子之稱周「文」，斷不會是說僅指關于一切的禮節上的行動的。

我們再看《詩》〈文王〉之篇云：「思皇多士，生此王國」，「濟濟多士，文王以寧」等話，這是說周的人才之盛。我們知道，一個國度的文化，必不是一二個所謂賢聖所能獨創，而是由于逐漸蔚成逐漸完備的。周文之所以會盛，也便是由于有這樣「濟濟」的「多士」。所以道統家真要不得。他們要讚美周代的文化，居然把現現成成的「多士」的成績，和盤奉送給周公旦一個人去享其盛名，將周公旦建築成

道統的基石。我為什麼不說「禹湯」或是「文武」為道統的基石，而說周公呢？這的確是我的發見。周公旦這人，大概是有才名的。《尚書》〈金縢〉篇上說：「予仁若考能，多材多藝」，「考」是「巧」的假借，古音相近，所以「考能」便是有伎倆，有本領；多材多藝，那不消解釋。且這位老頭兒，既這樣老實不客氣地自白，于是道統家的機會來了。他們要滿足其好奇的偶像熱，周公既有多材多藝可作憑藉，於是一切周「道」，先借周公定了根基；然而周的領袖，分明是文王武王，為使偶像主義的宣傳更有力量起見，乃又加上「文武」，而成為「文武周公」。我想，這大概在春秋以後的把戲。歸根說起來，他們──道統家完全不過要達到「有淵源」地孔子是個「仰之彌高，鑽之彌堅」的「聖」的目的罷了。因此，又須有衣鉢的背景，而「禹湯」，而「堯舜」，層累地建築起來了。

其實，我們讀《詩經》，牠告訴我們的，只是「禹」是個會敷治山川的偉人而已。湯是個會征戰的名王。甲骨文中，有「伐」的祭名，而常用祭於湯。王國維先生以為這是宣揚湯的武功的遺意，我以為這話很可相信。這樣看來，「禹湯」並沒有受過什麼不得了的「聖」的封贈。其在《論語》，孔子也嘗嘆道「聖人，我不得而見之矣！」但，他絕沒有說過什麼聖人，誰是聖人。「聖」字之有了不得的屬性，像「大而化之」、「道之極，德之至」等說法，那是「孟亞聖」的話，這已老在春秋以後了。

周既因為許多才士使文章逐漸完美，故從商代的甲骨文，一變而為銅器文，再變而為《尚書》那樣的文字。即商朝銅器文字，依然十分簡短，和周器大不一樣，這都是可以看商周的分野的事實。我們看，甲骨之文，出于殷墟，可知是多在盤庚遷都之後；其所載帝王，止於帝乙，則是其文字至帝乙時，仍沒有大變。自帝乙至周立國，其間且不滿百年，由卜辭那樣的文章，一變而為〈毛公鼎〉，〈大誥〉之

類的鉅製，已算是頗快的進化。我們即不作內容詳細的比較，從大體看來，《尚書》裏的《商書》之非甲骨時代所應有，殆已無置疑餘地。故一部《尚書》，必無周以前之作品。

《尚書》既不混有商作，則被認為《商書》如〈盤庚〉等篇，果出於何時？又，《周書》各篇，又皆西周之作乎？此我們所急欲問者也。于是我們乃不能不進而分析其文法。因為倘若不同時代，則必不能逃其時代文法之支配，倘若有所謂時代文法。

《尚書》中文法的變化，以代詞，虛字為較明顯；而成語之用，也頗有差異，故即從此數點比較之。

從前的《尚書》問題，係以古今文為討論的基點。然古今文已不成為問題矣，則移其爭點於今文的自身，如《虞書》、《夏書》之真假是。然《虞書》自康有為已先放攻擊之矢，不認其為真書矣；《夏書》如〈禹貢〉那樣有系統的地理觀念，〈甘誓〉之說及五行，又皆晚而易見的，不是夏代可有，此皆不須更作精辨；蓋《尚書》之時代問題，已一轉而為《商》、《周書》之時代了也。此的確為一最有趣之事。顧剛先生以為古史之建立如積薪，一層一層的建。今我人分《尚書》之各篇，也正是一層一層的剝。於此可悟假造的事物，終久是假造。要於原有的事物上，加上補綴，當然是從外邊加上去；要將全盤改過，是不能的事；既只能從外面加上，便也可從外面剝起，漸漸以及于內層。今《尚書》之剝，正是這樣，──從《夏書》剝起，而至於《商書》或竟至于《西周書》，其痕延宛然；這種有趣的事情，豈是偶然？

現在依上言的方法，將《商》、《周書》的各篇，比較其文法如次。

一　代詞

《尚書》的代詞，可以分為（1）人稱，（2）語勢，（3）反身，（4）指示，（5）關係，（6）疑問各類。然其變化，特徵顯著的，仍在「我」字的「位」，「汝」和「爾」字的「數」兩類上面。而「之」字之在賓位，及不作代詞的用法，也很可法意。今一一比較在後面：

我們先假定《商書》之一類，《周書》一類來比較。

1「我」、「予」、「朕」

「我」字用於《周書》各篇者，可如表一：

表一甲　「我」字之用法細目

篇名	人稱主位		人稱賓位		人稱領位		語勢		反身
牧誓									
金縢	1.公曰我其為王穆卜	我其…	1.爾之許我	→我	1.王曰，嗟，我友邦家君	我友邦			
	2.今，我即命于元龜	我…命	2.爾不許我	→我	2.公曰，未可以戚我先王	我先王			
	3.我其以璧與珪，歸俟爾命	我其…			3.我先王亦永有依歸	我先王			
	4.我乃屏璧與珪				※4.我之弗辟				
	5.我無以告我先王	我無…			5.我無以告我先王	我先王			
	※6.我勿敢言	我勿…			6.惟朕小子其新逆，我國家禮亦宜之	我國家			
大誥	7.我有大事休	我有…	3.寧王遺我大寶龜	→我	7.弗弔天降割于我家	我家	1.洪惟，我幼冲人	我幼冲人	
					8.知我國有疵	我國			

篇名	人稱主位		人稱賓位		人稱領位		語勢	反身	
					9.反鄙我周邦	我周邦			
					10.肆予告我友邦君	我友邦君			
					11.興我小邦周	我小邦周			
					12.弼我丕丕基	我丕基			
					※13.天閟毖我成功所	我…所			
					14.肆予大誘化我友邦君	我友邦君			
					※15.其考我民	我民			
					16.我民若有疾	我民			
康誥	8.我聞曰，……	我聞…	4.天其罰殛我	→我	17.用肇造我區夏	我區夏			
	9.我時其惟殷先哲王德用康乂民作求	我時	5.無我殄	殄我	18.越我一二邦	我…邦			
	10.我其不怨	我其…			19.以修我西土	我西土			
	11.我惟有及，則予一人以懌	我惟…			20.惟弔茲，不于我政	我政			
					21.天惟與我民彝大泯亂	我民			
酒誥	12.故，我至于今克受殷之命	我先受			22.惟天降命肇我民，惟元祀	我民		1.我一人弗恤	我一人
	13.王曰，封，我聞惟曰	我聞…			23.天降威，我民用大亂喪德	我民			
	14.我聞亦惟曰	我聞…			24.惟曰，我民迪	我民			

篇名	人稱主位		人稱賓位		人稱領位		語勢		反身	
	15.我其可不大監撫于時	我其…			25.我西土斐徂邦君	我西土				
					26.乃不用我教辭	我教辭				
梓材	16.我有師師	我有…								
召誥	17.我不可不監于有夏	我不可			25.比介于我有周御事	我有周				
	18.我不敢知曰……	我不敢			26.曰其稽我古人之德	我古人				
	19.我不敢知曰……	我不敢								
	20.我不敢知曰……	我不敢								
	21.我不敢知曰……	我不敢								
	22.我亦惟茲二國命嗣若功	我…惟								
	23.知今，我初服	我…服								
	24.我受天命丕若有夏歷年	我受…								
	25.我非敢勤	我								
洛誥	26.我卜河朔黎水	我卜…	6.公無困我[1]	→我	28.彼裕我民，迪將其後	我民	2.我二人共貞	我二人		
	27.我乃卜澗水東	我卜…			29.監我土師工	我土師				
	28.我又卜瀍水東	我卜…								

---

1 〔校案〕〈洛誥〉文作「公無困哉」，下並同。

篇名	人稱主位		人稱賓位		人稱領位		語勢		反身	
	29.我惟無戫其康事	我惟…								
多士	30.我其敢求位？	我其…	7.惟天不畀,允罔固亂,弼我	→我	30.非我小國敢弋殷命	我小國			2.非我一人奉德不康寧	我一人
	31.我聞曰	我聞…	8.惟爾王家我適	適我	※31.惟我下民秉為	我下民				
	32.我不爾動	我不…	9.朕不敢有後無我怨	我怨	32.今惟我周王不靈承帝事	我周王				
	33.我乃明致天罰	我乃…			33.惟我事不貳適	我事				
					※34.比事臣我宗多遜	我多遜宗				
					35.攸服奔走,臣我多遜	我多遜				
					36.我有周佑命	我有周				
無逸	34.我聞曰,……	我聞…			37.厥亦惟我周太王王季	我周				
	35.我聞曰,……	我聞…								
君奭	36.我不敢知曰,厥基永孚于休	我不敢	10.誕無我責	責我	38.我有周既受	我有周	3.施于我沖子	我沖子		
	37.我亦不敢知曰,其終出于不祥	我…不敢			39.遠念天威越我民	我民	4.予惟曰襄我二人	我二人		
	※38.嗚呼,君已,曰,時我				40.在我後嗣子孫	我後嗣子				

篇名	人稱主位		人稱賓位		人稱領位		語勢	反身
	39.我亦不敢寧于上帝				41.我道惟寧	我道		
	40.我聞在昔	我聞			42.厥亂明我新造邦	我邦		
	※41.我則鳴鳥不聞	我則…			43.惟文王尚克修和我有夏	我有夏		
	42.我受命，于疆惟休，亦大惟艱	我受…			44.明我俊民	我…民		
	43.我不以後人迷	我不…			45.肆念我天威	我天威		
	44.我式克至于今日休	我克…						
	45.我咸成文王功于不怠	我…成						
多方	46.我惟大降爾命	我惟…	11.不克敬于和則無我怨	怨我	46.惟我周王	我周王		
	47.天惟式教，我用休	我用休	12.今爾奔走臣我監五祀		※47.乃有不用我降爾命	我降爾命		
	48.今我曷告多誥	我……敢……			※48.我有周惟其大介賚爾	我有周		
	49.我惟大降爾四國民命				49.爾不克勸忱我命	我命		
	50.我惟時其教告之	我惟…			50.非我有周秉德不康寧			
	51.我惟時其戰要囚之	我惟…						
	52.我乃其大罰殛之	我乃…						

篇名	人稱主位		人稱賓位		人稱領位		語勢		反身	
	53.我則致天之罰									
	54.我不惟多誥，我									
	55.我惟祇告爾命									
立政	56.繼自今我其立政立事	我其…		我	51.相我受民	我…民				
	57.我其克灼知厥若	我其…			52.和我庶獄	我庶獄				
	58.我則末惟成德之彥	我則…			53.以乂我受民	我…民				
					54.亦越我周文王	我周				
					55.其惟吉士，用勱相我國家	我國家				
					56.以長我王國	我王國				
顧命					57.無壞我高祖寡命	我高祖				
					59.乃命建侯，樹屏在我後之人	我後				
呂刑								3.以奉我一人		我一人
文侯之命			14.扞我于艱	扞我	60.侵戎我國家	我國家				
					61.純即我御事	我御事				
費誓	59.我商賚汝	我……賚……								
	60.甲戌，我惟征徐戎	我惟…								

篇名	人稱主位		人稱賓位	人稱領位		語勢	反身
秦誓	61.我尚有之	我…… 有……		62.我士，聽無譁	我士		
	62.我尚不欲	我…… 不……		63.我心之憂	我心		
	63.我皇多有之	我…… 有……		64.以能保我子孫黎民			
	64.昧昧我思之	我思…		65.不能保我子孫黎民			

〔註〕

※4.「我之弗辟」句，「之」字是領格語尾，所以以「我」在領位解釋。但，此字也可作在主位解。同篇上文有云：「爾之許我，我其以璧，與珪歸俟爾命；爾不許我，我乃屏璧，與珪」。是「爾之許我」同「爾不許我」是平列句字，則「之」字不是領格字，而是副詞；因為二句都是假設語氣，而一為肯定，一為否定。今「我之弗辟」正正與「爾之許我」的文法相同，則是「我」字，又當作在主位詞解釋也。

※6.「二公及王，乃問諸史與百執事。對曰：『信，噫，公命，我勿敢言。』」此你依《蔡傳》句談，故「我」字是主語。若以「公命我勿敢言」為句，則「我」字便在賓位了。

※13.「天閟毖我成功所」七字，無論作二句——三，四——或是作一句，都不能變「我」字之在領位的性質。

※15.「天棐忱辭其考我民」凡「民」與「天」對舉時，似乎「民」與「我」為同位；但「天子」而自儕于民，終不是很妥當，故民仍作「人

民」解，而「我」字遂為領位代詞，凡《尚書》中關于這個的，都可作這樣解釋。

※31.「惟我下民秉為」雖仍與「天」與「帝」對舉，仍以「天子」的臣民解釋之。

※34.※35.「多遜」二字，我以為許是成語，而為名詞語。即是為「我」字所領。但這也不過是個假定。

※38.「嗚呼，君，巳，曰，時我。」是以「時」字作「是」解的，故「我」字不是在賓位，而是為「時」字之補足語。

※41.此句本為「耇造德不降，我則鳴鳥不聞，矧曰其有能格！」「我」若上屬為句，則為賓位，但，似不大好。

※42.「我受命」，「受」字是動詞，做述語，故「我」宜在主位。

※47.「乃有不用我降爾命」句。「降爾命」三字名詞短句，即是以動詞作名詞於是「我降爾命」「我」字在是領位。

※48.「周」是國號，不能與「我」字同位，故「有周」仍是為「我」字所領。

表一乙　「我」字之用法及次數

	篇名	人稱代詞		領位	語勢代詞	反身代詞	總計
		主位	賓位				
「我之弗辟」	牧誓	……	……	1	……	……	1
	金縢	6	2	6			13
	大誥	1	1	10	1（我幼冲人）		13
	康誥	4	2	5	……	……	11
	酒誥	4		5	……	1（我一人）	11
	梓材	1	……	…	……	……	1
「我二人共貞」（多數）	召誥	9		2			11
	洛誥	4	1	2	1（我二人）		8
	多士	4	3	7		1（非我一人）	15
	無逸	2	……	1	……	……	3
「襄我二人」（多數）	君奭	10	1	8	2	……	19
	多方	10	2	5	……	……	17
	立政	3	1	6			10
	顧命	……	……	2	……	……	2
	呂刑	……	……		……	1（我一人）	2
	文侯之命	……	1	2	……	……	3
	費誓	2					2
	秦誓	4		4			8
	統計	64	14	65			150

表二甲　「予」字之用法細目

篇名	主位人稱		賓位人稱		領位人稱	語勢		反身	
牧誓	1.予其誓	予其…				1.今，予發	予發		
金縢	1.予仁若巧能	予…				2.予小子	予小子	1.能念予一人	予一人
						3.惟予沖人弗及知	予沖人		
大誥	※1.予惟小子	予惟…	1.民獻有十夫予翼	翼予		4.越予小子考翼	予小子		
	2.予惟往	予惟…	2.尹氏御事，綏予日	綏予		5.肆予沖人	予沖人		
	3.予不敢閉于天降威用	予……				6.越予沖人	予沖人		
	4.予復反鄙我周邦	予……				7.已，惟予小子	予小子		
	5.肆予告我友邦君	予……							
	6.日，予得吉卜	予……							
	7.予惟以爾庶邦，于伐殷逋播臣	予惟…							
	8.予造天役	予……							

篇名	主位人稱		賓位人稱		領位人稱		語勢		反身	
大誥	9.※已予惟小子	予惟…								
	10.肆予大化誘我庶邦君	予……								
	11.予曷其不于前寧人圖功攸終	予曷…								
	12.予曷敢不于前寧人攸受休畢	予曷…								
	13.予有後，弗棄基	予……								
	14.肆予曷敢不越卬敉靈王大命	予曷…								
	15.予永念日，天惟喪殷	予念…								
	16.若嗇夫，予曷敢不終朕畝	予曷…								
	17.予曷其極卜	予曷…								

篇名	主位人稱		賓位人稱		領位人稱		語勢		反身	
康誥	18.予惟不可不監告汝德之說	予惟…							2.則予一人以懌	予一人
酒誥	19.王曰，封，予不惟若茲多誥	予不惟								
	20.予惟曰	予惟…								
	21.予其殺	予其…								
梓材	22.予罔厲殺人	予……								
召誥							8.予小臣敢以王	予小臣		
洛誥	23.予齊百工	予……	3.伻來來視予	予			9.王若日，公明保予沖子	予沖子		
	24.予惟曰庶有事	予惟…	4.公其以予萬年敬天之休	以予億年			10.予沖子夙夜毖祀	予沖子		
	25.茲予其明農哉	予其…	5.厥若彝及撫事如予	如予			11.王曰，公，予小子其退	予小子		
	26.王曰，公定，予往	予……	6.篤敘乃政，	若予			12.予旦以多子越御事，	予旦		

篇名	主位人稱		賓位人稱		領位人稱		語勢	反身	
洛誥			罔不若予				篤前人成烈		
	27.予不敢宿，則禋于文王武王	予……	7.以予小子，揚文武烈	以予					
			8.王命予來（來字是補足語）	予來					
			9.伻來毖殷乃命，寧予以秬鬯二卣	予					
多士	28.予其曰，惟爾洪無度	予其…			1.非予罪，時惟天命	予罪		3.予一人惟聽用德	予一人惟聽用德
	29.予亦念天即于殷大戾	予……							
	30.予惟時其遷居西爾	予惟…							

篇名	主位人稱		賓位人稱		領位人稱	語勢		反身	
多士	31.肆予敢求爾于天邑商	予……							
	32.予惟率肆矜爾	予惟…							
	33.予大降爾四國民命	予……							
	34.予亦致天之罰于爾躬	予……							
	35.今，予惟不爾殺	予惟							
	36.予惟時命有申	予惟							
	37.予惟四方罔攸賓	予惟							
	38.時，予乃或言，爾攸居	予乃							
無逸									
君奭	39.予往，暨汝奭其濟	予……	10.保奭，其汝克敬，以予監于	以　予		13.在今予小子旦，非克有正	予小子旦		
	40.予不允惟若茲誥	予……				14.今在予小子旦，若游	予小子旦		

篇名	主位人稱		賓位人稱		領位人稱		語勢		反身	
君奭	41.予惟曰，襄我二人	予惟…	殷喪				大川			
	42.公曰，君，予不惠若茲多誥	予……								
	43.予惟用閔于天越民	予惟…								
多方										
立政							15.予旦已受人之徽言	予旦…		
顧命	44.茲予審訓命汝	予……			2.今予一二伯父	予伯父	16.眇眇予末小子其能而亂四方	予小子	4.予一人釗報誥	予一人
呂刑										
文侯之命	45.予則罔克	予則…	46.扞我于艱，若汝予嘉	予……			17.閔予小子，嗣造天丕愆	予小子	5.嗚呼有績，予一人永綏任位	予一人
費誓										
秦誓	※ 47.予誓告汝，羣言之首	予……								

篇名	主位人稱		賓位人稱		領位人稱		語勢		反身	
秦誓	48.惟古之謀人，則曰，未就予忌	予……								

〔註〕

※1.和9.，「予惟小子」，以「予小子」言，本是語勢代詞；（也即同位）但此處似乎「惟」字沒有做述語的性質，而是助詞。「予惟」之一語，《尚書》中甚常見，沒有什麼意思的。故「小子」二字，成為形容性的述語，──（即馬氏所謂表詞）──于是「予」字是主位詞。

※4.「予一人釗」在形式上兼有二種詞性，即是以「予一人」和「予釗」合而為人，是反身又語勢的也；所以要當它那一種都得。

※47.此句係依《蔡傳》分析的。

「予」字可如表二。

表二乙　「予」字之用法及次數

	篇名	人稱代詞			語勢代詞		反身代詞	總數
		主位	賓位	領位				
	牧誓	1			1	今予發		2
	金縢	1			1	予沖人 予小子	1（予一人）	4

	篇名	人稱代詞			語勢代詞	反身代詞	總數
		主位	賓位	領位			
「越予沖人」似不是反身抑或語勢而是在領位	大誥	17	2		4 ⎰予沖人 ⎱予小子		23
	康誥	1				1（予一人）	2
	酒誥	3					3
	梓材	1					1
	召誥				1（予小臣）		1
「如予」（？）未列	洛誥	5	7		2 ⎰予沖子 1 ⎨予小子 1 ⎱予　旦		16
	多士	11		1		1（予一人）	13
	無逸						0
	君奭	5	1		1 ⎰予小子旦 ⎱予小子旦		8
	多方						0
	立政				1（予　旦）		1
「眇眇予末小子」	顧命	1		1（予一二伯父）	1（予小子）	1（予一人釗）	4
	呂刑						0
	文侯之命	2			1（予小子）	1（予一人）	4
	費誓						0
	秦誓	2	2				2
	統計	48	12	2	17	5	84

「朕」字可如表三。

表三甲 「朕」字之用法細目數

篇名	主位人稱		賓位人稱		領位人稱		語勢		反身
金縢							1.惟朕小子其新逆我國家禮亦宜之	朕小子	
大誥	※1.朕卜并吉	朕……	1.予惟往，求朕攸濟	求朕…	※1.遺大投艱于朕身	朕身			
	2.若昔朕其※逝	朕其…			2.予曷敢不終朕畝	朕畝			
	3.朕言艱，日思	朕……							
	4.肆朕誕以爾東征	朕……							
康誥	5.惟朕愍	朕……			※3.孟侯，朕其弟	朕…弟			
					※4.典聽朕告				
					5.朕心朕德，惟乃知	朕心			
					6.朕心朕越庶伯君子，德，惟乃知	朕德			

篇名	主位人稱		賓位人稱		領位人稱		語勢	反身
酒誥					7.庶士有正越庶伯君子其爾典聽朕教	朕教		
					8.王曰，封，汝典聽朕悉，勿辯	朕悉		
洛誥	6.朕復子明辟	朕……	2.聽朕教汝于民彝彝。（于民彝彝是補足語）2		※9.乃惟孺子，頒朕不暇	朕不暇		
					10.越乃光烈考武王弘朕恭	朕恭		
					※11.其永觀朕子懷德	朕德		
多士	7.朕不敢有後	朕……						
	8.朕來自奄	朕……						
	9.今，朕作大邑于茲洛							
君奭					12.公曰，君，告汝朕允	朕允		
顧命	10.朕敬于刑	朕……			13.爾尚明時朕言，	朕言		

2 〔校案〕〈洛誥〉文作「于彝民彝」。

篇名	主位人稱		賓位人稱		領位人稱		語勢		反身
					以敬保元子釗				
呂刑					14.幼子童孫，皆聽朕言	朕言			
					15.朕言多懼	朕言			
文侯之命					16.曰惟祖惟父其伊恤朕躬	朕躬			

〔註〕

※1.「朕卜并吉」這裏是就「卜」字為述語而解釋的。

※1.「朕身」，似以身為「正次」，不以為在「同位」。

※3.「朕其弟」這種句法，只有一個，故也不能以它為有什麼標準組織；今所用，係姑依王引之的《經傳釋詞》，以「其」為領格語尾，相當于「之」字的。

※4.此篇為「王若曰，往哉封，勿替，敬典聽朕告，汝乃以殷民世享」，我以為「汝」字不上屬成句，故以「朕」字使在領位。

※9.「朕不暇」之不暇可以作動詞性的名詞用，可以叫做「動名詞」。

※11.「朕予懷德」的「予」字不可曉。然此處的朕字，仍依※9條解釋之。

表三乙 「朕」字用法及次數

篇名	人稱代詞			語勢代詞	反身代詞	總數
	主位	賓位	領位			
牧誓						0
金縢				1（朕小子）		1
大誥	4	1	1			6
康誥	1		4			5
酒誥			2			2
梓材						0
召誥						0
洛誥	1	1	3			5
多士	3					3
無逸						0
君奭			1			1
多方						0
立政						0
顧命			1			1
呂刑	1		2			3
文侯之命			1			1
	10	2	15	1		28

將上面三字的用法的分配及總計，列為一比較表，如表四。

表四　三字比較

用法之分配的次數					
	統計	主位	賓位	領位	勢語	反身
我	150	64	14	65	4	3
予	84	49	11	2	1	5
朕	28	10	2	15	1	0

　　將上表作為百分比表如下：（表五）（表六）

看上表，可以得一個明白的觀念，便是：

　　（1）「我」字用於「賓位」者甚少，而「主」、「領」位則無大差
　　　　　異。

　　（2）「予」字常用於「主位」，而用為「語勢」者，較「我」字
　　　　　多得很。

　　（3）「朕」字常用在「領位」。

我們設將各字各於各位的百分比列如表五：

表五　百分比較（Ａ）

	主位	賓位	領位	語勢
我	43%	9%	43%	
予	58%	13%		20%
朕	36%		58%	

　　則更可以看「予」字在主位用者，於「予」字的用法中，最為常
見；「我」字在「賓位」，僅占百分之二、三而已。現再看。（表六）

表六　百分比表（B）

	各詞常用比例
我	57%
予	32%
朕	11%

看上面二表，可以知道：

（1）「我」字在「主位」與「領位」之用，機數相同，而賓位甚小。

（2）「予」字在「主位」機數最大。

（3）「朕」字常在「領位」。

合各篇所有第一身代詞之全量觀，則。

（4）我字最常用，

（5）予字次之，

（6）「朕」字最少。

我們試將上面各字用法的結論，試應用于各篇，看其進行的方向怎樣。（表七）

看此表，則凡用第一身代詞時，「我」字最常，「予」字次之，「朕」字最少；而「我」字用於「領位」的機數，也比用於「數位」大；用「予」時，也以用「主位」的機數大；用「朕」字時，則以用於「嶺位」的機主大[3]，倘若要用語勢（emphatic）的代詞，那末，便以「予」字的機數為最大了。

現在將各詞在各位中的用法怎樣列如下表來看一看。（表七）

3　〔校案〕按本篇行文習慣，字當作「領位」。

表七　各詞在各篇中用次之百分表

篇名 ＼ 用法	我		予		朕		
	中位	領位	主位	語勢	主位	領位	
大誥	7%	70%	69%	17%			
康誥	36%	45%	……			100%	
酒誥	45%	45%	……			※100%	
召誥	75%	25%	……				
洛誥	62%	25%	37%	31%		※60%	
多士	27%	47%	84%				
君奭	37%	42%	62%	25%			
立政	30%	70%	……				
多方	53%	33%	……				
金縢	40%	38%		50%			

有※，係用次數甚少，自二次至三次而已。

　　照表五表六看，我們知道「我」字現是在第一身中用次最多，而「主位」同「領位」是相若的了，但，〈大誥〉卻不合于這個方向。〈大誥〉的用「我」，幾乎是專在「領位」，而主位則用「予」；以其篇中需要主位代詞多，故用「予」便多于用「我」，這可見其用這二字的通例之嚴格。要不然，從全體用法的方向看來，「我」字在〈大誥〉，可以不須比「予」字少到幾乎一倍的，因為「我」字儘可以與「予」字混用也。故用這些代詞上，我們很可以看出〈大誥〉與其餘各篇之成為兩個不同的系統。——當然這是大概言之。

　　試說一說，〈康誥〉之用「我」于領位雖高，而不用「予」，故「我」在「主位」也不很低；〈酒誥〉也是這種情形，而用次恰恰相等；〈召誥〉則用在「主位」反高，與〈大誥〉的距離更大；〈洛誥〉

雖也用「予」，而全部混用。換句說，即是〈洛誥〉之用「我」「予」二字，恰恰可以說已失去〈大誥〉的通例。〈多士〉的「予」字還與〈大誥〉相一致，而「我」字也混，與〈康誥〉、〈酒誥〉等同，〈君奭〉雖在用次的程度上與〈洛誥〉微異，然可以說是一致的。〈立政〉、〈多方〉、〈金縢〉三篇與〈康誥〉、〈酒誥〉等同。

看上表，我們可以知道，〈大誥〉的用主位詞，多用「予」，而「領位」詞則多用「我」，語勢多用「予」。〈多士〉、〈君奭〉也然，惟〈多方〉則否，不用「予」而用「我」，此顯和上三篇不同其通例。又〈洛誥〉之用「我」為主位也多。若就上面各用法看主，可以如此作個結論，便是：

（1）〈大誥〉是自為一種用法：用主位詞，必用「予」，「我」是例外。用「領位」詞，必用「我」。

（2）〈康誥〉、〈酒誥〉、〈召誥〉、〈多方〉、〈立政〉等篇成為一種通例。不用「予」字。

（3）〈金縢〉、〈洛誥〉、〈多士〉、〈君奭〉等篇又為一種，其用法恰為上二種之折中。

上面是僅僅就三個第一稱的代詞比較來的結果，到底這三項用法，是不是便為各篇的時代，那麼，我們仍須再看他方面的怎樣而定，現在先將《商書》來比較。《商書》各篇之用「我」，如下表：

表八甲　「我」字之用法細目表

篇名	主位人稱		賓位人稱		領位人稱		語勢		反身
湯誓					1.汝曰我后	我　后	1.不恤我眾	我眾	
					2.舍我穡事	我　事			
盤庚	1.乃有不吉不廸，…	我乃			3.我王來，既爰宅于茲	我　王			

篇名	主位人稱		賓位人稱		領位人稱		語勢	反身	
	我乃劓殄滅之								
	2.今我既羞告爾于朕志	我……			※4.重我民，無盡劉	我民			
					5.天其永我命于茲新邑	我命			
					6.古我先王，亦惟圖任舊人共政	我先王			
					7.古我先王，暨乃祖乃父	我先王			
					8.嗚呼，古我先后	我先后			
盤庚					9.汝曷弗念我古后之聞	我…后			
					10.古我先后，既勞乃祖乃父	我先后			
					11.丕乃告我高后曰，作丕刑，于朕孫	我高后			
					12.汝共作我畜民	我…民			
					13.我先后綏乃祖乃父	我先后			
					14.古我先王將多于前功	我先王			

篇名	主位人稱		賓位人稱		領位人稱		語勢		反身	
盤庚					15.用降我凶德	我…德				
					16.肆上帝將復我高祖之德	我高祖				
					17.亂越我家	我家				
					※18.念敬我眾	我眾				
西伯戡黎			1.故天棄我，不有康食	棄我	19.天既訖我殷命	我命	2.非先王不相我後人	我後人		
					※20.今我民罔弗欲喪	我民				
					21.王曰，嗚呼，我生不有命在天	我生				
微子	3.我用沉湎于酒，用亂敗厥德于下	我……			22.我祖厎遂陳于上	我祖				
	4.我其發出狂（往的意思）	我其			※23.我舊云刻字	我云				
	5.我興受其敗	我……								
	6.我罔為臣僕	我……								
	7.王子弗出，我乃	我乃								

篇名	主位人稱		賓位人稱		領位人稱		語勢		反身	
微子	顛隮									
	8.我不顧行遯	我—…								

〔注〕

※4.「重我民」句，因為這篇是代表盤庚的話的，所以「我民」似乎不是代「人民」自身說話，而是負國家職責者的話，故「我」字以領位代詞釋之。

※18. 此句的「我眾」宜和〈湯誓〉的「我后不恤我眾」不同其詞性。因為〈湯誓〉之「我眾」是以人民口氣出之，而此則是執政者。故「我」在此為領位詞。

※20. 此句頗模稜，可為語勢，可為領格。不過，我以為，既係祖伊對王之諫告，則祖伊似宜仍站在王一邊說話，于是以為領格用也。

※23. 此句姑依《蔡傳》。本來，孔蔡解《尚書》，不通之處甚多，不過此句無論如何，就讓孔蔡等所釋不通，而「我舊云」之「我」，終宜在領位。因為「舊」字既是在修飾「云」字，云字終有名詞性——動名詞也是名詞般地看待——故也。

表八乙 「我」字之用法及次數

篇名	主位	賓位	領位	語勢	反身	
盤庚	2		16			18
湯誓			2		1（我眾）	3
高宗肜日						
西伯戡黎		1	3	1（我後人）		5
微子	7		2			9
	9	1	23	1	1	35

表九甲 「予」字之用法細目表

篇名	人稱主位		人稱賓位	人稱領位	語勢		反身	
湯誓	1.予惟聞汝眾言	予惟…					1.爾尚輔予一人	予一人
	2.予畏上帝，不敢不※正	予……						
	3.予及爾偕亡	予……						
	4.予其大賚汝	予其…						
	5.予則孥戮汝	予則…						
盤庚	6.王曰，予告汝	予……			1.肆予沖人，非廢厥謀	予沖人	2.不惕予一人	予一人
	7.予弗知乃所訟	予……					3.聽予一人之作猷	予一人
	※8.非予自荒茲德	予荒…					4.邦之不臧，惟予一人有佚罰	予一人

篇名	人稱主位		人稱賓位	人稱領位	語勢	反身	
	9.予若觀火	予……				5.欽念以忱 動予一人	予一人
	10.予亦拙謀	予……				6.暨予一人 猷同心	予一人
	11.矧予制乃短 長之命	予……				7.協比讒言 予一人	予一人
	12.非予有咎	予……					
	13.予敢動用非 罰？	予…					
	14.予不掩爾善	予……					
	15.茲，予大享 于先王	予……					
	16.予亦不敢動 用非德	予……					
盤庚	17.予告汝于難	予……					
	18.予若籲懷茲 新邑	予……					
	19.今，予將試 以汝遷	予……					
	※20.今予命汝 一無起穢以 自臭。（此一 字並不是一 二之一，而 是加重語氣 之副詞，故 不必斷句， 蔡氏《傳》 失之。）	予……					
	21.予念我先神 后之勞爾先	予……					

篇名	人稱主位		人稱賓位	人稱領位	語勢	反身
盤庚	22. 予丕克羞爾，用懷爾然	予……				
	23. 茲，予有亂政同位	予……				
	24. 今予告汝不易	予……				
	25. 今，予將試以汝遷	予……				
	26. 今。予其敷心腹腎腸	予其…				
	27. 予其懋簡相爾	予其…				
微子	※28. 今爾無指告，予顛濟若之何其	予……				

〔注〕

※3.「予」字是代人民說話，故是眾數的。

※8.「非予自荒茲德」句，非字是和下面「惟」字做雙連詞的。故凡用予字如：「肆予」、「今予」、「茲予」、……等常是連詞，不會影響到「予」字的使用法的。故這種「予」字，皆是在主位。在《尚書》中，「予」字為外動詞所及的時候，多是「反身」詞；這也是一個很明顯的使用法。「自」字是反身代詞。

※28. 我以為「予」字在這裏不宜上屬成句，為使「顛濟」二字更妥帖些；于是「予」字便在主位，為一句之主語了。

用「予」字如下表：

表九乙　「予」字之用法及次數

篇名	主位	賓位	領位	語勢	反身	
盤庚	21	21	21	21	6（予一人）	27
湯誓	5	5	5	5	1（予一人）	6
高宗肜日						
西伯戡黎						
微子	1	1	1	1	1	1
	26	1			7	34

用「朕」字如下表：

表十甲　「朕」字之用法細目表

篇名	人稱主位		人稱賓位		人稱領位	
湯誓	1.今，朕必往	朕…			1.格，爾眾庶，悉聽朕言	朕言
	2.爾無不信，朕不食言	朕…				
盤庚	※3.爾謂朕曷震動萬民遷	朕…	1.汝曷弗告 朕	告朕 朕	2.曰，明聽朕言	朕言
	4.朕及篤敬，恭承民命	朕…			3.無荒失朕命	朕命
	5.朕不肩好貨	朕…			4.汝不憂朕心之攸困	朕心
					5.高后丕乃崇降罪疾曰，曷虐朕民	朕民
					6.曷不暨朕幼孫有比	朕幼孫
					7.作丕刑于朕孫	朕孫
					8.歷告汝百姓于朕志	朕志
					9.嘉績于朕邦	朕邦

篇名	人稱主位		人稱賓位		人稱領位	
盤庚					10.今我既羞告爾于朕 志	朕志

〔註〕

※3.「爾謂」二字，是個短語，而「謂」字是內動詞，故「朕」字不在賓位。「朕」字這裏是關係詞，然是主位式。

表十乙　「朕」字之用法及次數

篇名	主位	賓位	領位	語勢代詞	反身代詞	
盤庚	3	1	9			13
湯誓	2		1			3
高宗肜日						
西伯戡黎						
微子						
	5	1	10			16

三字用法的比較表：

表十一　三字比較表

字	總次數	用法之分配及次數				
		主	賓	領	勢	反
我	34	10	2	20	1	1
予	34	26	1			7
朕	16	5	1	10		
	84	41	4	30	1	8

〈湯誓〉篇有用一台字為代詞主位。

各字用次的百分比，表十二：

表十二　百分比較表（A）

	主位	領位	反身
我	29%	59%	59%
予	76%		20%
朕	31%	62%	

我們看此表，可知「我」字多在領位，「予」字多在主位，「朕」字也多在領位。而反身則純用「予」字。

我們看此表，可知「我」字多在領位，「予」字多在主位，「朕」字也多在「領位」。而「反身」（reflexive）時，則純用「予」。我們再看下表：

表十三　百分比較表（B）

	在第一身中
我	40%
予	40%
朕	20%

看此，則「予」字與「我」字用的機數是一樣大的。我們再看〈盤庚〉在各篇中怎樣。

表十四　百分比較表（C）

	盤庚	其它
我	53%	47%
予	79%	21%
朕	81%	19%

各詞的全量中〈盤庚〉所占之百分比。

　　看此，可知〈盤庚〉一篇之在《商書》，是各代詞用法的代表，于是我們可得一結論：〈盤庚〉之用主位時，多用「予」，用領位詞時，多用「我」，或「朕」。現在再將各篇三個代詞有五次以上者，引之如下：

表十五　《商》《周書》用各代詞次數比較表／用法百分比較表

		金縢	大誥	康誥	召誥	洛誥	多士	君奭	多方	盤庚
我		13	13	11	12	8	15	19	15	15
予			23	（缺）	（缺）	16	13	8	（缺）	27
朕			7	5		5				13

上表凡用字次數在五次以下者，皆不錄。

用法百分比較表

		金縢	大誥	康誥	召誥	洛誥	多士	君奭	多方	盤庚
我	主	46%	7%	36%			27%		53%	
	賓									
	領	3%	77%	4%			4%		33%	3%
予	主		66%	（缺）	（缺）	37%	84%	62%	（缺）	78%
	賓			（缺）	（缺）				（缺）	

		金縢	大誥	康誥	召誥	洛誥	多士	君奭	多方	盤庚
朕	主									
	領			100%		60%				69%

我們看〈大誥〉的用「我」和〈盤庚〉的用「我」，差不多是相同的，都常在領位。用「予」字，〈大誥〉和〈多士〉、〈君奭〉、〈盤庚〉都是差不多一致的用於主位。用「朕」字以〈盤庚〉為最多，其餘多不甚發達。還有一點，即〈多方〉全不用「予」，而用「我」字也多在主位。此雖然和上面所舉各篇不同。

我們看，此頗奇，〈盤庚〉之用「我」、「予」等字，和〈大誥〉差不多是一致的。惟朕字，〈盤庚〉中頗發達。至用語勢代詞，則可如下表：

表十六

	周各篇				商			
	語勢		反身		語勢		反身	
	次數	百分比	次數	百分比	次數	百分比	語勢	百分比
我	1	5%	2	25%	1		1	13%
予	17	90%	5	62%			7	87%
朕	11	5%	1	13%				

看此表，可以知道，《周書》中，用「予」為語勢的固然最多，而也有用「我」字、「朕」字者，在《商書》則「朕」字無之。

看上面的各樣比較，似乎除《周書》裏自身有多少差異如第七表下所說的外，好像與《商書》——也可說是〈盤庚〉到沒有什麼差異的地方。不但如此，〈盤庚〉和〈大誥〉到很相一致的。然則〈盤

庚〉和〈大誥〉時代較相近麼？于是我們對於「汝」、「爾」二字之用
法，便不知怎樣解決了，讓我把牠們列在下面。

2 「汝」「爾」

《周書》各篇的「汝」「爾」：

表十七甲 「汝」和「爾」字的用法細目（Ａ）

篇名	用法	句子	附注
牧誓	爾 戈（領）	1.稱爾戈	此篇是用「爾」于眾數的。
	爾 干（領）	2.比爾干	
	爾 矛（領）	3.立爾矛	
	爾…所（領）	4.爾所弗勗	「弗勗」二字，是個「形容名」語，在「所」之後，為「爾」所領。
	爾 躬（領）	5.其于爾躬有戮	
金縢	爾元孫（領）	6.惟，爾元孫某，遘厲虐疾	此「爾」及下面各「爾」字，皆係指「大王，王季，文王」，故為眾數代詞。
	爾三王（勢）	7.若爾三王，是有丕子之責于天	
	爾子孫（領）	8.用能定爾子孫于下地	
	爾之…（主）	9.爾之許我，我其以璧與珪	「爾之」二字看來，本可作領格詞解；惟下文「爾不許我」句，是與此平列的，所以以「之」字作肯定副詞了。
	爾 命（領）	10.歸俟爾命	

篇名	用法	句子	附注
	爾……（主）	11.爾不許我，我乃屏璧與珪	
大誥	爾多邦（勢）	12.王若曰，猷大誥爾多邦	凡注「勢」字者，皆謂語勢。惟此處「多邦」，「爾御事」等，也叫「同位」。（apposition）。
	爾御事（勢）	13.越爾御事	
	爾庶邦（勢）	14.予惟以爾庶邦君，于伐殷……	
	爾庶邦（勢）	15.爾庶邦君，越庶士御事	
	爾邦君（勢）	16.義爾邦君	
	爾多士（勢）	17.越爾多士	
	爾……（主）	18.爾惟舊人	
	爾……（主）	19.爾丕克遠省	
	爾……（主）	20.爾知寧王若勤哉	
	爾庶邦（勢）	21.嗚呼肆哉，爾庶邦君	
	爾御事（勢）	22.越爾御事	22.下有「爾時罔敢易法」句，以文氣看來，「爾」字是指示代詞，不是對稱，故不列入。「天命不易」之「易」字，讀去聲為「容易」之義解，不是「變易」也。「以」字是介詞。
	爾……（主）	23.爾亦不知天命不易	
	以　爾（賓）	24.肆朕誕以爾東征	

篇名	用法	句子	附注
	汝小子（勢）	1.乃寡兄勗肆汝小子封在茲東土	此篇為誥康叔個人的文字，故用「汝」，單數故也。
	奴……（主）	2.王曰，嗚呼封，汝念哉	
	汝……（主）	3.汝丕遠惟商耇成人，宅心知訓	
	汝……（主）	4.已！汝惟小子，乃服惟弘王應保殷民	此「汝」不是語勢，因為「惟」字幾乎是作述語用了也。
	汝 封（勢）	5.非汝封刑人殺人，無或刑人殺人	「汝」、「封」二字同位。
	汝…（主）	6.王曰，外事，汝陳時臬司	「臬司」二字似宜斷句：「司」也不下屬為句。
	汝……（主）	7.王曰汝陳時臬	
康誥	汝……（勢）	8.汝封	
	汝……（主）	9.乃汝盡遜	
	汝……（主）	10.已，汝，惟小子，未有若汝封之心	「汝」字宜斷句，蓋下文「未有若汝封之心」句可證明「惟小子」非指「封」，也
	汝封（勢）	11.汝封之心	
	汝乃…（主）	12.爾乃其速由茲義率殺	
	汝……（主）	13.汝亦罔不克敬典	
	告 汝（賓）	14.予惟不可不監告汝，德之說，于罰之行	我「監告汝」什麼呀？「德之說」，「罰之行」是也。「德」字前，可以有「于」字做介詞，此皆上句之補足語（complement）也。

篇名	用法	句子	附注
	珍殄汝（賓）	15.乃以民寧，不汝瑕殄	
	汝小子（勢）	16.肆汝小子封，惟命不于常	
	汝……（主）	17.汝念哉	
	汝……（主）	18.汝乃以殷民世享	
酒誥	爾股肱（領）	25.妹土，嗣爾股肱	此篇係一面吩咐「封」個人，故用「汝」；一面告誡「妹邦」，故用眾數「爾」。
	爾……（主）	26.其爾典聽朕教	
	爾……（主）	27.爾大克羞耇，惟君	
	爾…（主）	28.爾乃飲醉飽	
	爾……（主）	29.爾克永觀省	
	爾……（主）	30.爾尚克羞饋祀	
	爾乃…（主）	31.爾乃自介自逸	
	爾　事（領）	32.矧惟爾事	此句頗模糊，看文的方向，是對「封」個人說的似的。
	汝……（主）	19.汝劼毖殷獻臣	
	汝……（主）	20.矧汝剛制于酒	此二「汝」字，皆與「封」說的，
	汝……（主）	21.厥或告曰，「羣飲」，汝勿佚，盡執以歸于周	
	汝……（主）	22.王曰，封，汝典聽朕毖	
梓材			
召誥			此篇皆稱「王」，不稱「汝」。
洛誥	汝……（主）	23.惟命曰，汝受命篤弼	

篇名	用法	句子	附注
洛誥	汝其…（主）	24.乃汝其悉自教工	
	汝……（主）	25.惇大成裕，汝永有辭	
	汝……（主）	26.已，汝惟冲子，惟終	
	汝其…（主）	27.汝其敬識百辟享	
	教汝…（賓）	28.聽朕教汝于棐民彝	「于棐民彝」是「教汝」的副詞附。
	汝乃…（主）	29.汝乃是不蘉，乃時惟不永哉	
	汝……（主）	30.汝往敬哉	
多士	爾　殷（勢）	33.王若曰，爾殷遺多士	此篇是眾數的，所以純全用「爾」字。
	爾多士（勢）	34.肆爾多士	
	爾先祖（領）	35.乃命爾先祖成湯，革夏，俊民，甸四方	
	爾王家（領）	36.惟爾王家我適	
	爾……（主）	37.予其曰，惟爾洪無度	
	動爾…（賓）	38.我不爾動，自乃邑	
	爾多士（勢）	39.王曰，猷告爾多士	
	爾……（主）	40.惟爾知	
	求　爾（賓）	41.肆予敢求爾于天邑商	
	矜爾（賓）	42.予惟率肆矜爾	
	爾…命（領）	43.予大降爾四國民命	「誰的命呢？」四國之民命也。此四國民誰也？即爾們多士也。故爾在領位。
	移　爾（賓）	44.移爾遐逖	
	爾　殷（勢）	45.王曰，告爾殷多士	
	殺　爾（賓）	46.今，予惟不爾殺	

篇名	用法	句子	附注
多士	爾多士（勢）	47.亦惟爾多士，奔走臣我多遜	
	爾乃…（主）	48.爾乃尚有	
	爾　土（領）	49.爾土	
	爾乃…（主）	50.爾乃尚寧幹止	
	爾……（主）	51.爾克敬	
	矜　爾（賓）	52.天惟畀矜爾	
	爾……（主）	53.爾不克敬	
	爾……（主）	54.爾不啻不有	
	爾　土（領）	55.爾土	
	爾　躬（領）	56.予亦致天之罰于爾躬	
	爾惟…（王）	57.今，爾惟時宅	
	爾　邑（領）	58.爾邑	
	爾　居（領）	59.繼爾居	
	爾……（主）	60.爾厥有幹有年于茲洛	
	爾小子（領）	61.爾小子乃興	此是「爾們的民人們」的意思。
	從爾（賓）	62.從爾遷	
	爾攸居（領）	63.予乃或言爾攸居	
無逸			
君奭	汝……（主）	31.今汝永念，則有固命	此係單數文字，所以用「汝」而不用「爾」。
	汝　奭（勢）	32.若游大川，予往暨汝奭其濟	
	命　汝（賓）	33.前人敷乃心，乃悉命汝作汝民極	

篇名	用法	句子	附注
君奭	汝……（主）	34.曰，汝明勗偶王在亶，乘茲大命	
	告汝（賓）	35.君，告汝朕允	
	其汝…（主）	36.保奭，其汝克敬以予監于殷喪	
	汝……（主）	38.襄我二人，汝有合哉	
	其汝…（主）	37.其汝克敬德，明我後民	
多方	爾四國（勢）	64.王若曰，猷告爾四國多方	此篇是眾數的，故完全用「爾」，而且用的特別多。
	爾殷侯（勢）	65.惟爾殷侯尹民	
	爾命（領）	66.我惟天降爾命	
	爾……（主）	67.爾罔不知	
	爾攸聞（領）	68.不克終日勸于帝之廸，乃爾攸聞	其語即「爾所攸聞」之尚式。
	爾多方（勢）	69.乃惟以爾多方之義民	
	爾多方（勢）	70.乃惟成湯，克以爾多方簡代夏作民主	
	爾辟（領）	71.今至于爾辟	
	爾多方（勢）	72.弗克以爾多方享天之命	
	爾多方（勞）	73.嗚呼，王若曰，誥告爾多方	
	爾辟（領）	74.乃惟爾辟	
	爾多方（勢）	75.以爾多方，大淫圖天之命	
	爾多方（勢）	76.天惟求爾多方	
	爾多方（勢）	77.惟爾多方，罔堪顧之	

篇名	用法	句子	附注
多方	爾多方（勢）	78.天惟式教我用休簡畀殷命，尹爾多方	
	爾四國（勢）	79.我惟大降爾四國民命	
	爾……（主）	80.爾曷不忱裕之于爾多方	
	爾……（主）	81.爾曷不夾介乂我周王，享天之命	
	爾……（主）	82.今爾尚宅爾宅，畋	
	爾 宅（領）	83.爾田	
	爾……（主）	84.爾曷不惠王熙天之命	
	爾……（主）	85.爾乃迪屢不靜	
	爾 心（領）	86.爾心未愛	
	爾乃…（主）	87.爾乃不大宅天命	
	爾乃…（主）	88.爾乃屑播天命	
	爾乃…（主）	89.爾乃自作不典	
	爾自…（反）	90.乃惟爾自速辜	
	爾有方（勢）	91.猷告爾有方多士	
	爾……（主）	92.今爾奔走臣我監五祀	
	爾……（主）	93.爾罔不克臬，自作不和	
	爾惟…（主）	94.爾惟和哉	
	爾 實（領）	95.爾室不睦	
	爾惟…（主）	96.爾惟和哉	
	爾 邑（領）	97.爾邑克明	
	爾惟…（主）	98.爾惟克勤乃事	
	爾……（主）	99.爾尚不忌于凶德，亦則以穆穆在乃位，克閱于乃邑謀介	
	爾乃…（主）	100.爾乃自時洛邑，尚	

篇名	用法	句子	附注
	爾田…（主）	101.永力畎爾田	
	矜　爾（賓）	102.天惟畀矜爾	
	賚　爾（賓）	103.我有周惟其大介賚爾	
	爾　事（領）	104.迪簡在王庭，尚爾事	
	爾……（主）	105.爾不克勸忱我命	
	爾……（主）	106.爾亦則惟不克享	
多方	爾乃…（主）	107.爾乃惟逸惟頗，大遠王命	
	爾多方（勢）	108.則惟爾多方探天之威	
	爾　土（領）	109.我則致天之罰，離逖爾土	
	爾　命（領）	110.我惟祗告爾命	
	爾　詞（領）	111.又曰，時惟爾初，不克敬于和，則無我怨	
立政	爾戎兵（領）	112.其克詰爾戎兵	
	爾甲獄（領）	113.式敬爾由獄以長我王國	
顧命	命　汝（賓）	39.茲予審訓命汝	此「汝」字是成王對羣言，則是「汝」用于眾數了。這在周篇中所僅見者，宜注意
	爾……（主）	114.爾尚明時朕言，用敬保元子釗	
	爾……（主）	115.爾無以釗冒貢于非幾	此句又用「爾」。
	爾先公（領）	116.綏爾先公之臣，服于王	此用「爾」皆在眾數，與前各篇合。

篇名	用法	句子	附注
	爾　身（領）	117.雖爾身在外,乃心罔不在王室	
呂刑	爾惟…（主）	118.王曰,嗟,四方司政典獄,非爾惟作天牧	此篇也為眾數之文,
	爾……（主）	119.今爾何監	
	爾……（主）	120.非時伯夷播刑之迪,其今,爾何懲	
	爾……（主）	121.今爾罔不由慰曰勤	此「由」字當即「迪」字之誤,我說。
	爾……（主）	132.爾罔或戒不勤	
	爾……（主）	123.爾尚敬逆天命	
	告爾…（賓）	124.王曰呼,來,有邦有土,告爾祥刑	
	爾……（主）	126.在今,爾安百姓,何擇非人……	
文侯之命	汝……（主）	40.父義和,汝克昭乃顯祖	此係平王(?)同文侯說的話,故為單數。
	汝……（主）	41.汝肇刑文武,用會紹乃辟	
	汝……（主）	42.汝多修扞我于艱	
	若　汝（賓）	43.若汝,于嘉	「像你這樣,我是很愛重的」。「予嘉」並不是倒裝法的句子;宜德意。
	爾　師（領）	126.王曰,父義和,其歸視爾師	
	爾　邦（領）	127.寧爾邦	

篇名	用法	句子	附注
文侯之命	賚　爾（賓）	128.用賚爾秬鬯一卣	此後所用「爾」字，已為春秋時用法，此篇可注意處也。
	爾　都（領）	129.寧簡恤爾都	
	爾顯德（領）	130.用成爾顯德。	
費誓	汝則…（主）	44.牿之傷，汝則有常刑	〈費誓〉一篇，文與〈秦誓〉近，而用「汝」字則大異前舉各篇。用「汝」凡七次，絕未用「爾」，此乃一最重要的關鍵。而〈盤庚〉之與之相一致──用「汝」，于眾數──遂為我人最可研究處。
	賚汝…（賓）	45.祗復之，我商賚汝。	
	汝則…（主）	46.乃越遂不復，汝則有常刑	
	汝則…（主）	47.竊馬牛，誘臣妾，汝則有常刑	
	汝則…（主）	48.無敢不逮，汝則有大刑	
	汝則…（主）	49.無敢不供，汝則有無餘刑	
	汝則…（主）	50.無敢不多，汝則有大刑	
秦誓	告　汝（賓）	51.予誓告汝羣言之首	

表十七乙　「汝」和「爾」字的用法及次數（Ａ）表

篇名	汝				爾					
	主位	賓位	語勢	反身	主位	賓位	領位	語勢	反身	
牧誓								5		5
金縢					2		3	1		5
大誥					4	1		8		13
康誥	9	3	6（汝小子封）（汝封）							18
酒誥	4				6		2※			12
洛誥	7									7
多士					10	7	10	5		32
君奭	4	2	1							7
多方					21	2	11	14		48
立政							2			2
顧命	※1（）	1			2		2			6
呂刑					8					8
十二篇	25	6	7		52	10	35	28		

左側注記：

「爾之許我」

※共一是用于單數的。

用一汝于眾數

看上表，惟〈酒誥〉用一「爾」于單數，〈顧命〉用一「汝」于眾數，其除皆合「汝用于單數，爾用于眾數」例。

《商書》各篇的「汝」、「爾」：

表十八甲　「汝」和「爾」用法細目（B）

篇名	用法	句子	附註
湯誓	爾　眾（勢）	1.王曰，格，爾眾庶悉，聽朕言	此篇係告眾之文，本宜用「爾」，乃又同時用「汝」，是顯然異于周篇。
	爾有眾（勢）	2.今爾有眾	然又同于〈費誓〉，故甚可注意。
	汝……（主）	1.汝曰，我后不恤我眾	其實，簡單說，《商書》的用字用詞，都有一種與《周書》不同的傾向，此決非偶然；即今此用「汝」，亦一例也。
	汝　眾（勢）	2.予惟聞汝眾言	
	汝其…（主）	3.今汝其曰，夏罪，其如台	
	汝……（賓）	4.予及汝皆亡	
	爾……（主）	5.爾尚輔予一人，致天之罰	
	賚　汝（賓）	6.予其大賚汝	
	爾……（主）	6.爾無不信，朕不食言	
	爾……（主）	8.爾不從誓言	
	戮汝…（賓）	9.予則孥戮汝	
盤庚	汝　眾（勢）	8.格，汝眾	
	告　汝（賓）	7.予告汝	
	訓　汝（賓）	9.訓汝	
	汝……（主）	10.汝猷黜乃心，無傲	
	汝……（主）	11.今汝聒聒	
	汝……（主）	12.惟汝含德，不惕予一人	
	汝……（主）	13.汝克黜乃心	

篇名	用法	句子	附註
	汝……（主）	14.丕乃敢大言曰，汝有積德	
	汝……（主）	15.汝不和吉言于百姓	
	汝……（主）	16.惟汝自生毒	
	汝……（主）	17.汝悔身何及	
	汝……（主）	18.汝何弗告朕，而胥動以浮言	
	汝　眾（勢）	19.則惟汝眾自作弗靖	
	告　汝（賓）	20.予告汝于難	
	汝　眾（主）	21.汝無侮老成人	
	汝……（勢）	22.邦之臧，惟汝眾	
	汝……（主）	23.汝曷弗念我古先后之聞	
	承　汝（賓）	24.承汝	
盤庚	俾　汝（賓）	25.俾汝	
	汝……（主）	26.非汝有咎比于罰	
	汝　故（賓）	27.亦惟汝故	「汝故」是「惟汝之故」的簡式，宜在介詞之後，故為賓語。
	以　汝（賓）	28.今予將試以汝遷	
	汝……（主）	29.汝不憂朕心之攸困	
	汝……（主）	30.若乘舟，汝弗濟	
	汝……（主）	31.汝不謀長以思乃災	
	汝……（主）	32.汝誕勸憂	
	汝……（主）	33.汝何生在上！	
	命　汝（賓）	34.今，予命汝一無起穢以自臭	
	威　汝（勢）	35.予豈汝威？	

篇名	用法	句子	附註
	汝　眾（勢）	36.用奉畜汝眾。	
	汝萬民（勢）	37.汝萬民乃不生生暨予一人猷同心	
	與　汝（賓）	38.先后丕降與汝罪疾	
	罰　汝（賓）	39.自上其罰汝	
	汝……（主）	40.汝罔能迪	
	汝……（主）	41.汝有戕則在乃心	王國維先生謂「戕則」即「戕賊」云。
	棄　汝（賓）	41.乃父乃祖，乃斷棄汝，不救乃死	
	告　汝（賓）	43.今，予告汝不易	
	汝……（主）	44.汝分猷念以相從	
盤庚	以　汝（賓）	45.今予試以汝遷	
	爾　勞（領）	6.世選爾勞（上）	
	爾　善（領）	7.予不掩爾善（上）	
	爾　祖（領）	8.爾祖其從與享之（上）	
	爾　眾（勢）	9.凡爾眾其惟致告	
	爾　事（領）	10.各恭爾事（上）	
	爾　身（領）	11.罰及爾身，弗可悔（上）	
	爾　惟（主）	12.爾惟自鞠自苦（中）	
	爾　忱（領）	13.爾忱不屬（中）	
	羞　爾（賓）	14.予丕克羞爾（中）	
	爾百姓（勢）	15.歷告爾百姓于朕志（下）	
	爾　眾（勢）	16.罔罪爾眾（下）	
	爾……（主）	17.爾無共怒（下）	

篇名	用法	句子	附註
盤庚	爾……（主）	18.爾謂朕曷震動萬民以遷（下）	
	相　爾（賓）	19.予其懋簡相爾	
	告　爾（賓）	20.今我既羞告爾于朕志（下）	
西伯戡黎	爾　邦（領）	21.殷之即喪，指乃功，不無戮于爾邦	

表十八乙　「汝」和「爾」的用法及次數（B）表

篇名	汝				爾					總數	
	主位	賓位	語勢	反身	主位	賓位	領位	語勢	反身	爾	汝
湯誓	1	3	1（汝眾）		4			1（爾眾）		5	5
盤庚	20	13	5（汝眾）		3	2	6	3（眾）（百姓）		38	14
西伯戡黎							1				1
費誓										7	
秦誓		1								1	
										51	20

　　看這表，我們便驚異不置了。其和《周書》的差異，真是厲害。《周書》各篇，誥誡大眾的文儘多，然皆絕對用「爾」而不用「汝」，凡用「汝」時皆在單數。今《商書》所用，則不統一了，但還不奇；乃「汝」竟與《周書》各篇恰恰站在相反的地位，用於「眾數」。這分明是甚可注意的一回大轉變。我們看，在《周書》之末，只有〈費誓〉是以「汝」在眾數用的。然則〈盤庚〉洋洋然用了三十

八次的「汝」而用法與〈費誓〉一樣，這難道是偶然的事！〈盤庚〉
用「我」像〈大誥〉，用「汝」如〈費誓〉，這是什麼緣故呢？

抑又可看出，「爾」字在周篇中，皆不假借作單數用。（惟〈酒
誥〉一用。又〈顧命〉用「汝」于眾一，此頗可疑。）而〈費誓〉中
則亦純用「汝」乃〈盤庚〉、〈湯誓〉等則兼而有之。此尤有趣。我們
知道兼「汝爾」而用于單數，惟春秋以後有之。謹嚴如《論語》，終
有「爾汝」兼于單數用的；而用「汝」于眾數則自〈盤庚〉及〈湯
誓〉，或〈費誓〉、〈秦誓〉始。我人倘若謂要推源「汝爾」並用的由
來，我們敢決不始于西周。何以故，以西周銅器不有「爾」字故。周
器有「爾」始于〈齊侯罍〉、〈齊中罍〉，此二器皆出春秋之時。故若
嚴格地說，《尚書》已不必是西周之作。此有二證，一是「予」字之
為「余」字之假借字，甲骨及銅器皆無之。一就是春秋以前——甲骨
及銅器——無「爾」也。「爾」與「汝」字之在周篇中，分用謹嚴，
而〈盤庚〉則混用，遂以開《論語》以後之風。然則準以此論，〈盤
庚〉其後于《周書》各篇乎？〈費誓〉用「汝」與〈盤庚〉同了，短
短一文中，「汝」已七見，而不用「爾」。我人固不必謂〈費誓〉便是
如何謹嚴，必不用「爾」，然〈盤庚〉在〈大誥〉等之用「爾」，恰與
〈湯誓〉——同為〈商書〉——以同于〈費誓〉，誠非偶然者，則
〈盤庚〉、〈湯誓〉等其與〈費誓〉之時代為近乎？〈秦誓〉亦誥告大
眾者也，而亦曰：「予誓告汝羣言之首」，是〈秦誓〉之世，固用
「汝」于眾數了也。若有人曰，「汝」字或是後人改錯。那更好。後
人若改錯便為「汝」，則〈盤庚〉洋洋三十餘個，恰恰將〈盤庚〉定
了一個後出的鐵案。

第二身有「乃」字。這個「乃」字乃用以担任領位用的。銅器中
皆然。（用作虛字的「乃」，銅器中作🔲，即廼。）此在〈盤庚〉中皆
然，因為「汝」字是絕對不用在領位的。所以〈皋陶謨〉，不可靠，

便是竟有「師汝昌言」、「予違汝弼」……等句子出現，而〈秦誓〉、〈大禹謨〉等也便因此破綻。「汝」字用在領位，乃春秋以後的事。《莊子》一書，是這個字這樣用法的大本營，故致于《虞書》等上了牠的當。（此在拙作〈漢以前文法研究〉的前論中已詳言之。）「汝」字既沒有領位用法，故〈盤庚〉的「乃」，便用得都在領。然，此處又微生一點不可解了。除〈盤庚〉外，《周書》各篇，用「乃」為實體詞的也少得很。我想，這或便是後人所改（換「迺」作「乃」）；但也未必，難道周篇中一百四十六個「乃」字，竟有一百十九個是改的麼？又〈費誓〉的用「乃」也和〈盤庚〉同。茲列表如下：

表十九　「乃」字之用法及次數

篇名	代詞	其它	代百分比
盤庚	23	14	62%
費誓	9	1	90%
周書名篇	27	119	18%

3　「其」「之」「厥」

第三身的代詞，「之」字之在西周，是不作實位用的。作實位用，是後來才發達的，故《詩經》中用此最多。我們看西周銅器，都是「其子子孫孫萬年永寶用」，作「永寶用之」的，多是東周以後器，可證古之不用「之」，而〈大誥〉之不用；「之」，也便不是偶然的事了。「其」字自古便是代詞，但，作在領位的，也是後來——東周以後的事。這很有個健全的理由，便是，銅器既沒有在領位的用法，而「厥」字已完完全全任了領位了。「其」字在甲骨文，純粹作「論理主語」（logical subject）及「語勢」代詞而已，至銅器時代也

然；在《尚書》則〈大誥〉、〈康誥〉、〈梓材〉等，皆不嘗破例。大用於領位者，惟〈呂刑〉耳。故〈呂刑〉之後出，又可得一明證。今將各字的用法列之如下。

表二十甲　「其」字在賓位細目

篇名		句子	附註
金縢	其羣弟	1.武王既喪，管叔及其羣弟，乃流言于國	
洛誥	其　後	2.廸將其後，監我士師	此二句，在形式上很像在領位；但，終沒有〈金縢〉篇的那末清楚。我們姑存討論可也。
	其　師	3.篤前人成烈，答其師	
無逸	其即位，	4.舊為小人，作其即位，爰知小人之依	「即位」二字是個「動名詞」，其字指「祖甲」。
呂刑	其　罪	5.五適之疵，……其罪維均	此十幾個「其」字，雖不能像〈金縢〉篇那末「人稱」地，但，終是「領格」代詞（possessive pronoun）；而其用法，分明不是周及以前所有。
	其　罰	6.墨辟疑赦，其罰百鍰	
	其　罪	7.閱實其罪	
	其　罰	8.劓辟疑赦，其罰惟倍	
	其　罪	9.閱實其罪	
	其　罰	10.剕辟疑赦，其罰倍差	
	其　罪	11.閱實其罪	
	其　罰	12.宮辟疑赦，其罰六百鍰	
	其　罪	13.閱實其罪	
	其　罰	大辟疑赦，其罰千鍰	
	其　罪	14.閱實其罪	
	其　罰	15.大辟之罰，其屬二百	
	其　刑	16.明啟刑書，……其刑	
	其　罰	17.其罰	

表二十乙（A）　「其」和「之」的用法及次數

	其	之
	在領位	在賓位
牧誓		
金縢	1	2
大誥		
康誥		
酒誥		2
梓材		
召誥		
洛誥	2	
多士		
無逸	2	2
君奭		
多方		5
立政		5
顧命		
呂刑	15	7
費誓		1
秦誓	3	7

商書

	其	之
	在領位	在賓位
湯誓		1
盤庚	1（？）	3
高宗肜日		
西伯戡黎		
微子	2（？）	1

表二十乙（B）　「之」字的用法

篇名	句　　　　　　　　　　字
金縢	1.凡大木所偃，盡起而築之
酒誥	2.勿庸殺之，姑惟教之
無逸	3.厥或告之曰
	4.此厥不聽，人乃訓之
多方	5.天降時喪，有邦間之
	6.惟爾多方。罔堪顧之
	7.我惟時其教告之
	8.我其大罰殛之
立政	9.帝欽罰之
	10.和我庶獄庶慎，時則勿有間之
	11.惟正是乂之
	12.則克宅之
	13.克由繹之

篇名	句 字	
呂刑	14.一人有慶，兆民賴之	
	15.其罪惟均，其審先之	
	16.其罪惟均，其審克之	
	17.其罪惟均，其審克之	
	18.其罪惟均，其審克之	
	19.王曰，嗚呼，敬之哉	
	20.尚明聽之哉	
費誓	21.勿敢越逐，祇復之	
秦誓	22.我皇多有之	
	23.昧昧我思之	
	24.若己有之	
	26.其心好之	
	27.是能容之	
	28.冒疾以惡之	
	29.而違之	
湯誓	30.有夏多罪，天命殛之	
盤庚	31.王播告之修	
	32.爾祖其從與享之	
	33.我乃劓殄滅之	

　　看上表，惟〈金縢〉、〈無佚〉及〈呂刑〉于二字之後來用法皆具之，其它各篇，或則有用「之」者，有用「其」者，此皆可疑。〈大誥〉則甚純粹，兩字皆不用。

　　「厥」字之用，必即是後來之「其」。故在「其」未發達用於領位之時，「厥」字實為一個主要的字。我們再看下表：

表二十一　「厥」字之用法及次數

篇名	在領位	其它	備考
牧誓	2	2	
金縢	2	2	
大誥	5	1？	厥考翼其肯曰，予有後，弗棄基？
康誥	14	1？	惟厥正人：似作形容詞用
酒誥	4	5※	厥或誥曰，作形容詞用：餘詳註
梓材	1	9※	
召誥	11	2	
洛誥	1	1	
多士	1	1	
無佚	9	7※	
君奭	5	1	
多方	7	1	
立政	8	8	
顧命	3	3	
呂刑	1	1	
文侯之命	3	3	

〈酒誥〉※此節云：「妹土，嗣爾股肱。純其藝黍稷，奔走事厥考厥長遠服賈，用孝養厥父母；厥父母慶：自洗腆，致用酒。」四厥字似是接「爾」股肱句的，則用在第二身之領位了。若謂係第三身，則「爾」字將怎樣安置？此段分明頗奇。又如「藝其黍稷」句，除所‧將「其」字作指示形容詞解，也是和「厥」字一樣，「其」字若決不可作第二身用時，則厥字又當歸第三身了。

〈梓材〉※多作形容詞用。亦用作指示代詞者。

〈無佚〉※也有用于連詞或介詞者，

表二十二　「厥」字之用法及次數

篇名	在領位	其它	備考
湯誓			
盤庚	9	4※	有三個似乎是用于第二身。
高宗肜日	3	3	
西伯戡黎			
微子	1※	1※	

〈盤庚〉※「以自災于厥身」，「以丕從厥志」，和「安定厥邦」三句，都是對稱的說話。

〈微子〉※「我用沈酗于酒，用亂敗厥德于下」，「我」字係眾數，包括對方及第三身說的，故「厥」字領位可用。

〈金縢〉用「其」而不用「厥」。〈大誥〉則純用「厥」。〈盤庚〉用一次「其」而亦頗多用「厥」。

我們看了上面三字之用，可以得到的明白的觀念，便是〈大誥〉之用法，皆不嘗犯過一次錯誤──時代的錯誤──或例外。其它各篇，則有的此對而彼錯，彼合而此乖，是其故可知了。且慢，我們再將「之」字來研究一下。

「之」字不用於實位，在《尚書》中雖還沒有怎樣用得多，而為領格用的，則甚為發達。然〈大誥〉也無之。換句說，即〈大誥〉並

沒有用過「之」字也。

〈大誥〉之不用「之」的確是件最可注意的事。在後代的文法，凡兩個名詞相連，而一個領其餘的一個時，必間以「之」字，因為可使語氣較舒。例如〈牧誓〉：「逖矣，西土之人！」句，設將「之」字抽去，則讀起來太迫促，語氣生硬了。然而〈大誥〉正正要生硬，因為牠是合於時代的，故有「西土人亦不靜，」之句。我們斷不說這句句子六個字會整齊，而且六個字的句子，往往是會使語氣短促的，除非填詞的二四節奏。又如「予不敢閉于天降威用」，「以爾庶邦于伐殷逋播臣」，這種句子，在〈呂刑〉乃至，其它之篇，必於「天降」和「威用」間，「殷」和「逋播臣」間，加上「之」字而成句了。這完完全全是語氣長短寬緊的關係，沒有法子勉強。故「之」之會發達，是時代的事，文章不能逃時代的支配也。現在將「之」之領格列表以明之。

表二十三　「之」字領格用法

篇名	次數	句子抄錄
牧誓	6	1.逖矣，西土之人 2.牝雞之晨 3.惟家之索 4.乃惟四方之多罪逋逃 5.予發惟恭行天之罰 6.今日之事
金縢	10	1.是有丕子之責于天 2.以旦代某之身 3.四方之民，罔不祇畏 4.無墜天之降寶命 5.爾之許我

篇名	次數	句子抄錄
		6.我之弗辟
		7.乃納冊于金縢之匱中
		8.以啟金縢之書
		9.乃得⋯⋯代武王之說
		10.弗及知⋯⋯周公之德
大誥	0	
康誥	1	予惟不可不監告汝德之說，于罰之行
酒誥	3	1.聰聽祖考之彝訓
		2.惟王正事之臣
		3.故我⋯⋯克受殷之命
梓材	0	
召誥	4	1.茲大國殷之命
		2.天既遐終大邦殷之命
		3.曰其稽我古人之德
		4.王其德之用，祈天永命
洛誥	2	1.公，不敢不敬天之休
		2.公其以予億萬年敬天之休
多士	0	
無逸	16	1.先知稼穡之艱難
		2.則知小人之依
		3.昔之人無聞知
		4.肆中宗之享國，七十有五年
		5.肆高宗之享國，五十有九年
		6.爰知小人之依
		7.肆祖甲之享國，三十有三年
		8.不知稼穡之艱難
		9.不聞小人之勞
		10.惟耽樂之從

篇名	次數	句子抄錄
		11.惟正之供
		12.惟正之供
		13.無若殷王受之迷亂
		14.我聞曰，古之人
		15.乃變亂先王之正刑
		16.曰朕之愆
君奭	2	1.申勸寧王之德
		2.惟文王德，丕承無疆之恤
多方	15	1.洪惟圖天之命
		2.不克終日勸于帝之廸
		3.厥圖帝之命
		4.不克開于民之麗
		5.罔丕惟進之恭
		6.亦惟有夏之民
		7.乃惟以爾多方之義民
		8.惟夏之恭多士，大不克明保享于民
		9.大淫圖天之命
		10.須暇之子孫
		11.爾曷不忱裕于爾多方
		12.爾曷不夾介乂我周王享天之命
		18.爾曷不惠王熙天之命
		14.則惟爾多方探天之威
		15.我則致天之罰
立政	9	1.丕釐上帝之耿命
		2.惟羞刑暴德之人
		3.乃惟庶習逸德之人
		4.惟有司之牧夫
		5.我則末惟成德之彥
		6.予旦已受人之徽言

篇名	次數	句子抄錄
		7.以陟禹之迹
		8.以覲文王之耿光
		9.以揚武王之大烈
顧命	16	1.在後之侗，敬迓天威
		2.逆子釗于南門之外
		3.胤之舞衣
		4.兌之戈
		5.和之弓
		6.垂之竹矢
		7.先輅，在左塾之前
		9.次輅，在右塾之前
		10.立于畢門之內
		11.用答揚文武之光訓
		12.王出，在應門之內
		13.皇天改大邦殷之命
		14.在我後之人
		15.纓爾先公之臣
呂刑	20	1.皇帝哀矜無辜之不辜
		2.羣后之逮在下
		3.士制百姓于刑之中
		4.罔不惟德之勤
		5.故乃明于刑之中
		6.非時伯夷播民之廸
		7.匪察于獄之麗
		8.觀于五刑之中
		9.五過之疵
		10.五刑之疑有赦
		11.五罰之疑有赦
		12.墨罰之屬千

篇名	次數	句子抄錄
		13.劓罰之屬千
		14.荆罰之屬五百
		15.宮罰之屬三百
		16.大辟之罰，其屬二百
		17.五刑之屬三千
		18.民之亂
		19.罔不中聽獄之兩辭
		20.無或私家于獄之兩辭
		21.哲人惟刑，無疆之辭
文侯之命	0	
費誓	0	
秦誓	13	1.羣言之首
		2.我心之憂
		3.惟古之謀人
		4.惟今之謀人
		5.人之有技（2）
		6.人之彥聖，（？）
		7.邦之杌陧，曰由一人
		8.邦之榮懷
		9.亦尚一人之慶

表二十四

篇名	次數	句子抄錄
湯誓	1	1.爾尚輔予一人，致天之罰
盤庚	11	1.罔知天之斷命
		2.矧曰其先從先王之烈
		3.若顛木之有由蘗

篇名	次數	句子抄錄
		4.紹復先王之大業
		5.無或敢伏，小人之攸箴
		6.矧予制乃短長之命
		7.若火之燎于原
		8.若射之有志
		7.聽予一人之作猷
		8.乃話民之弗率
		9.汝曷弗念我古后之聞
		10.汝不憂，朕心之攸困
		11.予念我先神后之勞爾先
西伯戡黎	1	1.殷之即喪
微子	1	1.乃攘竊神祇之牲牷

〔註〕

凡名詞與名詞中間個「之」字，「之」字是領格字不消說了；即本來是動詞，但用在這種情形之下，也便作名詞用，這種名詞，叫做「動名詞」（gerund或noun-infinitive）例如，〈金縢〉為：「爾之許我」、「我之弗辟」，〈無佚〉為之，「高宗之享國」，「祖甲之享國」、「殷王受之迷亂」……等，可以類推。

從前面各代詞的用法上，我們可以用下面幾條原則來分各篇的種類。

（1）「我」字是宜用于「領位」的，否則必係後出。

合這個原則之後，同時仍須有個主位詞可以使用，于是便有。

（2）「予」字是宜用于「主位」的，否則必是後出。

這個原則又合了，則須再看第二身的代詞怎樣。于是有。

（3）「汝」字是用于單數主賓兩位的，絕不用于領位，也不用于眾數。不合這條件，便是後出。

（4）「爾」字是用于眾數凡位皆用的，而有比較常用于領位的機數的。用于單數，也是較後的時代才有的。

各條件都有了，還未妥當，宜看其用第三身的代詞，則如：

（5）「厥」字是用領格代詞不用「其」。「其」字只是「論理主位的代詞」及「語勢」代詞，不是領位代詞。倘若違了這通則，不用「領」——或用「厥」而兼用「其」在領位，則是後出。

以上的條件都具了，還要試以「之」字。

（6）「之」字沒有用著作代詞。（這時）若是用作賓語，或用作領格語尾，都是後來的用法。

如今依這些條件看來，惟〈大誥〉完備。〈大誥〉之後，〈盤庚〉惟有（1）、（2）、（4）條件，而無（3）、（5）、（6）；〈多士〉，〈君奭〉惟有（2）、（3）或（4）條件及（5）、（6）條件而沒有（1）條件；〈召誥〉雖有（5）、（6）條件，而沒有（1）、（2）。……要之，缺一條件的，便是後出——最少比〈大誥〉後出。大約言之，各詞之用可為下個式：……

A.「我」之演變（前頭表示其進行）

領位 ➜ 主領混 ➜ 賓位

B.「予」之演變

主位		主賓混		兼領位
語勢	➜		➜	

C.「汝」之演變

主賓位		主賓位		兼領位
單數	➜	眾單兼	➜	眾單兼

D.「爾」之演變

主賓領		三位兼
眾數	➜	眾單兼

E.「其」之演變

主位		領位
語勢	➜	

F.「之」之演變

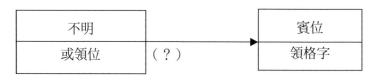

不明		賓位
或領位	（？）➜	領格字

二　虛字

虛字——連、介、助——之在《尚書》，到是個應該注意之點。從前嘗以為《尚書》之所以異于後代之文，是因為連詞及助詞的關係；（于本刊學術通訊欄顧頡剛先生信提過）以故想將「連詞」及「助詞」分部研究之。繼后覺得所謂連詞助詞者，在《尚書》中本無固定界限——換句說，即，那個字是連詞，那個字是助詞，初無可把住處；蓋《尚書》之文，——也許便是中國之文——文法的結構，是變幻無方的也；這完全是單詞（word）與單字（character）混一之故，全沒辦法。

詞性的界限既不分明，于是，轉所欲研究詞性——以詞性為本位——的方向而研究字。例如「惟」字，《尚書》中幾乎沒一篇沒用過的。「惟」字是什麼詞呢？「惟」字是虛字吧？我們到不可不試來分析一下；于是，這裏研究的目標，固然仍在注意于連詞助詞，而標以「虛字」者，以使我人研究的方向較擴大也。

「惟」字在《尚書》裏，是個最有彈性的字，——其實，以中國文字特質，就不說《尚書》，尤其不消說「惟」字，——差不多，除做「名詞」，牠不嘗有過外，什麼詞都幹過。這話，必然有人很反對，以為，大概「惟」字便就是「語詞」好了，何必去穿鑿牠？其實，我們要知道，我們研究文法，是顧「事實」的「結構」和「樣式」，我們不必去管怎樣一個觀念；況且文法在古代，便是沒有怎樣一個觀念的。我們知道「文法」這件事物，是相對的！一個某種「文法」樣式。或「論理」樣式不完全的某種句子，是盡可以真真實實地存在的：一句不合于某種文法樣式的方言，其內容是盡可以夠足的。一個兩歲的小孩，叫著「內！內！」，媽媽便會將他（或她）的「我要進屋裏去！」的全部意思領略到清清楚楚的抱他進屋裏去，而孩子

也果然目的達到了；他嚷：「飽！」，媽媽便會將這個字作「我要吃飯」的完足文法的句子去感驗，（這裡所舉的例，是作者家鄉的方言，）這種「句子字」（sentence-word），初並沒有沒什麼和我們文法條件（姑這樣說）夠足的語言相去很遠的距離。一種文法的形成，是因為許多人使慣一種表達意思的樣式罷了。根本上不合「文法」或是「合文法」就已不合邏輯的說話。「文法」便沒有所謂合與不合的。不過，我們這一個「臺」，既大家用慣這些表達意思的時間或空間符號，我們不得不——顯在和潛在意識，都已受感染——以現有的結構樣式去評判去試驗罷了。我之所以要提出這些話，是要讓明白我們研究古代文法，我們要絕空洞，絕不要固執個成見——其實老已在固執中了；要不然，我們還能夠說什麼話；不過這也是不會危險的，因為我姑以一種樣式為假設，從這個假設，來看出那些和這假設不同的迹象到底如何，此即古代「文法研究」，尤其是時代的演變之所以會成立一種說話也！然則我們要如何去掉固執，我們應該絕對就「事實」講話。

一個孩子說「飯」或「飽」（吃的意思）的時候，牠之所以會給予我們以意識乃至下意思的領略——懂他的意思，必經過我們「我要吃飯」的語氣「完足」的過程，固不消說；而，我們在文法的立場上，假若要將牠來分解，終要給牠以一個「主語」和一個「述語」的虛位。這是將孩子的這一字句經我們「完足」語氣的過程「複說」（repeat）出來的。倘若必謂我們已懂孩子的意思了而忘卻其句子的形式，是在自體驗自家的文法意識，這孩子的一字句子的事實，早已不顧。

「九月，十二日，雨。」這是很通常的一句日記。「雨」字一入我們的眼簾，便會立刻將牠完足成「那是下雨了」或「那是有雨的」而領略之；但，我們置之于文法之上而分拆之，一個「雨」字，是只

一個──僅僅一個，是名詞也好，是動名詞也好，是動詞也好，是形容詞也好，卻仍是僅僅一個──的「事實」也。倘若我們將此事實融合入我們的完足意識裏去，那末，天地間也便無所謂「文法研究」，抑更不消什麼「古代文法」（有時間性的）！

寫到這裏，忽然想起二句談禪者人的西江月來，

　　　　未悟須憑言說，悟來言說成非。

這固然是不錯；釋迦侔尼「說」了許多「法」，結果只是「沒說」過一個字：他的說法，總是「隨說隨掃」，正是「不可思議」的妙處。不過「文法研究」恰恰是要「可思議」，「未悟須憑言說，悟未也是言說」，朋友，我們目下在做學問呢！要不然，「絕聖棄智」！

所以，《尚書》中一個「惟」字，要是認牠為「不過語辭」罷了，于是而：

「已，汝惟小子」＝「已，汝小子。」

「乃惟眚災，適爾。」＝「乃眚災，適爾。」

「亦罔非酒惟行」＝「亦罔非酒行，」

「罔愛于殷，惟逸，」＝「罔愛于殷，逸，」

「天非虐，惟民自速辜，」＝「天非虐，民自速辜，」

「惟曰，若稽田，……」＝「曰若稽田，...」

「既勤敷菑，惟其陳修」＝「既勤敷菑，其陳修。」

「惟王受命，無疆惟休」＝「王受命，無疆休。」

「……惟……」＝「……」

「惟……」＝「……」

的「惟」字，皆可廢去：何則，我們自了解其意思也！于是乎文法之可以不必研究！

下面，將個「惟」字來分析其在句子中的用法之彈性及詞性，（彈性的意思，是說可以使用到若干式。）不過這裡仍須先說明的，便是，「副詞」和「連詞」是很難分的；因為兩者既很相像，而又在中國文裏。我頗有個意思，無論如何，將牠們的樣式統統各歸各，而決定之。像領在一句之首者為「連詞」或「助詞」！于主語之後者為「副詞」或其它。但，此種硬化的「公式熱」，終究是不行！我于是又頗疑心古人之用字，實在有些個是可以隨便前後置的，「天惟」之與「惟天」……（詳後）等，我幾乎以為未必有什麼不同的意思，這末一來，故我不歸類，（形式之類）而純任句子的關係分解之。因為二百幾十個「惟」字太過麻煩了，所以只解了七、八十句做例子。（但也可夠了。）

凡作「副詞」的惟，許多是可以做「半連詞」（half-conjunction）用的。這也是應該注意之一點。

副詞不是虛字，但，此處是在研究「惟」字，不是在研究「副詞」。

附說：

文法圖解，為閱看便利起見，略將其關係說明之：

1. 每句句子的基本成分為「主語」和「述語」。在圖解上，作

主語	述語

之線以表之。

2. 述語所用之動詞為外動詞時，宜有「賓語」，則其圖為：

主語	述語	賓語

3.賓語之後，意仍未盡，可作「補足語」圖為：

主語 ‖ 述語 ｜ 賓語 ／ 補足語

4.述語所用之動詞為「內動」，「同動」者，則有「補足語」。

主語 ‖ 述語 ／ 補足語

5.「主語」需要修飾或限制時，則其圖為：

A為純粹「形容詞」的，作斜線；B為實體詞的，在直線或略斜左；C為「後置形附」，作銳角線。

6.「述語」有時須加以限制或修飾，則圖式為：

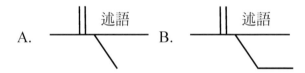

A是純「附詞的」；B是「介詞」帶賓語。

7.「賓語」及「補足語」都和主語一樣，倘若須加修飾時候：

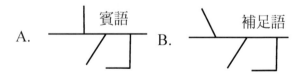

8.各圖所列，2、3、4，叫做「連帶成分」；5為「形附」，凡限制或修飾「主語」之詞句皆屬之；6為「副附」，凡限制或修飾「述語」皆屬之。7與「主語」之附加成分同。

9. 上面所列為「基本」圖解；將此擴廣而應用之，于一切複合之句，皆適合，如僅僅一個「主語」，可以有下面之結構：

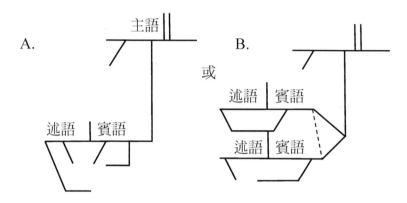

A，B二式，只示其「彈性」之一斑；其實照此類推，千變萬化，非此例所能盡也。

10.僅僅個述語，也便可這樣：

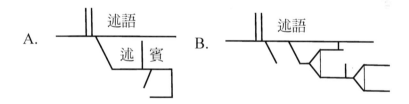

11.「賓語」及「補足語」的附加，也是和「主語」一樣，可類推。

12.「連詞」的圖線，只將各句句子，連以「虛線」便得。

13.「複主語」或是「複述語」其式為：

A、B，為「主語」例；C.為複述語例。可類推。

14.「無限動詞」（infinitive verb）之圖解法為：

A為「名詞句」　B為「副詞句」；　C仍為「名詞句」。

1.「惟」

牧誓	1.牝雞之晨，惟家之索 2.今商王受，惟婦人之言是用[4] 3.今予發惟恭行天之罰 4.乃惟四方之多罪逋逃，是崇是長	惟 乃惟
分析	1. ![圖解] 牝一雞 之　晨，‖惟　/　家 之　索。 　　從此句的關係看來，可以知道「惟」字是動詞，「晨」字與「索」，至多是「表詞」，而不是純粹述語；故圖解以上例最為正確。 2. 商　王　受 ‖ 是：用，｜言　惟　婦人 之 　　「商王受」三字也可以作「商─王─受」的複合名，不必置「商」字于「領位」。此句看來，則「惟」字是副詞了。因為「用」字主要述語，即此句也可以排為「商王受惟是用婦人之言，」也。「今」字在此，可以明白其為連詞。 3.此句與（2）句同其結構，「惟」字已為副詞。	

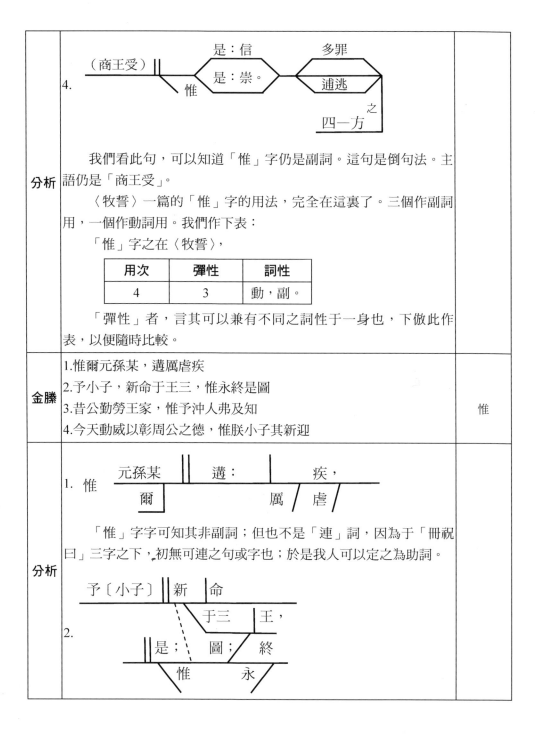

分析

我們看此句，可以知道「惟」字仍是副詞。這句是倒句法。主語仍是「商王受」。

〈牧誓〉一篇的「惟」字的用法，完全在這裏了。三個作副詞用，一個作動詞用。我們作下表：

「惟」字之在〈牧誓〉，

用次	彈性	詞性
4	3	動，副。

「彈性」者，言其可以兼有不同之詞性于一身也，下做此作表，以便隨時比較。

金縢

1.惟爾元孫某，遘厲虐疾
2.予小子，新命于王三，惟永終是圖
3.昔公勤勞王家，惟予沖人弗及知
4.今天動威以彰周公之德，惟朕小子其新迎

惟

分析

「惟」字字可知其非副詞；但也不是「連」詞，因為于「冊祝曰」三字之下，初無可連之句或字也；於是我人可以定之為助詞。

于此，我們可以知其為二句短句（Clause）所合成之一句複句予也；故「惟」字也為「半連詞」。「永終是圖」仍是倒句，和〈牧誓〉的「婦人之言是用，」正同。「于」字是「由」，「從」解，當于英語之 Form，「新」字是動詞。

3.

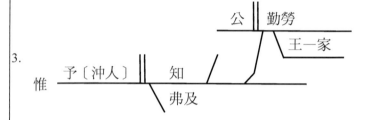

分析

「惟」字于此，依圖解為助詞。因為此句為包孕句（Complex sentence），但亦可作「連詞」，句子則必變為單式（Simple）的。

我以助字之「惟」字置于句首基本線之前，示其發語之助，蓋似乎沒有其他地方可安置也。

4.此句與上句同一用法。

這裏我們又可以作下表了：

用次	彈性	詞性
4	2	副，助。

看了此表，可以先得個機會，便是，〈金縢〉篇之用「惟」，與〈牧誓〉完全不同，這是一點；「惟」字已可擴張至四種用法了，這是二點。

大誥

1.洪惟我沖人，嗣無疆大	洪惟
2.已，予惟小子，若涉淵水	予惟
3.予惟往，求朕攸濟	予惟
4.亦惟在王宮，邦君室，越予小子考翼	亦惟
5.已，予惟小子，不敢替上帝命	予惟
6.寧王惟卜用，克綏受茲命	惟
7.今天其相民，矧亦惟卜用	亦惟
8.爽邦由哲，亦惟十人迪知上帝命，越天棐忱……	亦惟
9.予永念曰，天惟喪殷，若穡夫……	天惟

	10.天亦惟休于前寧人。 11.卜陳惟若茲。	亦惟 惟
分析	1.此句之「洪惟」二字，可以一種成語目之，不是副詞不是連詞；以為助詞便好了。 2.此句「予惟小子」四字，驟看去似乎和〈牧誓〉中第 1 句一樣結構，其實不同。「予小子」是《尚書》中一種最通行之成語，此「惟」字可以有助詞的可能，一也；假若以「惟」為動詞，而以下圖解之： 則若涉水淵句又可獨立解為： 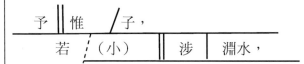 或：  而成為句；雖于文法上可通而似乎有拉長之嫌；到不如合為一句之簡鍊，二也。故此句宜解為： 惟　予〔小子〕‖若涉：｜淵水， 于是「惟」字又為助詞了。 　　是的，上解的句子，我知道一定有人反主張前說，謂宜從二字短句解為穩妥；蓋「惟」字現在「予」字之後，奪之「予」前也係勉強的事，抑若涉二字連為述語，也較「若」字作連詞用為不自然。雖然，我以為，「小子」二字，並不作「沖人」解：〈康誥〉的「小子封」，〈酒誥〉的「文王教誥小子」，都是例證。大概「小子」是個謙虛的名詞，像後來的「寡人」、「孤」一樣，乃至平民階級的「在下」、「小的」，都是一樣意思。若以「惟」為動詞，則「我是寡人」、「我是孤」、「我是在下」，都是好笑的語法吧！	

3.「予惟往」，這無問題，一定是「惟」作助詞；作副詞亦可講得通。

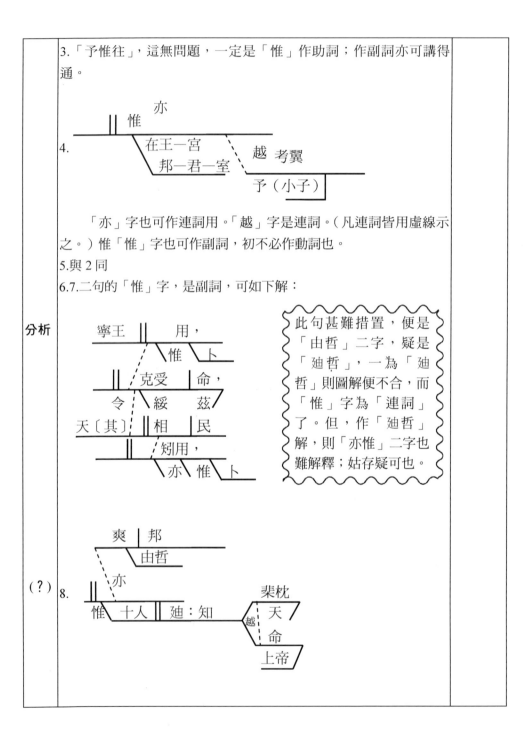

「亦」字也可作連詞用。「越」字是連詞。（凡連詞皆用虛線示之。）惟「惟」字也可作副詞，初不必作動詞也。

5.與2同

6.7.二句的「惟」字，是副詞，可如下解：

此句甚難措置，便是「由哲」二字，疑是「迪哲」，一為「迪哲」則圖解便不合，而「惟」字為「連詞」了。但，作「迪哲」解，則「亦惟」二字也難解釋；姑存疑可也。

分析

（？）

8.

這裏，則「惟」字又為介詞了。因為與「由哲」同句法。

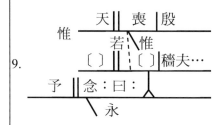

9.

此句為包孕句，而「天惟喪殷……」云云，其語內容等于「天惟喪殷，若天喪稽夫，」故可作上列之圖解。「惟」字是助詞，——固然也可以作副詞用。

10.

「惟」字是副詞。

11.

「卜陳」，誰所卜陳？王所卜陳也。故「王」在領位而略去焉。「惟」字是副詞。

今將各用法列為下表：

用次	彈性	詞性
11	3	介，助，動，副。

康誥	1.小子，惟乃丕顯考文王，克明德慎罰	惟
	2.惟時怙冒聞于上帝，帝休	惟時
	3.天乃大命文王，殪戎殷，誕受厥命，越厥邦厥民，惟時敘	惟時
	4.汝丕遠，惟商耇成人……	惟
	5.已，汝惟小子	惟
	6.乃服惟弘王應保殷民	惟

康誥	7.亦惟助王宅天命，作新民	亦惟
	8.乃惟終自作不典	乃惟
	9.乃惟眚災	乃惟
	10.有敍，時乃大明服，惟民其勅懋和	惟
	11.若有疾，惟民其畢棄咎	惟
	12.若保赤子，惟民其康乂	惟
	13.惟曰未有遜事	惟曰
	14.已，汝惟小子	惟
	15.朕心朕德，惟乃知	惟
	16.惟弔茲，不于我政人得罪	惟
	17.天惟與我民彝大泯亂	惟
	18.不率大戛，矧惟外庶子訓人	矧惟
	19.惟厥正人，越小臣諸節	惟
	20.惟朕憝	惟
	21.亦惟君惟長，不能厥家人	亦惟
	22.越厥小臣外正，惟威惟虐	惟
	23.汝亦罔不克敬典，乃由裕民，惟文王之敬忌	惟
	24.乃裕民曰，我惟有及，則予一人以懌	惟
	25.王曰封，爽惟民迪，吉康	爽惟
	26.我時其惟殷先哲王德，用康乂民作求	其惟
	27.今惟民不靜，未戾厥心，迪屢未同	今惟
	28.爽惟天其罰殛我	爽惟
	29.惟厥罪，無在大，亦無在多	惟
	30.汝小子封，惟命不于常，汝念哉[5]	惟
分析	1.　考—〔文王〕‖ ╱惟　克　慎｜罰 明｜德 丕╱顯╱乃	考

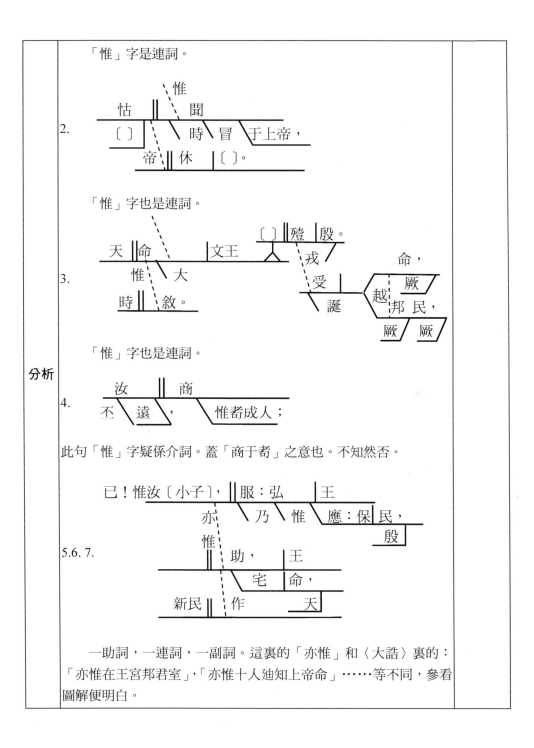

「惟」字是連詞。

2.

「惟」字也是連詞。

3.

「惟」字也是連詞。

4.

此句「惟」字疑係介詞。蓋「商于耇」之意也。不知然否。

5.6.7.

分析

　　一助詞，一連詞，一副詞。這裏的「亦惟」和〈大誥〉裏的：「亦惟在王宮邦君室」，「亦惟十人廸知上帝命」……等不同，參看圖解便明白。

8.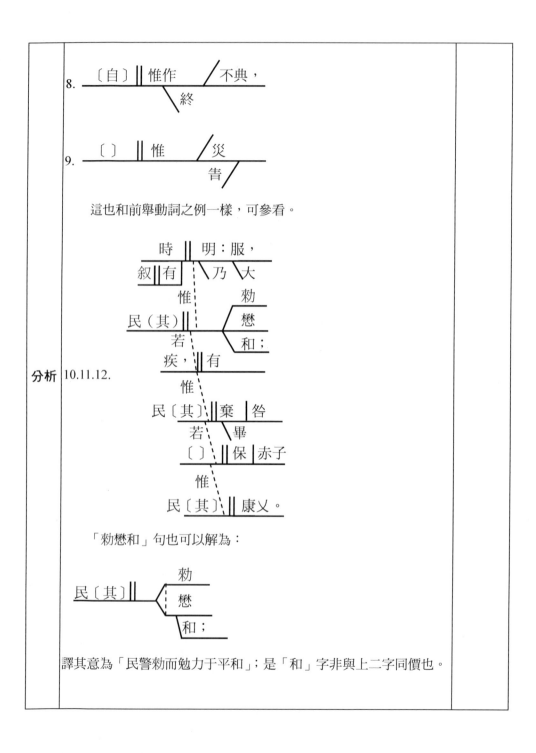

〔自〕‖惟作／不典，
　　　　終

9. 〔　〕‖惟／災
　　　　　害

這也和前舉動詞之例一樣，可參看。

分析 10.11.12.

時‖明：服，
叙‖有／乃＼大
　　惟　　　勑
民（其）‖　　懋
　　若　　　和；
　疾，‖有
　　惟
民〔其〕‖棄｜咎
　　若＼畢
　〔　〕‖保｜赤子
　　惟
民〔其〕‖康乂。

「勑懋和」句也可以解為：

民〔其〕‖　勑
　　　　　懋
　　　　　和；

譯其意為「民警勑而勉力于平和」；是「和」字非與上二字同價也。

13.

14. 已見〈大誥〉及上文釋，不贅。

15.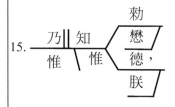

16.

「得」字是足成這句句子的被動語氣（passive voice）的，所以加一括符。「我政人」三字，為介詞「于」字之賓辭（object），其意思即是，「不得罪于我政人」，即是「不得使人得罪于我政」。「惟」字連詞甚明。

17.

18. 此句頗難索解。此句的關鍵，我看，全在個「矧」字。此處「矧」字不能作「況且」解，而宜作「不但」解，否則不可通。但，這是連同的事，目下不管它，我們是在分析「惟」字。這句的「惟」字，仍是形容詞，同 15 條一樣。

19. 此句「惟」字和 15 條一樣。

20. 此句「惟」字可做連詞看。

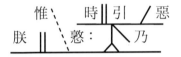

21.22.

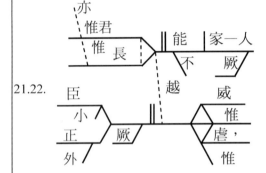

分析

「能」，即「康寧四國俗」的「能」，故作動詞解。

四「惟」字，二連詞，二副詞。其實「惟君惟長」二惟作「冠詞」也便是形容詞，或竟謂之「助詞」皆可通。

23.24.

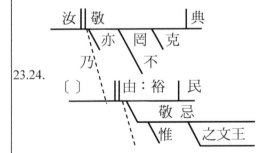

此「之」字，當作「of」解，而「敬忌」仍是動詞。

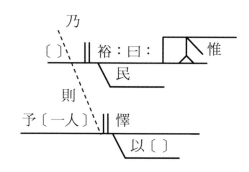

　　「則予一人」以什麼事而「懌」呢？以汝封能「惟文王之敬忌」及能「裕民⋯」云云故也。故「以」字之後的賓辭，須加一括符以表示之。

　　此句中，二「惟」皆為副詞。

分析

25.26.

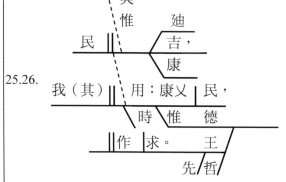

　　或：

　　「作求」二字，若為名詞語，則「民」字在領位，故可如上圖。

分析	「用」字在《尚書》中，作連詞介詞而尤以介詞為多——用，故此句中，「用」字頗費措置。若以之為介詞，則「康乂民」三字為一個名詞或副詞語乎？然則此句的「我時其惟殷先哲王德用康乂民」一句之述語在什麼地方呢？無已，必謂「用康乂民」為個副詞語，則以「德」字為述語，而解如下式：
	
	……，而解如下式：
	
	``
	我〔其〕‖德 王
	          惟 ＼ 用 ＼ 殷 ／ 先 ／ 哲
	              康乂 ＼ 民，
	``
	
	此處的「德」字，做「效法……德」解，其意即「效法殷先哲王之德，以康乂黎民」，「用」字之掙個介詞，名器的目的固達到，且甚完滿，然而「德」字如此用法，或不免受些委屈，何也，以其太曲折不通俗也。而「惟」字至此，也由介詞一變而為副詞了。倘且我們可以承認「用」字作助動詞 auxiliary verb 用時，我以為還以初解之式為是。

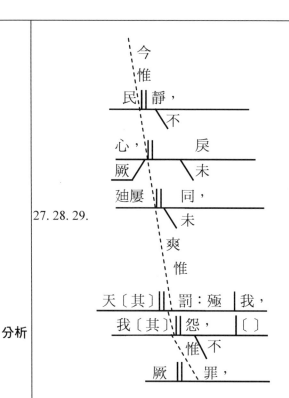

27. 28. 29.

分析

此句之三個「惟」字，皆是連詞，上兩個很清楚，不必講；惟第三個須得說一說，便是，「天其罰殛我」以下文的關係，是「天其罰殛我」只是「惟厥罪」；而此也只是在「罪」與「不罪」，並不在「大」和「多」；故「天」可「罰」，即是應得之「罪」，我必不怨也。然如此看來，則「惟」字又可以作介詞用了。這個道理，可以由下面的分析而看得清清楚楚：

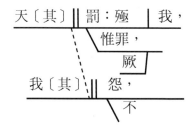

照此圖解，本來似乎較前圖為長…但，下面「無在大，亦無在多」二個短句，要怎麼安置呢？此是個問題。連接于「我其不怨」之後，無此理！置之于前，是已改原文的式式次序；然則為別出連句乎？斯則未能決矣；故我以仍可從前說。

30.

分析

「汝封記住罷，深深記住罷，」記住什麼呢？記住「天命是沒有永恆的！」

故此句圖解，「惟命不于常」五字為全句的補足語。此句仍為包孕句也。「惟」字這裏可以看出是什麼詞了。

「于」字若欲置之于介詞地位，則上圖又可作：

```
    命 ‖ 不
惟
        于常
```

〈康誥〉用「惟」字至 32 次，用法也更擴大，茲列為下表：

用次	彈性	詞性
32	5	連，介，助，動，副。

「惟」字之在〈康誥〉，可謂應有盡有矣！是以可知，甚矣，中國文法之難于懂也！我于此焉敢求全責備于王引之，俞蔭甫乎？

酒誥

1.惟天降命　　　　　　　　　　　　　　　　　　　　惟天
2.肇我民，惟元祀　　　　　　　　　　　　　　　　　惟
3.天降威，我民用大亂喪德，亦罔非酒惟行　　　　　　惟
4.越大小邦用喪，亦罔非酒惟辜　　　　　　　　　　　惟
5.飲惟祀，德將無醉　　　　　　　　　　　　　　　　惟
6.惟曰我民　　　　　　　　　　　　　　　　　　　　惟曰

	7.廸小子，惟土物愛，厥心臧，聰聽祖考之彝訓，越大小德	惟
	8.小子惟一	惟
	9.爾大克羞耇惟君	惟
	10.惟君爾乃飲食醉，丕惟曰，爾克永觀省作稽中德	丕惟曰
	11.惟王正事之臣	惟
	12.茲亦惟天若元德，永不忘在王家	亦惟
	13.王曰封，我聞惟曰，在昔殷先哲王……	惟曰
	14.成王相畏，惟御事，厥棐有恭	惟
	15.惟亞惟服宗工，越百姓里居	惟
	16.不惟不敢，亦不暇	不惟
	17.惟助成王德顯	惟
	18.我聞亦惟曰，在今後嗣王，酣身	亦惟
	19.誕惟厥縱淫泆于非彝	誕惟
酒誥	20.惟荒腆于酒	惟
	21.不惟自息	不惟
	22.弗惟德馨香祀登聞于天	弗惟
	23.誕惟民怨，庶羣自酒，腥聞在上	誕惟
	24.故天降喪于殷；罔愛于殷，惟逸	惟
	25.天非虐，惟民自速辜	惟
	26.予不惟若茲多誥	不惟
	27.今惟殷墜厥命我其可不大監撫于時？	今惟
	28.予惟曰，汝…	予惟
	29.矧惟爾事	矧惟
	30.矧惟若疇	矧惟
	31.又惟殷之廸諸臣百工，乃湎于酒，勿庸殺之	又惟
	32.姑惟教之	姑惟
	33.乃不用我教辭，惟我一人弗恤，弗蠲乃事，時同于殺	惟

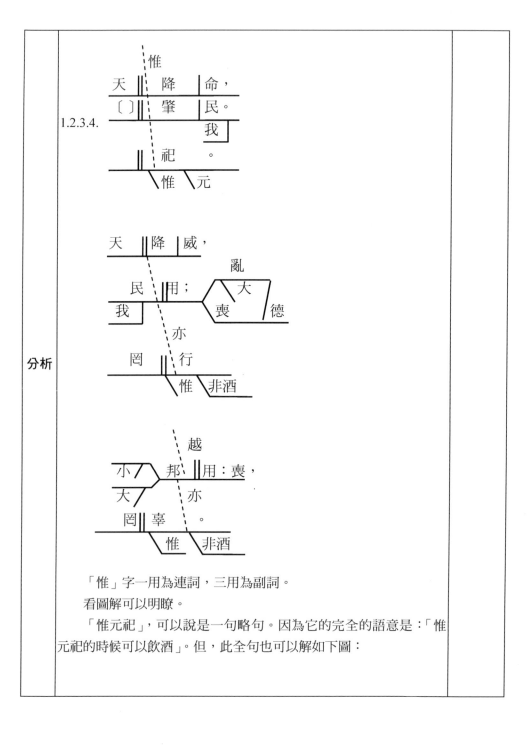

「惟」字一用為連詞，三用為副詞。

看圖解可以明瞭。

「惟元祀」，可以說是一句略句。因為它的完全的語意是：「惟元祀的時候可以飲酒」。但，此全句也可以解如下圖：

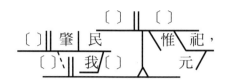

照此圖的結構，是：「天肇我民，〔天〕（主語）〔告訴說〕（述語），惟元祀時候，可以〔喝〕。」故此句質量上是由三個短句合成兩個句子而又連合為一個句子的；因為在修辭上不能這樣複沓，故可略的便略了；而「惟」字仍是「副」詞。

5.

惟二「惟」字便不同詞性了：一為介詞一詞為副。

6. 7. 8.

分析

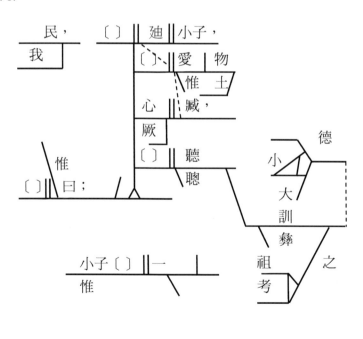

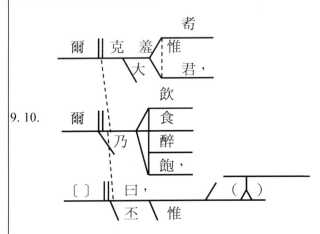

9. 10.

「惟」字是依俞樾的解釋法，作「及」字用的；實在現在找不出更好的解釋，故依他。于此此字為連詞。

「丕惟曰」之「丕惟」二字，不宜做連詞。此句之意是：「爾克羞耇惟君，爾才去飲食醉飽，那才可以說，……」。故下「惟」字是副詞也。

分析

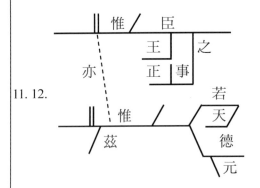

11. 12.

此二句是接上面「爾乃自介用逸，茲乃允」來的，《尚書》的文字，常有用疊平列句的，如：〈康誥〉「告汝德之說，于罰之行」，〈無逸〉：「則其無淫于觀，于逸，于遊，于田」是。今此句也便是一例。

其文之疊二「茲」字，皆接上文語氣而平列說之也。意思是：

「這才對，這才是王的正事之臣，這才是順天的人，才是玄德之人，」「若」和「德」都是抽象名，以抽象名作普通名（common nonn）用，是文上常有的事也。故二「惟」字皆是述語——同動。

13. 我 ‖ 聞 | 惟曰：

《尚書》中凡「我聞惟曰」，「我聞曰」，或「我聞亦惟曰」之「惟曰」，可當英語之 That 字，副詞，我們不必分「惟」字什麼，「曰」是什麼，我們看他做一個詞。

14. 「成王畏相惟御事」之「惟」字，看下面「惟亞惟服」，倘若「亞」「服」二者都是一種官職時，則「惟」字似宜從俞樾所解的「及」字解。但此句「相」字似不是名詞如《蔡傳》的「敬畏輔相，」而是動詞「看察」之謂。全句是「成王所怕的是御事不恭謹」的意思，「棐」字作「不」解也。

分析

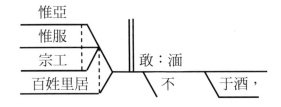

御事〔厥〕‖有：恭，
成王‖畏相：　　棐
　　　惟

15. 這里，我忽然想，「惟」字與其作助字解，倒不如作「冠詞」解，——也便是形容詞，凡置于實體詞前為所謂助詞者時皆可屬之；換句說，謂之助詞可，謂之冠詞也好也。例如〈康誥〉之：「惟汝小子」、「惟命不于常」等是。故不必當他連詞也。

惟亞
惟服
宗工　　　　　敢：湎
百姓里居　　　　　不　　　于酒，

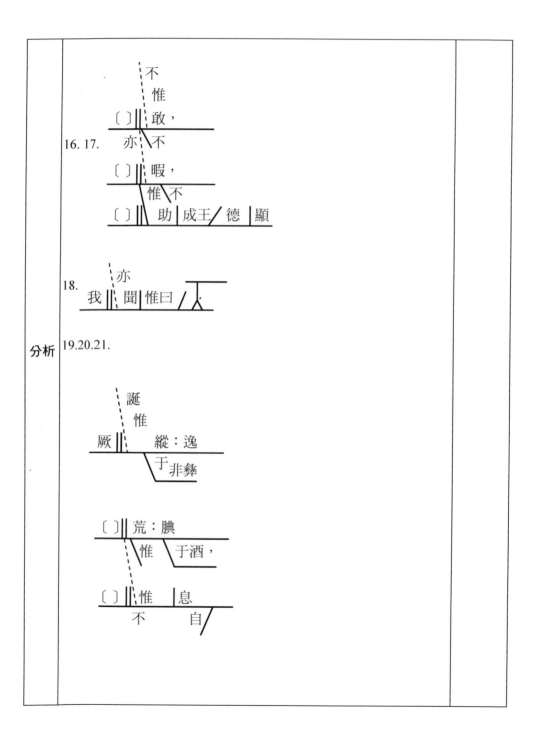

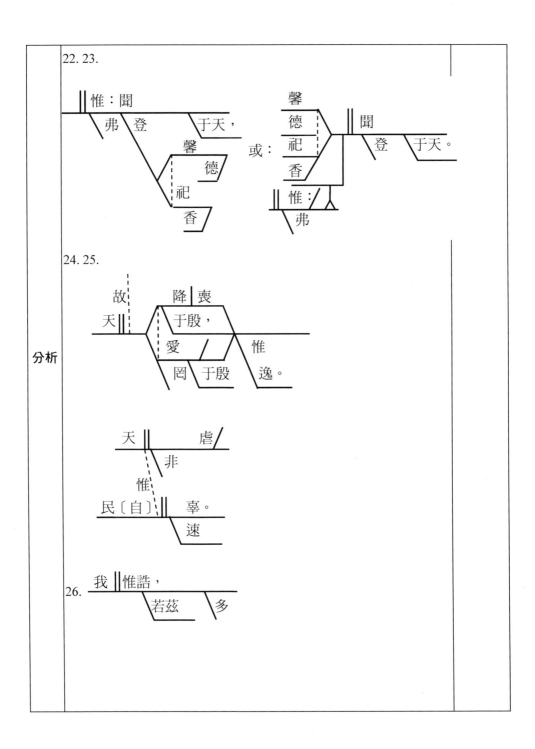

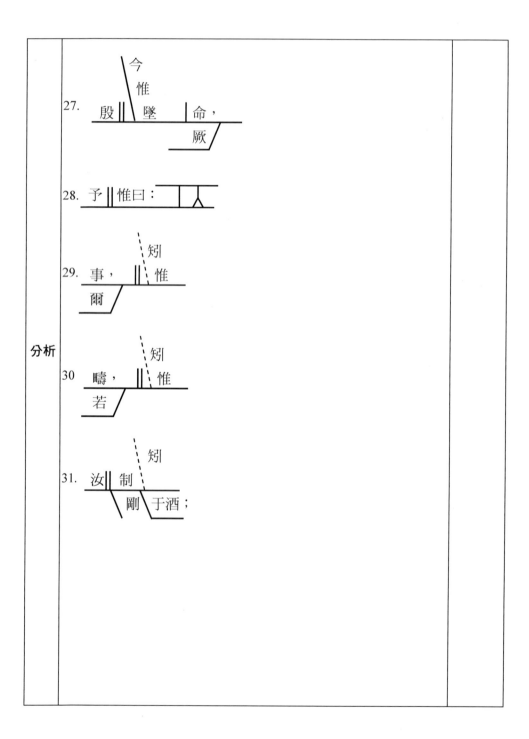

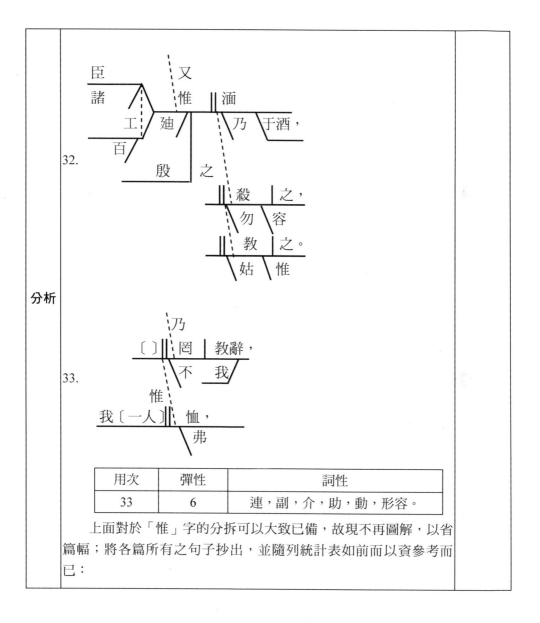

用次	彈性	詞性
33	6	連，副，介，助，動，形容。

上面對於「惟」字的分拆可以大致已備，故現不再圖解，以省篇幅；將各篇所有之句子抄出，並隨列統計表如前而以資參考而已：

梓材	1.王曰封，以厥庶民暨厥臣達大家，以厥臣達王惟邦君臣（連詞） 2.惟曰，若稽田（連詞） 3.既勤敷菑，惟其陳修（連詞） 4.若作室家，既勤垣墉，惟其塗墍茨（連詞） 5.若作梓材，既勤樸斲，惟其塗丹艧（連詞） 6.今王惟曰，先王既勤用明德……（副詞） 7.肆王惟德用和懌先後迷民；用懌先王受命（副詞） 8.已，若茲監，惟曰（連詞） 9.欲至千萬年，惟王子子孫孫永保民（助詞） | 用次 | 彈性 | 詞性 | | 9 | 2 | 連，助，副。|
召誥	1.惟太保先周公相宅（連） 2.三月惟丙午，胐（助） 3.惟王受命（助） 4.無疆惟休（副） 5.無疆惟恤（副） 6.節性，惟日其邁（連） 7.惟有歷年（助） 8.惟不敬厥德，乃早墜厥命（連） 9.有殷受天命，惟有歷年（助） 11.今王嗣，受厥命，我亦惟茲二國命嗣若功，王乃初服 　○此句之「惟」字可作「思維」之「維」解。 12.宅新邑，肆惟王其疾敬德（助） 　○凡「肆」「惟」都是一種助詞 13.其惟王勿以小民淫用非彝（動） 14.其惟王位在德元 15.小民乃惟刑用于天下（副） 　○此「惟」字是修飾「用」字的。 | 用次 | 彈性 | 詞性 | | 15 | 4 | 連，助，副，動。|

梓材

1.王曰封，以厥庶民暨厥臣達大家，以厥臣達王惟邦君臣（連詞）
2.惟曰，若稽田（連詞）
3.既勤敷菑，惟其陳修（連詞）
4.若作室家，既勤垣墉，惟其塗墍茨（連詞）
5.若作梓材，既勤樸斲，惟其塗丹艧（連詞）
6.今王惟曰，先王既勤用明德……（副詞）
7.肆王惟德用和懌先後迷民；用懌先王受命（副詞）
8.已，若茲監，惟曰（連詞）
9.欲至千萬年，惟王子子孫孫永保民（助詞）

用次	彈性	詞性
9	2	連，助，副。

召誥

1.惟太保先周公相宅（連）
2.三月惟丙午，胐（助）
3.惟王受命（助）
4.無疆惟休（副）
5.無疆惟恤（副）
6.節性，惟日其邁（連）
7.惟有歷年（助）
8.惟不敬厥德，乃早墜厥命（連）
9.有殷受天命，惟有歷年（助）
11.今王嗣，受厥命，我亦惟茲二國命嗣若功，王乃初服
　○此句之「惟」字可作「思維」之「維」解。
12.宅新邑，肆惟王其疾敬德（助）
　○凡「肆」「惟」都是一種助詞
13.其惟王勿以小民淫用非彝（動）
14.其惟王位在德元
15.小民乃惟刑用于天下（副）
　○此「惟」字是修飾「用」字的。

用次	彈性	詞性
15	4	連，助，副，動。

洛誥	1.予惟乙卯，朝至于洛（介） 　　○此「惟」字與〈大誥〉之「予惟小子」之「惟」字不同；蓋「乙卯」既非我，而「惟」為助詞也不可通，「予乙卯」不可解也。 2. 惟洛食 3.亦惟洛食 　　○「惟」字作副詞用，修飾「食」字也。但也可作其它詞性用，如：「助」詞。 4.予惟曰，庶有事（副） 5.今王即命曰，「記功宗以功作元祀」，惟命曰：「汝受命篤弼」（連） 6.惟以在周工往新邑。（連） 7.公曰，已，汝惟沖子 8.惟終 　　○此二「惟」都是動詞。 9.惟曰不享 　　○此處「惟曰」二字，我想可以看是一種威語，大概是假設的語氣，如「要是……」。連詞副詞都可通，惟看其在何處用。 10.惟不役志于享 11.凡民惟曰不享（連） 12.惟事其爽侮（連） 13.乃惟小子頒朕不暇，聽朕教汝于棐民彝（連） 14.乃時惟不永哉（副） 15.惟公德明光于上下，勤施于四方 16.我惟無斁其康事（副） 17.曰，其自時中乂，萬邦咸休，惟王有成績（連） 18.王命作冊逸，祝冊惟告，周公其後（副） 19.惟周公誕保文武受命（連） 20.惟七年（助） | 用次	彈性	詞性
20	5	介，連，副，動，助。	

	1.非我小國，敢弋殷命，惟天不畀（連）	惟天
	2.惟帝不畀（連）	惟帝
	3.惟我下民秉為（連）	惟我下民
	4.惟天明畏（連）	惟天
	5.惟帝降格，嚮于時（連）	惟帝
	6.惟時天罔念聞，（連）	惟時天
	7.厥惟廢元命，降致罰（副）	厥惟
	8.亦惟天丕建（副）	亦惟
	9.惟天不畀，不明厥德	惟天
	10.惟時上帝不保，降若茲大喪（連）	惟時上帝
	11.今惟我周王，丕靈承帝事	惟我周王
	12.惟我事不貳適	惟我事
	13.惟爾王家我適（副詞）	惟爾王家
多士	14.予其曰，惟爾洪無度，我不爾動，自乃邑	惟爾
	15.予惟時其遷居西爾（介）	予惟時
	16.時惟天命（動）	時惟
	17.惟爾知（連）	惟爾
	18.惟殷先人有冊有典	惟殷先人
	19.予一人惟聽用德（副）	惟
	20.予惟率肆矜爾（副）	予惟
	21.今予惟不爾殺（副）	予惟
	22.予惟時命有申（副）	予惟時
	23.予惟四方罔攸賓（動）	予惟
	24.亦惟爾多士，攸服奔走，臣我多遜（動）	亦惟
	25.天惟畀矜爾（副）	天惟
	26.今爾惟時宅爾邑（副）	爾惟

用次	彈性	詞性
26	4	副，介，連，動。

無佚	1.其在祖甲，不義惟王；舊為小人，作其即位，爰知小人之依；	惟
	2.不知稼穡之艱難，不聞小人之勞，惟耽樂之從。（副）	惟

無佚	3.厥亦惟我周太王王季克自抑畏（副）	亦惟
	4.文王受命惟中身，厥享國五十年（副）	惟
	5.繼自今嗣王則其無淫于觀于逸于遊于田，以萬民惟正之供	惟

附說：

「以萬民惟正之供」是個句子，而不是僅僅個介詞副附。換句說，即是，不是作「『以萬民惟正之供』來作『淫于觀于逸于遊于田』之用」解！「惟正之供」之結構法，都宜照「寧王惟卜用」，「惟家之索」，「惟刑之恤」……等句子一例釋之。不但句子的結構上清清楚楚地告訴我們，即其文氣也很顯明；此篇是在痛陳「無」（不可之意，切戒之意。）「佚」！我們須看明白！其文意是：「切不可淫于觀，淫于逸，淫于遊，淫于田；宜以萬民來供于正當之服役。」蔡等以「惟正之供」為賦稅，而後人又皆以瞽語瞽，于是此「不通！」之一語，遂沿用千餘年甚可笑也！

用次	彈性	詞性
5	2	副，介。

君奭	1.越我民，罔尤違，惟人（介）	惟
	2.迪惟前人光，施于我沖子（介）	迪惟
	3.我道惟寧（動）	惟
	4.天惟純佑命，則商實，百姓王人，罔不秉德（副）	天惟
	5.惟茲惟德偁，用乂厥辟（副）	惟
	6.惟文王尚克修和我有夏（助）	惟文王
	7.亦惟有若虢叔，有若閎夭……（連）	亦惟
	8.亦惟純佑秉德，迪知天（連）	亦惟
	9.乃惟時昭文王迪見，冒聞于上帝（連）	乃惟
	10.惟時受有殷命哉（連）	惟時
	11.（武王）惟茲四人尚迪有祿，後暨武王誕將天威	惟茲四人
	12.惟茲四人，昭武王惟冒丕單稱德	惟茲四人
	13.我受命無強惟休，亦大惟艱（動）	惟

君奭	14.乘茲大命，惟文王德，丕承無疆之恤（副）	惟文王
	15.予不允惟若茲誥	惟
	16.予惟曰，襄我二人，汝有合哉	予惟曰
	17.惟時二人，弗戡，其汝克敬德，明我俊民	惟時
	18.予惟用閔于天越民（副）	予惟
	19.惟乃知民德（副）	惟
	20.亦罔不能厥初，惟其終（連）	惟

第 11 句「武王」二字，疑衍。

用次	彈性	詞性
22	5	連，副，動，介，助。

多方	1.惟爾殷侯尹民（連）	惟爾
	2.我惟大降爾命，爾罔不知（助）	我惟
	3.洪惟圖天之命，弗永寅命于祀（助）	洪惟
	4.惟帝降格于夏，有夏誕厥逸……（連）	惟帝
	5.不克靈承于旅，罔丕惟進之恭，洪舒于民（副）	惟
	6.亦惟有夏之民，叨懫日欽，劓割夏邑（連）	亦惟
	7.天惟時求民主，乃大降顯休命于成湯（副）	天惟時
	8.惟天不畀純（助）	惟天
	9.乃惟以爾多方之义民，不克永于多享（連）	乃惟
	10.惟夏之恭多士，大不克明保享于民（連）	惟夏
	11.乃胥惟虐于民，至于百為，大不克開（副）	乃……惟
	12.乃惟成湯，克以爾多方，簡代夏作民主（連）	乃惟
	13.乃維爾辟，以爾多方，大淫圖天之命，屑有辭	乃惟
	14.乃惟有夏圖厥政，不集于享（連）	乃惟
	15.乃惟爾商後王，逸厥逸，圖厥政（連）	乃惟
	16.不蠲烝，天惟降時喪（副）	天惟
	17.惟聖罔念作狂（助）	惟聖
	18.惟狂克念作聖（助）	惟狂
	19.天惟五年，須暇之子孫，誕作民主，罔可念聽	天惟
	20.天惟求爾多方，大動以威，開厥顧天（副）	天惟

	21.惟爾多方，罔堪顧之（連）	惟爾
	22.惟我周王，靈承于旅，克堪用德（副）	惟我
	23.惟典神天（連）	惟
	24.天惟式教我用休，簡畀殷命，尹爾多方（副）	天惟
	25.今我曷敢多誥，我惟大降爾四國民命（副）	我惟
	26.我惟時其教告之（副）	我惟
	27.我惟時其戰要囚之（副）	我惟
	28.非我有周秉德不康寧，乃惟爾自速辜（連）	乃惟
	29.越惟有胥伯小大多正，爾罔不克臬（連）	越惟
	30.自作不和，爾惟和哉	爾惟
	31.爾室不睦，爾惟和哉	爾惟
	22.爾邑克明，爾惟克勤乃事	爾惟
	33.爾乃自時洛邑，尚永力畋爾田，天惟畀矜爾	天惟
多方	34.我有周惟其大介賚爾（副）	惟其
	35.爾亦則惟不克享（副）	則惟
	36.爾乃惟逸惟頗，大遠王命（副）	惟
	37.則惟爾多方探天之威，我則政天之罰，雖逖爾土	則惟
	38.王曰，我不惟多（副）	我……惟
	39.我惟祇告爾命（副）	我惟
	40.又曰，時惟爾初，不克敬于和，則無我怨	時惟爾

附說：

所謂「副詞」，這裏，委實有很多地方，是不能夠同「連詞」分清的，大概可以叫之為「半連詞」（half-conjuction）。助詞云者，大概是于語句中沒有什麼影響。去留都是可以的。

用次	彈性	詞性
41	3	副，連，助，動。

	1.古之人，迪惟有夏，乃有室大競……	迪惟
立政	2.茲惟后矣，謀面用丕訓德（助）	茲惟
	3.桀德惟乃弗作往任	惟

	4.是惟暴德罔後	惟
	5.乃用三有宅，克即宅，曰三有俊，克即俊。嚴惟不式克用三宅三俊	
	6.惟羞刑暴德之人，同于厥邦	
	7.乃惟庶習逸德之人，同于厥政。帝欽罰之（連）	乃惟
	8.文王惟克厥宅心（副）	文王惟
	9.惟有司之牧夫是訓（副）	惟
	10.率惟敉功，不敢替厥義德（副）	率惟
立政	11.率惟謀從容德，以並受此丕丕基（副）	率惟
	12.自一話一言，我則末惟成德之彥，以為我受民（動）	惟
	13.其勿誤于庶獄庶慎，惟正是乂之（連）	惟
	14.立政，其勿以憸人，其惟吉士（副）	其惟
	15.其勿誤于庶獄，惟有司之牧夫（副）	惟
	16.後王立政，其惟克用常人（副）	其惟

用次	彈性	詞性
14	3	連，副，助。

	1.疾大漸，惟幾，病日臻（副）	惟
	2.皇天改大邦殷之命，惟周文武，誕受厥若，克恤西土。	惟周文武
顧命	3.惟新陟王，畢協賞罰。戡定厥功，用敷遺後人休（連）	惟……王
	4.惟予一人釗報誥（助）	惟予一人

用次	彈性	詞性
4	3	副，連，助。

	1.惟呂命，王享國百年（助）	惟
	2.王曰，若古有訓，蚩尤惟始作亂（副）	惟
	3.惟作五虐之刑（連）	惟
	4.上帝監民，罔有馨香德，刑發聞惟腥（副）	惟
呂刑	5.鰥寡有辭于苗，德威惟畏（副）	惟
	6.德明惟明（副）	惟
	7.伯夷降典，折民惟刑（介）	惟
	8.三后成功，惟殷于民（副）	惟
	9.穆穆在上，明明在下，灼於四方，罔不惟德之勤（副）	惟

呂刑	10.典獄非訖於威，惟訖於富（連）	非…惟…
	11.敬忌罔有擇言，在身，惟克天德（副）	惟
	12.嗟四方司政典獄，非爾惟作天牧，今爾何監（副）	惟
	13.惟時苗民，匪察於獄之麗，罔擇吉人（連）	惟時
	14.惟時庶威奪貨，斷制五刑（連）	惟時
	15.惟敬五刑，以成三德（副）	惟
	16.一人有慶，兆民賴之，其寧惟永（動）	惟
	17.五過之疵，惟官，惟反，惟內，惟貨，惟來（動）	惟
	18.其罪惟均，其審克之（動）	惟
	19.惟貌有稽，無簡不能（副）	惟
	20.其罰惟倍（動）	惟
	21.惟察惟法，其審克之（連）	惟
	22.刑罰世輕世重，惟齊非齊，有倫有要（連）	惟
	23.惟良折獄，罔非在中（連）	惟
	24.察辭於差，非從惟從	惟
	25.有德惟刑	惟
	26.哲人惟刑	惟
	27.非天不中，惟人在命（連）	非…惟…

用次	彈性	詞性
30	5	動，連，介，副，助。

文侯之命	1.惟時上帝，集厥命於文王（連）	惟時上帝
	2.亦惟先正，克左右昭事厥辟（連）	亦惟
	3.曰，惟祖惟父，其伊恤朕躬（助）	惟

用次	彈性	詞性
4	3	連，助。

費誓	1.今惟淫舍牿牛馬（副）	今惟
	2.我惟征徐戎，峙乃糗糧，無敢不逮（副）	我惟
	3.甲戌，我惟築，無敢不供（副）	我惟

用次	彈性	詞性
3	1	副。

| 秦誓 | 1.責人斯無難，惟受責俾如流（連）
2.是惟艱哉（動）
3.惟古之謀人，則曰未就予忌（助）
4.惟今之謀人，姑將以為親（連）
5.惟截截善諞言，俾君子易辭，我皇多有之（連） | |

用次	彈性	詞性
5	3	連，助，動。

　　周篇中所用的「惟」字，大致已如上舉；其使用的「式」，約三十幾種，茲約列如下表：

表二十五

	乃惟	予「」惟	惟（名詞）	惟爾	惟（形容）	率惟	我惟	洪惟	予惟	亦惟	惟（副語）	天惟	惟時	惟曰	矧惟	爽惟	今惟	其惟	（代一）惟	惟我	惟厥	丕惟	不惟	誕惟	惟天	惟其	肆惟	時惟
牧誓	1	1	2																									
金縢				1	1																							
大誥									1	3		2	1															
康誥	2	7			2				1	2	4	1	2	1	1	3	1	1	2	1	2							
酒誥		7			3				1	6				2	2		1						1	4	2	1		
梓材					2						1	3														3		
召誥	1	5			4				2									2										1

	乃惟	予「」惟	惟(名詞)	惟爾	惟(形容)	率惟	我惟	洪惟	予惟	亦惟	惟(副語)	天惟	惟時	惟曰	矤惟	爽惟	今惟	其惟	(代二)惟	惟我	惟厥	丕惟	不惟	誕惟	惟天	惟其	肆惟	時惟
洛誥	1		7		1				1	1				4					1	1							1	1
多士	5	1	6	4					1	2									3									1
無逸			1		1					2										1								
君奭	1		4		4				2	2	1	2	1													1		
多方	8		4	3			4	1		2	5								3	6		1	1		1	1		1
立政	1				4	2				5							1											
顧命			1		2																							
呂刑			11		9								7	2						1								
文侯			2						1	1			1															
費誓							2											1										
秦誓					3					2																		
約計	20	2	59	8	34	2	6	6	12	12	35	8	7	11	3	3	3	4	7		2	2	5	2	2	5	2	3

此表于「惟」字之用法樣式,仍不是很精詳的——許其中有很多錯漏也未可知。作者作此表于匆遽和沉悶的狀態中,故弄錯是意中

事；會當慢慢校核之耳。──且有幾個未嘗列入，如〈酒誥〉之「又惟」、「姑惟」；〈金縢〉之「惟朕小子」、「惟予小子」……等。其不列入的理由是：（1）恐怕版幅太窄，不能容各字同列一起；（2）其例很少，皆用一次而已。本來，此表的意思，是想看「惟」字到底有幾樣用法，如在「名詞」之前，「動詞」之前，「動詞」之後，「副詞」之前，「副詞」之後，「連詞」之前，「連詞」之後，……「名詞」之後；但，這表為甚麼要列得這樣繁碎，如：「予惟」、「我惟」、「爾惟」等，皆是用于「代詞」之後的；「惟朕」、「惟我」、「惟予」、「惟爾」等，皆是用于「代詞」之前的；這其原因，是，「代詞」本身，在《尚書》裏便已有許多不一樣的關係，換句說，便是其「詞性」之差異，在《尚書》只是一點，同時，牠還有「字形」的差異的問題。照此例推，「乃惟」、「姑惟」、「又惟」、「矧惟」、「洪惟」、「誕惟」、「迪惟」、「丕惟」、「肆惟」，等……，也便並列著在；要不然，牠們豈不是位于「副詞」或「連詞」之後罷了？

現在將牠們用次的約計排列在下面：

表二十六

惟（名詞）	惟（動詞）	惟（形容）	乃惟	亦惟	惟我	惟曰	惟爾	天惟	惟時	（二代）惟	我惟	不惟	惟其	其惟	今惟	時惟	惟厥	丕惟	誕惟	惟天	肆惟	爽惟	洪惟
59	35	34	20	12	12	11	8	8	7	7	6	5	5	4	3	3	2	2	2	2	2	3	2

〔注意〕此表雖不必真確，但。或失之「缺」，必不「濫」也。要當不致予我人以惡影響。

看此表，我們可以知道「惟」字用法，以何種「樣式」為最普遍。如用於「名詞」之前的，自〈康誥〉以至〈多方〉皆用次最高

是。又，用于「形容」詞前，用于「動詞」性的詞類前的，則亦頗常。以下便遞減下去、以至于只用一次的。由上面二表，「惟」字告訴我們的，好像從〈康誥〉一直至〈多方〉九篇，有很接近的傾向，但，這還不若牠所給予的另一個觀念——惟字彈性之大——那末明顯。「惟」字的彈性（即是其包有詞性的容量），真大的很，從前面各篇分析的結果，牠可以作：「動詞」，「副詞」「形容詞」，「助詞」，「連詞」，或「介詞」用。在〈大誥〉中，已有「介」，「副」「助」「動」四種用法。〈康誥〉、〈酒誥〉之篇，更為發展。「惟」字彈性，可如下表：

表二十七

篇名	用次	詞性				
牧誓	4	動	副			
金縢	2		副	助		
大誥	11	動	副	助		介
康誥	32	動	副	助	連	介
酒誥	33	動	副	助	連	介
梓材	9		副		連	
召誥	15	動	副	助	連	
洛誥	20	動	副	助	連	介
多士	26		副	助	連	介
無佚	5		副			介
君奭	20	動	副	助	連	介
多方	40		副	助	連	
立政	14		副	助	連	
顧命	3		副	助	連	
呂刑	26	動	副	助	連	介

篇名	用次	詞性			
文侯之命	4		副	助	連	
費誓	3		副			
秦誓	5	動		助	連	

　　我們看此，所知道的，便是「惟」字使用之普遍；差不多沒有一篇不是必要用幾回的。在這樣廣汎的用法中，我們委實沒有法子找出牠的時代——也許便沒有時代性。

　　雖然，也不無可言之點。即「惟」字之用，也頗有幾個公式。

　　（甲）如：

　　　1.我道惟寧，（〈君奭〉）

　　　2.德威惟畏。

　　　3.其寧惟永，

　　　4.其罪惟均。

　　　5.其罰惟倍，（〈呂刑〉）

　　　6.無疆惟休，

　　　7.無疆惟恤，（〈召誥〉）

　　　8.無疆惟休，

　　　9.亦大惟艱，（〈洛誥〉）

　　在「惟」字後面皆是「形容」詞，這可以說都是「惟」字之補足語，則「惟」字皆是「動詞」也。

　　不過，上面之式，還找不出與時代有什麼關係；其有多少關係，而迹象頗明的如下面之式，到是個很美的吧。茲將有關的各篇，先輯其句子如次，然後加以討論。（乙）如：

1.牝雞之晨，惟家之索。

2.惟婦人之言是用。

3.乃惟四方之多罪逋逃，是崇是長，是信是使。（〈牧誓〉）

4.惟永終是圖，（〈金縢〉）

5.寧王惟卜用。

6.矧亦惟卜用，（〈大誥〉）

7.惟文王之敬忌，（〈康誥〉）

8.亦罔非酒惟行，

9.亦罔非酒惟辜，（〈酒誥〉）

10.惟王受命，無疆惟休，亦無疆惟恤。

11.王其德之用。（〈召誥〉）

12.惟洛食，（〈洛誥〉）

13.不聞小人之勞，惟耽樂之從，

14.文王不敢盤于遊田，以庶邦惟正之供。

15.繼自今嗣王，則其無淫于觀于逸于遊于田，以萬民惟正之供（〈無逸〉）

16.罔丕惟進之恭，（〈多方〉）

17.其勿誤于庶獄，惟有司之牧夫，（〈立政〉）

18.罔不惟德之勤。（〈呂刑〉）

從句子的形式上，上面十八個例子，好像未必一樣，像：

（1）…惟家之索（〈牧誓〉）

（2）…惟德之勤（〈呂刑〉）

（3）…惟正之供（〈無逸〉）

（4）⋯惟耽樂之從，（〈無逸〉）

（5）⋯惟進之恭（〈多方〉）

（6）惟文王之敬忌（〈康誥〉）

這是個公式，便是：

「惟⋯⋯（名詞或與名詞同價的詞）⋯⋯之⋯⋯（動詞或與動詞同價者）」好像與：

（7）惟婦人之言是用（〈牧誓〉）

（8）惟逋逃是崇是長⋯（〈牧誓〉）

（9）惟永終是圖，（〈金縢〉）

之式：「惟⋯⋯是⋯⋯」既不一致，與：

（10）惟卜用，（〈大誥〉）

（11）惟洛食，（〈洛誥〉）

更不相同，而合：

（12）非酒惟行，（〈酒誥〉）

（13）無疆惟休，（〈召誥〉）

等的「（名或形）⋯⋯惟⋯⋯（動或其同價）」一式不相涉。其實不然！這些句子的結構，是一路來的。其用「惟」字原始之式。為

A.「惟＋（名詞或同價的）」＋（動詞或同價的）」

例子：「惟卜用」；「惟洛食」。

後來語法開展，語氣紆暢，于是加以「領格」字「之」字以足
之，而為

B.「惟……（名詞或同價的）＋之＋（動詞或同價的）」

例子：「惟正之供」；「惟進之恭」；「惟耽樂之從」。

這很清楚，其「之」字的確是由充足語氣而加上的；故其內容初
絕沒有改變。而「是」字之用以代「之」，或許與「之」並行，或許
是更後出的字法，都未能一定，然而其不出于「之」字之前，我以為
是可以斷定的；因為其太近于後代之故。于是其式為

C.「惟＋（名詞或其同價的）＋是＋（動詞或其同價的）」

例子：「惟婦人之言是用」；「惟永終是圖」。

至到「罔非酒惟辜」等句法，有二種解釋：一是否定的式子，如
「罔非酒惟辜」是，而其來源正也如前面：我們試看：

　　　「罔非酒惟辜」

　　和：「罔非惟酒辜」（A式）

　　或：「罔非惟酒之辜」（B式）

　　或：「罔非惟酒是辜」（C式）

的意思有沒有改變過？看這樣四個形式好像不同的句，不但其自容不
嘗改變絲毫，即結構的原則也沒改過絲毫！所以，凡屬于這四類的結
構的句子，皆可各式互易而不會有內容的改變；這便是四式同源的
證據。

一是「惟」字之後為補是語。（參看上面（甲））但，依然可依前
面各式代替之。如：「無疆惟休」句可作「惟無疆之休」，是也。不過
「無疆」字終是形容詞性更重一點而已。

現在將第四式列下：

D.「（名詞或同價或形容詞）＋惟＋（動詞或同價或形容詞）」

例子：「德威惟畏」；「無疆惟恤」。

及此第四式之變也，于是遂為〈呂刑〉之：

（1）其寧惟永，

（2）其罪惟均，

（3）其罰惟倍，

及〈君奭〉之，

（4）我道惟寧，

等之句法。蓋此用于「惟」字之後者，皆純為形容詞，而果為句子之補足語矣。──雖其源仍係從前面之者式來。

「惟」字的這樣演進，──雖不必是自身的演進，因為自身的屬性仍是個「副詞」──委實頗可值得注意。同源的結構，而演為不一致的樣式，其原因可想而知，抑各篇之於其演變也，也恰可以證我人之說。曰：

（1）〈大誥〉不用（B）（C）（D）式而只有（A）式

（2）其餘諸篇，皆不用（A）式而限用（B）（C）（D）。

這所以給予我們的結論，恰和「代詞」所給的，大致拍合。我們似乎可以相信牠不是偶然的一回事。

（乙）類的「惟」字之用式，既已明其關係，我們再試將其它樣式探討一回，于是而有（丙）類。

（丙）類的「惟」字，我以為也是同上面（D）式同根的一種。試抄之如下：

（1）惟君惟長，

（2）惟威惟虐，（〈康誥〉）

（3）惟亞惟服。（〈酒誥〉）

（4）惟茲惟德稱（〈君奭〉）

（5）惟官惟反惟內惟貨，惟來，

（6）惟察惟法，

（7）惟齊非齊，

（8）非從惟從，（〈呂刑〉）

（9）惟祖惟父，（〈文侯之命〉）

姑就這些例子（不知尚有挂漏否，但已可夠用。）是「連詞」是「副詞」我們且不管，可是的的確確已是一種由前面蟬蛻而來，而又開後來的樣式的樣式。其領著名詞，如：「惟君惟長」；「惟祖惟父」；「惟亞惟服」之類，當然是「連詞」；其領「形容詞」或「動詞」像：「惟威惟虐」；「惟從非從」之類，這則是動詞。要之，我們只要問其樣式，至其詞性，絕對視上下文的關係而定，不能呆看也。

　　「惟」字較有組織的用法，大概以上面（甲）（乙）（丙）三點為比較可以以固定的眼光研究牠；其餘如「天惟」和「惟天」；「時惟」和「惟時」；「我惟」和「惟我」；「爾惟」和「惟爾」；「惟其」和「其惟」……等，雖是應有盡有（可參看表二十五）？但，我以為到沒有什麼大關係；因為幾乎是篇各一用，用各一式，初無統一之迹象可尋也；故略而不論。

　　我們現在再將《商書》各篇之用法來比一比較：

湯誓	1.予惟聞汝眾言：夏氏有罪，予畏上帝，不敢不正（副）	
盤庚	1.古我先王，亦惟任舊人共政（副）	亦惟
	2.非予自荒自荒茲德，惟汝含德不惕予一人	非…惟…
	3.汝不和吉，言于百姓，惟汝字生毒	
	4.則惟汝眾自作弗靖，非予有咎（連）	惟…非…
	5.人惟求舊；器非求舊，惟新（介）	非…惟…
	6.邦之威，惟汝眾	惟
	7.邦之不臧，惟予一人有佚罰（連）	惟
	8.凡爾眾，其惟致告（副）	惟
	9.罔不惟民之承（副）	惟
	10.惟喜康共，非汝有咎，比予罰（連）	惟…非…
	11.予若籲懷茲新邑，亦惟汝故（連）	亦惟
	12.爾惟自鞠自苦，若乘舟，汝弗濟（副）	爾惟

用次	彈性	詞性
12	2	連，副，介。

高宗肜日	1.祖已曰惟先格王正厥事	惟
	2.乃訓于王曰，惟天監下民，典厥義，……	惟天

用次	詞性
2	助

西伯戡黎	1.非先王不相我後人，惟王淫戲用自絕（連）	非…惟…

　　《商書》用惟字之四篇十六次中，有一點頗可使我們注意的，便是：比《周書》之用法清楚的多。〈盤庚〉用十餘次中，由有連，副之二種屬性，而合于D公式，如：

　　　邦之臧，惟汝眾。
　　　邦之不臧，惟予一人有佚罰。

是。這是一點。其最奇的，便是僅見于〈呂刑〉之「非惟」一連詞式，在《商書》中甚發達。〈盤庚〉四見，〈西伯戡黎〉僅有之一句，也便就是此式。周篇二百幾十句，而僅〈呂刑〉二用之，此十餘句而五用之，是亦甚有趣者也。顧剛先生嘗謂〈盤庚〉與〈呂刑〉近，我頗不以為然，然以「惟」字之用法觀之，則又分明有接近的關係也。

我們覺得〈盤庚〉是的用「惟」，不是最初的用法；若與周篇較之，到是頗後的用法。

2 「肆」

《爾雅》云：「治，肆，古，故也。」郭《註》云：「治未詳，肆，古，見《詩》《書》。」又一條云：「肆，故，今也。」郭《註》云：「肆，既為故，又為今，今亦為故，故亦為今，此義相反而兼通者，事例在下而皆見《詩》《書》。」[6]「肆」字是見于《詩》《書》的。《書》最古，而有「肆」字者數篇而已。今列如下表：

篇名	用法		附註
大誥	1.朕卜並吉，肆予告我友邦君越尹氏庶士御事曰，予得吉卜	肆予	〈大誥〉之六「肆」字，很清楚第 1，2，3，4，6，五條都是「連詞」不消說了；第 5 條是「副」詞不是歎詞：因為「嗚呼」二字已是歎詞，而「肆哉」則是承上文來的語氣也。
	2.「王害不違卜？」肆予沖人，永思艱曰，嗚呼	肆予沖人	
	3.予不敢不極卒寧王圖事；肆予大化誘我友邦君	肆予	
	4.厥考翼其肯曰予有後，弗棄基？肆予曷敢不越卬敉寧王大命	肆予	
	5.王曰，嗚呼，肆哉，爾庶邦君，……	肆哉！	
	6.矧今卜并吉？肆朕誕以爾東征……	肆朕	

---

6 〔校案〕郭《注》「事例在下而皆見《詩》」，無「書」字。

篇名	用法		附註
康誥	7.惟時敘，乃寡兄勖，肆汝小子封在茲東土 8. 嗚呼！肆汝小子封，惟命不于常…	肆汝小子封， 肆汝小子封，	〈康誥〉二「肆」字，與〈大誥〉用法大異，不知道是要做什麼用的？〈康誥〉常有絕取〈大誥〉的用字之似者，如：「已！汝惟小子」，乃取〈大誥〉之「已！予惟小子」來的。「已！…惟小子」一語法，《尚書》中止四見而〈康誥〉二，〈大誥〉二也。今〈大誥〉有「肆予」及「肆予小子」之用法，而〈康誥〉也便有「肆汝小子」之用法。我想，〈康誥〉只是學〈大誥〉的。不過這裏學二個「肆」，都學得壞。不通！ 　〈梓材〉幾句句子雖很整齊，但意思不好懂。從形式的結構上看，都是連詞。當然 12 條是不消說得的。 　〈召誥〉之「肆」肆惟，實在很勉強加上去的。 　〈多士〉的「肆爾多士」，的「肆」字，純
梓材	9.曰，予罔厲殺人，亦厥君先敬勞，肆徂厥敬勞 10.肆往姦宄，殺人歷人宥 11.肆亦見厥君事，戕敗人宥 12.皇天既付中國民越厥疆土于先王，肆王惟德，用和懌先後迷民，用懌先王受命		
召誥	13.肆惟王其疾敬德	肆惟	
多士	14.肆爾多士		
無逸	15.肆中宗之享國七十有五年 16.肆高宗之享國五十有九年 17.肆祖甲之享國三十有三年		
君奭	18.嗚呼，君肆其監于茲 19.大否，肆念我天威		
盤庚	20.肆予沖人，非廢厥謀……		

篇名	用法		附註
			粹和〈康誥〉同樣。 　〈君奭〉的硬湊 上，也是再明白沒有！

　　《尚書》的「肆」字，盡于此了。這又明白可以看出，只是個〈大誥〉所用的字。不特個很不像的〈盤庚〉所用的一次，分明來得突兀；就是和〈大誥〉很接近的〈康誥〉，尚直是用不通。〈君奭〉和〈召誥〉的用法是雜湊成文的，「惟王其疾敬德」、「君其監于茲」是《尚書》很普遍的語法，今湊上此二個肆字，其痕迹宛然。我不必說作者有意假初周或學初周，然其不能與〈大誥〉同時，則斷然可見也。不然：斷沒有全部《商》、《周書》，只得二十個「肆」字，而〈大誥〉又占了三分之一也。〈多士〉之「肆爾多士」和「肆汝小子封在茲東土」一樣，可以說是不成句。「肆汝小子封在茲東土」沒有述語（肆字依〈大誥〉用法），「在」字是介詞呢。「肆汝小子封，惟命不于常」和「肆爾多士，非我小國敢弋殷命……」的句子結構完全一致；「肆」字除以中國「經師」渾沌的伎倆叫牠為「語辭」或「詞也！」（此字我想死總是莫明其妙！）之外，我們看不出牠的意義所在。

　　我們看這樣寥零的場合，可以知道「肆」字周中葉已不作虛字用了。

3　連詞

　　連詞頗容易與副詞混。所以H. Sweet的書中，有「半連詞」（half-conjunction）之一種，實在這是對的。例如《尚書》中之「今」字，看來明是「副詞」，卻不能純以副詞解釋之；牠不但領了一個句子，分明與上下多少有點連絡。如：

> 寧王惟卜用，克綏受茲命；今天其相民，矧亦惟卜用。（〈大
> 誥〉）

的「今」字，不能純以「時間」解釋，甚明白也。不過，此句因
「矧」字的關係，我頗疑其句子的樣式當為：「矧今天其相民亦惟卜
用」才于「矧」字的連詞用法，夠會正確，正和後文的「矧今天降戾
于周邦」一樣結構；于是「今」字便較傾于副詞。（〈大誥〉篇末又有
「矧今卜并吉」之句。〈大誥〉用「今」三次，我想，都為「矧今」
之式。）但，我再看：

> 今王惟曰，先王既勤用明法……（〈梓材〉）

此「今」字決非在限制「曰」字：此句之上為：「若作梓材，既
勤樸斲，惟其塗丹雘，」「今」字是接上面的語氣而引起下文的，故
「今」字當然至少有一半連詞的屬性。我們試看下面一段：

> 相古先民有夏，天廸從子保，面稽天若，今時既墜厥命；今相
> 有殷，天廸格保，面稽天若，今時既墜厥命；今沖子嗣則無遺
> 壽耇曰其稽我古人之德，矧曰其能稽謀自天？（〈召誥〉）

試問這些「今」字是不是「時間」副詞？「今」字是不是「古
今」之「今」？「有夏」之「今時」于「今相有殷」，不消說，變做
「古」了；「今相有殷」的「今」，到有殷的「今時既墜……」又成過
去；「有殷」的「今時既墜」至「今沖子」的「今」，又早已曇花永
逝。故此「今」字，不能作時間副詞解也，至少。

　　〈毛公鼎〉:「今余惟續先王命，」

　　〈盂鼎〉:「今我惟即刑憲于玟王正德」

　　　　　　「今余惟命女盂，」

皆是明白的例子。「今」字在周篇中，頗為普遍。

　　「連詞」的第一義，純純粹粹是「挈合字」（connective-word），是字和字的「挈合」，抑是句與句的「挈合」都好。故單就樣式講，（其實所謂文法，完全是樣式問題；離樣式，簡直無文法之存在，最少沒有統一的文法。）我以為，「副詞」同「連詞」是有個很清楚的分野的。比較乾脆一點說，「凡是用于每句句首的可以為副詞的詞，便是『連詞』，或是『半連』詞；同時，可以做『連詞』的詞，若置在第一字之後的，便是『副詞』。」這是我整理《尚書》的「副」「連」的意見——方法，公式。實在，同一個「惟」字，便可是用來用去，詞性兼到五，六種，直不知要怎樣辦！所以我之措置「惟」字，完全依照

　　（1）凡在句首相當于連詞的，為連詞。（助詞例外）

　　（2）凡在句首第一字之後，可為副詞的是副詞。

　　（3）凡在句首第一字之後而與第一字挈合為「複連詞」或「互連詞」（corrolative）的，是「連詞」。

　　用這三個原則去抉擇連詞。例如：

　　〈康誥〉:「惟（此是助詞）乃丕顯考文王，克明德慎罰，不敢侮鰥寡，……用肇造我區夏……以修我西土，惟時怙冒聞于上帝；」「時乃大明服，惟民其勑懋和；若有疾，惟民其畢棄咎；若保赤子，惟民其康乂。」

　　〈召誥〉:「我不敢知曰，不其延；惟不敬厥德，乃早墜厥命；……」

〈洛誥〉：「今王即命曰，記宗，宗以功，作元祀；惟命曰，汝受命篤弼。」

〈君奭〉：「乃惟時昭文王迪見冒聞于上帝，惟時受有殷命哉。」（舉幾個例，可類推。）

這便是跟第（1）個原則的。倘若為：

〈大誥〉：「予惟以爾庶邦，于伐殷逋播臣。」

〈康誥〉：「予惟不可不監告汝之德之說，于罰之行。」

〈梓材〉：「肆王惟德，用和懌先後迷民，用懌先王受命。」

〈洛誥〉：「公無困我，我惟無斁其康事，……」

〈多士〉：「予惟率肆矜爾。」

則可以第（2）原則解釋之。至荒「挈合」成「複連」的，那個也是很多，如：

〈大誥〉：「亦惟在王宮，邦君室，越予小子考翼……」

「亦惟十人迪知上帝命，」

〈康誥〉：「亦惟助王宅天命，作新民。」

「乃惟終自作不典，式爾，有厥罪小，乃不可不殺。」

〈酒誥〉：「又惟殷之迪諸臣，惟工，乃湎于酒，勿庸殺之，姑惟教之。」

〈多方〉：「乃惟以爾多方之義民，不克永于多享，……」

「乃惟成湯，克以爾多方，簡代夏作民主，」

「乃惟有夏圖厥政，不集于享，天降時喪，有邦間之。」

「乃惟爾商後王，逸厥逸，……」

等例子，「乃惟」，「亦惟」，「又惟」，……是也。至若「互連詞」，如「非……惟」，「不惟……亦不……」……等式是，現不再舉例。

「唯」字在〈毛公鼎〉和〈盂鼎〉中，亦作連詞，副詞，助詞用，如《尚書》。都適合于我的原則。如：

〈毛公鼎〉：「唯天庸集乃命」

「亦唯先正，克薛乃辟，」

「迺唯是喪我國，」

〈盂鼎〉：「惟殷邊侯田，粵殷正百辟，率肆于酒。」

等句子單連詞和複合連詞都和《尚書》一致。其作副詞用的，如：

〈毛公鼎〉：「余唯肇巠先王命，」

「今余唯纘先王命，命汝亟一方」

〈盂鼎〉：「今我惟即刑憲于玟王政德，」

「今余惟命女盂，」（以上所用釋文皆吳憲齋本）

故，「惟」字之用，已是很古的字。《尚書》周篇中，共用二百幾十文。差不多篇篇用過，是這字的本身，至東周也沒有多大變化的。

《尚書》連詞，約十五、六樣字形。最常用的，是：「乃」，「惟」，「越」，「矧」，「則」，「今」六樣。其餘如「爰」字，「如」字，「與」字，「至于」等是比較後出的，而尤以「而」字為更後。「肆」字，幾乎是〈大誥〉所獨有；蓋「肆」字在〈大誥〉才是純粹的連詞也。

「越」字也是很古的。在〈毛公鼎〉和〈盂鼎〉中，作「粵」，其用法有二：

（1）第一義的（primary conjunction）

（2）次等的（secondary-conjunction）

不過在〈大誥〉，則總是第一義的連詞。

第一義的連詞（即單純挈合，如算學上的「加號」＋然。）在〈大誥〉，用得很謹嚴。凡許多名詞合在一起，皆必用之。〈康誥〉、〈酒誥〉、〈梓材〉、〈召誥〉等篇，還是在同樣不致用錯的時候；若〈牧誓〉、〈金縢〉、〈顧命〉、〈呂刑〉等，則「越」字之謹嚴時候已失。此留在下文「越」字條詳之。現在將〈毛公鼎〉和〈盂鼎〉的用法，抄來做參考；

> 〈毛公鼎〉：「王曰：父厝粵之庶，出入事于外，專命專政。」
> 　　　　　「小子，師氏。虎臣，粵朕執事，」
> 〈盂鼎〉：「畯正乃民〔在〕（？）粵即事，」
> 　　　　「殷邊侯田粵殷正百辟。」

以上皆屬于第一義的。若次等的，則如：

> 〈毛公鼎〉：「虩許，上下若否，粵四方屃毋動，」
> 〈盂鼎〉：「夙夕紹我一人聞四方，粵我其邁相先王受民疆土。」

「則」字之用，〈大誥〉無之，〈毛公鼎〉，〈盂鼎〉亦無之。惟比較後出（周中葉）的〈舀鼎〉有。竊疑此字與後代太接近，〈大誥〉及二鼎之沒有，不是偶然的吧？

現在將各連詞，分別研究之。

（1）「乃」

篇名	用法	附說
牧誓	1.時甲子昧爽，王朝至于商郊——牧野，乃誓 2.今商王受……昏棄厥遺王父母弟不廸，乃惟四方之多罪逋逃，是崇是長…… 3.今日之事，不愆于六步七步，乃止齊焉 4.不愆于四伐五伐……乃止齊焉	王‖至 　　　　昧爽　于郊—牧野 乃　甲子　　商 　　‖誓。
金縢	5.周公立焉……乃告太王王季文王 6.予仁若考能，多材多藝，能事鬼神 7.乃元孫不若旦多材多藝，不能事鬼神。乃命于帝庭，敷佑四方，用能定爾子孫于下地 8.乃卜三龜，一習吉，啟籥見書 9.乃并是吉 10.公歸，乃納冊于金縢之匱中 　　「武王既喪，管叔及其羣弟，乃流言于國曰，公將不利于孺子」句「乃」字也不是連詞，茲圖解以比較之： 管叔 弟，及　流　言 其羣　　乃　于國， 　　　　武王‖喪， 　　　　　　既	6 之「乃」字乃轉語，而 7 之乃字乃承接語氣，可當「而」字。 公‖歸 　　　乃 　　‖納　冊 　　　于櫃—中 　　　　縢　之 　　　　　金 此句與「王翼日乃瘳」不同。「王翼日」只是個「主語」和「副附」沒有述語，故「瘳」字是述語，而「乃」字為副詞也。 王‖瘳。 　　翌日　乃

篇名	用法	附說
	11.王與大夫盡弁，以啟金縢之書，乃得周公所自以為功代武王之說	
大誥	12.（？）乃有友伐厥子，民養，其勸弗救	此句頗不懂。〈大誥〉只有此句的「乃」字像有做連詞的可能。
康誥	13.周公咸勤，乃洪大誥治 14.于父不能字厥子，乃疾厥子 15.于弟弗念天顯，乃弗克恭厥兄 16.惟厥正人，越小臣諸節，乃別播敷，造民大譽弗念弗庸，瘝厥君時乃引惡，惟朕憝 17.遠乃猷裕，乃以民寧，不汝瑕殄	16「……（那些人）…乃…（如此如此）……我是厭惡的。）此「乃」字；為連詞，可以從此式看出。 第一個乎字是「代詞」
酒誥	18.惟荒腆于酒，不惟自息，乃逸 19.乃不用我教辭，惟我一人弗恤 20.勿辯，乃司民湎于酒	「不肯歇，只是恣縱，」
召誥	21.惟不敬厥德，乃早墜厥命 22.惟不敬厥德，乃早墜厥命	
洛誥	23.作周孚先，考朕昭子刑，乃單文祖德	
多士	24.乃命爾先祖成湯革夏	
無逸	25.厥子乃不知稼穡之艱難，乃逸乃諺 26.乃非民攸訓，非天攸若，時人丕則有愆	第一個「乃」字是副詞。餘二個才是連詞。
君奭	27.乃惟時昭文王迪見冒聞于上帝 28.公曰，前人敷乃心，乃悉命汝，作汝民極	
多方	29.乃大淫昏，不克終日勸于帝之迪 30.乃大降罰，崇亂有夏 31.乃大降顯休命于成湯，刑殄有夏 32.乃惟以爾多方之义民不克永于多享	「乃爾攸聞」句，「乃」字是助動詞（auiliary），不是連詞

篇名	用法	附說
多方	33.惟夏之恭,多士,大不克明保享于民,乃胥惟虐于民,至于百為。大不克開	
	34.乃惟成湯,克以爾多方,簡代夏作民主	
	35.乃惟爾辟,以爾多方,大淫圖天之命	
	36.乃惟有夏圖厥政,不集于享	
	37.乃惟爾商後王,逸厥逸	
	38.乃有不用我降爾命,我乃其大罰殛之	
	39.非我有周秉德不康寧,乃惟爾自速辜	
立政	40.忱恂于九德之行,乃敢告教厥后曰……	
	41.帝欽罰之,乃伻我有夏	
顧命	42.乃受同瑁,王三宿三祭……	
	43.乃命建侯樹屏在我後之人	
呂刑	44.乃命重黎,絕地天通,……	
	45.乃命三后,恤功于民	
	46.苗民無辭于罰,乃絕厥世	

〈毛公鼎〉,〈盂鼎〉的虛字「乃」字皆作「廼」。「廼惟」一詞,〈毛公鼎〉有之,可知這個連詞由來也古。其在《尚書》,用「乃惟」最多者為〈多方〉,可知到〈多方〉時,「乃惟」仍是很流行。不過,〈大誥〉好像不用「乃」做連詞的,這倒是可留意的一回事。「乃」字所用之樣式,有置于動詞前的,如:

　　1.「乃誓」

　　2.「乃告太王，王季，文王，」

　　3.「乃卜三龜，」

　　4.「乃疾厥子，」

　　5.「乃命爾先祖成湯革夏，」

　　6.……

有的置于「副詞」之前的，如：

　　1.「乃不知稼穡之艱難，」

　　2.「乃弗克恭厥兄，」

　　3.「乃洪大誥治，」

　　4.「乃早墜厥命，」

　　5.……

有的置于名詞之前的，如：

　　1.「乃元孫不若旦多材多藝，」

有的在代詞前的，有的在介詞前的，不一而足。

（2）「矧」

大誥	1.歷服弗造哲迪民康，矧曰其有能格知天命？ 2.厥子乃弗肯堂，矧肯構？ 3.厥子乃弗肯播，矧肯穫？ 4.爾時罔敢易法，矧今…… 　　篇中有一句云：「寧王惟卜用，克綏受茲命；今天其相民，矧亦惟卜用。」「矧」字之為連詞，固然無疑，而其句子的樣式，似乎頗不和前面一致。竊疑其句當為：「矧今天其相民亦惟卜用？」文氣才會前後相應。	…弗……矧… …弗……矧… …弗……矧… …弗……矧…
康誥	5.元惡大憝，矧惟不孝不友？ 〔釋：元惡的人，已經大大的可惡了，況說不孝不友者？〕 6.不率大戛，矧惟外庶子訓人…… 〔此句之戛字，若訓為法，則矧字不知作何解；而此句的組織，也不懂了。〕 7.我時其惟殷先哲王德用康乂民作求，矧今民罔迪不適，不迪，則罔政在厥邦， 〔此句之矧字，仍頗不清醒。「矧」字本為「轉語」用的，此為繼承語矣。我們宜著眼。〕 8.天其罰殛我，……惟厥罪，無在大，亦無在多，矧其尚顯聞于天？	……矧……
酒誥	9.不敢自暇自逸，矧曰其敢崇飲？ 10.予惟曰，汝劼毖殷獻臣，侯甸，男衛，矧太史友內史友，越殷獻臣百宗工， 11.矧惟爾事。 12.服休服采，矧惟若疇。 13.圻父薄違，農父若保，宏父定辟，矧汝剛制于酒？ 〔10.11.12.和 13.句，都是用法模糊，最少是不像〈大誥〉那末「第一義」用的〕	不……矧……

召誥	14.今沖子嗣，則無遺壽耇曰「其稽我古人之德」，矧曰「其有能稽謀自天」；	則無……矧…
多士	15.在今後嗣王，誕罔顯于天，矧曰其有聽念于先王勤家？	誕罔……矧…
君奭	16.百姓王人，罔不秉德，明恤小臣屏侯甸，矧咸奔走，惟茲惟德稱。〔這句的矧字，完全和〈酒誥〉的用法一樣！〕17.我則鳴鳥不聞，矧曰其有能格？	不……矧……

　　「矧」字根本便是個「相互」（correlatie）連詞。所以〈大誥〉之用法是「正統」的，周篇十幾篇，用「矧」纔十七次，而合于本來用法的又只八個。可知這個字的比較有趣，——不容易外行地使用。不是麼，〈大誥〉用了之後，固然〈酒誥〉，〈召誥〉，〈多士〉和〈君奭〉也間用得著一次半次，但，已可見其不很自然。且〈召誥〉「則無」之字法，已是不很古了的。這是一點。

　　其次，周篇十幾篇，用「矧」字的，便只是上舉的六篇而已！算是太少吧！〈大誥〉用了四次，占全量四分之一。若照「矧」字第一義用法，則〈大誥〉是占了一半。因為其餘十三句，已九句不是「相互」式的了。所以嚴格些說起來，「矧」字除〈大誥〉外，人家只用過四次，你想少不少呢？這少是什麼緣故呢？不容易使用吧！這是第二點。

　　「矧」字這樣不很通行，不popular，于是我們的懷疑又來了。〈康誥〉不是說同〈大誥〉同時代作品麼？〈康誥〉到底「矧」字用到什麼程度？會不會給牠的不很popular所影響？這到是我們所應該要知道的；于是，我們須得將它來研究研究。

　　我們記住：〈大誥〉的用「矧」，始終是「相互」的，而且沒有換過「否定」的樣式：

「……〔乃〕弗〔肯〕……矧……」

「……罔〔敢〕……矧……」

現在，讓我們來看〈康誥〉，先將句子抄出：

（1）元惡大憝，矧惟不孝不友？

這句句子，要是沒有「惟朕憝」和「罔弗憝」做例，便很費解。但，現在雖是解得通了，而句法是「肯定」的，而且由「相互」的樣式，變為單個的；實在「大」字決不能作連詞也。好，我們再看：──

（2）不率大戛，矧惟外庶子訓人。

這句的句組織，好像和上句很相像，但，不同！「不率」二字，是以「動詞」做名詞麼？「戛」字是不是同「憝」字一樣詞性？若訓「戛」為法，則「不率」又是動詞了，下面「矧」字何接得上？好，「不」字！「不」字！「不」字可以與「矧」字連成一對（pair）了：「外庶子訓人」又是什麼意思？下面有「惟厥小人越小臣諸節，」分明宜合此一氣，于是接以「乃別播敷」以下一節，才會前後相應：真的，這一句委實不懂它的意思了。我們就讓一步說，「不率」二字，是否定的動詞；但，主語又在那兒？所以這一句到底「此路不通」！最少不是「矧」字原來的用法。

（3）我時惟其惟殷先哲王德用康乂民作求；矧今民罔迪不適，不迪則罔政在厥邦。

也是一種「肯定」的句子，而「矧」遂為單獨使用。

（4）天其罰殛我，……惟厥罪，無在大，亦無在多，矧曰其尚顯聞于天？

這句，驟然看去，是很和〈大誥〉的用法相像了；其實不然！「無在大亦無在多」都是「罪」字的限制語，這意思是只在有和沒，並不在大和多；所以要說到個「矧」字還須轉了幾彎呢！我以為這句，是形似而神離矣！最少「矧」字也只是個獨用的連詞！

〈康誥〉用「矧」字和〈大誥〉一樣多了，但，〈康誥〉並沒有用著〈大誥〉所用的「矧」字！這是個必至的結論。

朋友，你還有什麼不明白的地方否？我請你再比較一回〈酒誥〉，便可了然。〈酒誥〉用「矧」字五個，本來，第一句。

不敢自暇自逸，矧曰其敢崇飲？

還不錯，而下面四句，則又大大的別開生面了，

予惟曰，汝劼毖殷獻臣，侯甸，男衛，矧太史友內史友，越獻臣百宗工，矧惟爾事；服休服采，矧惟若疇；圻父薄違，農父若保，宏父定辟，矧汝剛制于酒？

我雖然看了偽《孔傳》、《蔡傳》，但，我真慚愧，我不懂它的結構法是怎樣一種線索的。朋友，你別說我自己不懂，在瞎嚷；好，我也自承認不懂，然而我卻懂得像〈大誥〉般的「矧」字之連詞式！最少，我可以說這些「矧」字的用法，是和〈大誥〉「迴不相侔」的一種！

這段文字，若照《蔡傳》，也好，我們也好承認它是一篇最有力量的好文章。因為它能夠以一個，僅僅一個的「酒」字，做一條絲線，將許多的詞，語，貫成一串，很琳琅的一串；其意若曰：

汝當力戒殷獻臣，侯甸，另衛，（這些人且須告戒，）況太史友（乎？）以至獻臣百宗工，（亦要警戒矣，）況汝所事之事（乎），服休的，服采的，（都要警戒呢，）況汝的疇侶（乎），圻父之官薄違的，農父之官若保的，宏父之官定辟的（都要警戒呀，）況汝剛制于者乎？警戒什麼呀？曰酒！

此段「若曰」──我代它若的曰──不知道可會「不亨」，但，除了這樣解釋外，我實在外行！雖然，外行也好，就讓我不懂〈酒誥〉這段文字，我依然可以請它和〈大誥〉分家。

我不是要引這段文來證〈康誥〉麼？現在證在那兒？曰：「和『不率大戛……』句是一路來的文章！」做〈大誥〉做得比較高明些，便是〈康誥〉；做不得高明，便為〈酒誥〉這幾句！不過，也可以說，〈康誥〉做來，終同〈酒誥〉是兄弟行；因為〈酒誥〉也有做得比〈康誥〉來得好的一句。

〈召誥〉用「則無」，顯然是時代色彩。

「矧」字是轉語，故〈君奭〉一句，我也不懂其前後之關係，于假若用「矧」字的原義。這種句子，我以為是不可通。

「則……不……矧……」句，「則」字依然非〈大誥〉之時代也。

「矧」字用法不出〈大誥〉，而〈大誥〉以外各篇，都用的「似是而非」，是模倣〈大誥〉無疑！夫用字遣詞而必出于模倣，是其時代之距離，又可不煩言而解也。

（3）「越」

大誥	1.猷大誥爾多邦，越爾御事 2.西土人亦不靜，越茲蠢 3.肆予告我友邦君，越尹氏庶士御事，曰…… 4.爾庶邦君，越庶士御事，罔不反曰，艱大 5.亦惟在王宮，邦君室，越予小子考翼 6.義爾邦君越爾多士尹氏御事，…… 7.嗚呼，肆哉爾庶邦君，越爾御事 8.迪知「上帝命」越「天棐忱」	
康誥	9.用肇造我區夏，越我一二邦，以修我西土 10.誕受「厥命」越「厥邦」「厥民」 11.亦惟君惟長，不能厥家人，越小臣外正，惟威惟虐，大 放王命……	
酒誥	12.聰聽「祖考之彝訓」越「小大德」 13.庶士有正越庶伯君子 14.越在外服，侯甸男衛邦伯 15.越在內服，百僚庶尹，惟亞惟服宗工 16.越百姓里居 17.在今後嗣王酣身，厥命罔顯于民祇保越怨不易 18.不克畏死，辜在商邑，越殷國滅 19.矧太史友內史友越殷獻臣宗工	14至18之「越」字，皆作「至于」解。
梓材	20.汝若恆越曰，我有師師 〔此越字之用法大奇創，非前此所有。〕 21.王其效邦君越御事 22.皇天既付中國民越厥疆土于先王	
召誥	23.越若來三月惟丙午朏 24.越三日戊申 25.越三日庚戌 26.越三日丁巳 27.越七日甲子	

	28.誥告庶殷越自乃御事	
	29.茲殷多先哲王在天，越厥後王后民	
	30.小民乃惟刑用于天下越王顯	
洛誥	31.承保乃文祖受民命，越乃光烈考武王，弘朕恭	
	32.予旦以多子越御事，篤前人成烈	
多方	猷告爾有方多士，暨殷多士，今爾奔走臣我監五祀，越惟有胥伯小大多正	
立政	33.亦越文王武王，克知三有宅心，灼見三有俊心，以敬事上帝，立民長伯	此篇之用「越」字，皆連「亦」字，且亦作「至于」用。宜注意。
	34.亦越武王，率惟敉功，不敢替厥義德	
	35.自古商人，亦越我周文王，立政立事……	
呂刑	36.爰始淫為劓刵椓黥，越茲麗刑，并制罔差有辭	
文侯之命	37.亦惟先正，克左右昭事厥辟，越大小謀猷罔不率從	「句連」詞。

　　「越」字在前面嘗說過，有二種用法是初周便有的：(1) 純絜合字 (2) 次連字。純絜合字之用法，是將許多名詞運合一起的。以今語代之，可當「和」字，「同」字；用這「連詞」的規則，自二個名詞以至六、七個不等，其間必有這個連詞。我們倘若以「符號」來代替這個連詞，我們可將各篇歸納得下面些式子：

　　以「＋」代替「越」字。

　　〈大誥〉：1.（名）＋（名）.

　　　　　　2.（名）＋（名），（名）

　　　　　　3.（名）＋（名），（名），（名）

　　　　　　4.（名），（名）＋（名）

　　　　　　5.（名）＋（動名）

　　〈康誥〉：6.（名）＋（形名）

　　　　　　7.（名）＋（名），（名）

〈酒誥〉：8.（名），（名）＋（名），（名）

上面各式，有一名加一名，二名加二名，一名加二名，一名加三名等，不一而足；但沒有過用了三個名詞以上而不用連詞的。于是，我們不得不深致奇訝于下面幾篇了：

1. 〈金縢〉：（名），（名），（名）

2. 〈多方〉：（名），（名）

3. 〈立政〉：（名），（名），（名）

        （名），（名），（名），（名），（名），（名）

        （名），（名），（名），（名），（名），（名），（名）

4. 〈顧命〉：（名），（名），（名），（名），（名），（名），（名），

        （名），（名），（名）

5. 〈呂刑〉：（名），（名），（名），（名），（名），（名）

它們居然從二個以十個的名詞湊在一起，而不加以一個連詞！

〈牧誓〉一篇也有湊很多名詞一起的，但，它在第八個名詞之後，卻加上個「及」字，

6. 〈牧誓〉：（名），（名），（名），（名），（名），（名），（名），

        （名），＋（名），（名），（名），（名）

其文曰：「王曰：嗟我（友邦冢君），（御事），（司徒），（司馬），（司空），（亞旅），（師氏），（千夫長），（百夫長），及（庸蜀），（羌髳），（微盧），（彭濮人）：」

我們于此，從消極方面，〈金縢〉等五篇不用連詞可疑；從積極方面〈牧誓〉用「及」字可疑，其理由因為〈毛公鼎〉和〈盂鼎〉沒有用過，而且同時又用「粵」字（即越）了。（詳前）

（4）「則」

金滕	1. 周公居東二年，則罪人斯得 〔「歲則大熟」句，「則」字是副詞。〕	
康誥	2. 我惟有及，則予一人以懌 3. 不迪，則罔政在厥邦	
召誥	4. 王朝步自周，則至于豐 5. 厥既得卜，則經營 6. 周公朝至于洛，則達觀于新邑營 7. 今沖子嗣，則無遺壽耇曰……	
洛誥	8. 予不敢宿，則禋于文王武王。	
無逸	9. 先知稼穡之艱難，乃逸，則知小人之依 10.既誕否，則侮厥父母 11.厥後立王，生則逸 12.生則逸，不知稼穡之艱難 　此二「則」字驟然看去好像是副詞，其實不是；仍是連詞，意思是「後代的諸王，一出生，便會逸樂過日；一出生便會逸樂過日，不知道稼穡的艱難處，不知道平民的勞苦處，只是從事于快活，……」「立王」之「立」字，是個「動形詞」即叫「分詞」，即是以「動詞」作「形容詞」用的；相當于英文之Particjple。 13.繼自今嗣王，則其無淫于觀于逸于遊于田，以萬民惟正之供 　「時人不則有愆」句之「則」字是副詞。 14.厥或告之曰，「小人怨汝，詈汝，」則皇自敬德 15.人乃或譸張為幻曰：「小人怨汝，詈汝，」則信之 16.則若時，不永念厥辟，不寬綽厥心	
君奭	17.天惟純佑命，則商實…… 〔「我聞在昔，成湯既受命，時則有若伊尹……時則有若保衡……時則有若伊陟……時則有若巫賢……時則有若甘	

君奭	盤」之五個「時則」，皆是副詞。〕 18.今汝永念，則有固命…… 　〔「我則鳴鳥不聞，矧曰其有能格？」句之「則」字是副 　詞。〕	
多方	19.爾尚不忌于凶德，亦則以穆穆在乃位，克閱于乃邑謀介 20.爾乃惟逸惟頗，大遠王命，則惟爾多方探天之威 　〔我則致天之罰，離逖爾土。〕 　〔下句之則字是副詞〕 21.不克敬于和，則我無怨。	亦則
立政	22. 謀面用丕訓德，則乃宅人…… 23.立政立事，牧夫準人，則克宅之…… 　〔「時則勿有間之」，「自一話一言，我則未惟成德之彥，以 　乂我受民。」之「則」字皆是副詞。〕	
顧命	24.……用昭明于天下，則亦有熊羆之士，不二心之臣，保乂 　王家……	
秦誓	25.惟古之謀人，則曰，未就予忌 26.雖則云然 27.尚猷詢之黃髮，則罔所愆	雖則

　　「則」字不見于〈毛公鼎〉及〈盂鼎〉。「則」字之為連詞，已和後代的距離較近。我們只看〈秦誓〉用的那末自然、疏落，便可知道。文章之所謂「神韻」，完全繫于虛字，即連詞助詞。所謂「沉鍊近古」，原是沒有什麼，不過「老師宿儒」們看來若懂非懂，觸目多是「惟」，是「肆」；和所處時代的文章意識，距離太大，則露其富于渾沌的中國玄學性根的意識而贊美之曰「古」耳！實則亦不知其「所以古」也。同樣結構，而用各樣的連詞（不同的字形），假若其不同時代，則讀者遂覺其「古」「近」耳。

　　國人（現代人除外）的欣賞文章，常是說的不可摸捉。在初讀古

文時代，每為之冥思累日，以為他們真是可羨慕，能夠知道我們所不好懂的事！他們張大其辭，使文章越有神祕性，則越為人所希罕。後來，自己漸漸白了，才知道他們的祕密，是很簡單的，曰：「不懂！」

「不懂」是文章的靈魂之鎖鑰！倘若看來有許多不好懂的地方，而那些不好懂，又瞽語瞽德一脈「心傳」，于是不懂也便是懂，惟其能以不懂為懂，才夠奧妙，才夠不可思議，才夠是文章之古！這是中國文化的核心！「中國的心」是：

（1）崇古的！

（2）不好懂的！

一切一切，你要知道麼？你第一須信仰一個絕對萬能，一切「美」的自身的「古」！然後，你宜絕對信仰「不好懂」的「懂」！這裏是在談文法，不要扯太遠；你能夠這末辦，于是文章可以懂了！

不過，我們何必為要「懂」文章，便不惜去信仰「不好懂」呢？我們要懂，只要找「懂」的方法便好了，我請大家去看「連詞」和「助詞」！

「連詞」何以會使文章的「氣韻」變？尤其是「古」「近」之差？我們要知道，連詞的用，是有正接，反接，轉接……等不同的。現在是在研究古代文法，所以只從「古」「近」的原因說一說。「接」既不同方向，則其文氣，自然曲，直不一樣。這些曲直不一致，在後代的文章裏，是各有相當的字的。古代固然未必無，但，在後代的時代意識，看來，便有許多含渾的地方，而尤其是字的用法之演變。倘若個字在甲時代到乙時代，用法完全變了，這還不致生很大的激刺；最有趣的是甲時代的用法，有時殘留下來，于是與乙時代的用法，差異地並存著，自然于乙時代的文章意識，給予以較明顯的激刺，而起一種異感。（故人之好古文，也許是和心理有關。激刺新則趣味濃故

也。）憶往日讀〈檀弓〉，至「孔子哭子路于中庭，有人弔者而夫子拜之。」於「而」字之用法，甚感異樣。本來，在文法上，「而」字是承接下去的連字，如英文的「and」字然；但，因為，在後代文法意識中，「而」是轉語的，可當于「但是」，「人不知而不慍」，「學而不思則罔，思而不學則殆，」「好而知其惡，惡而知其美」……等是，于是于〈檀弓〉那句，便覺異樣，〈禮運〉「大道行也……」段，也便起了同樣的感覺，而「廉吏而可為而不可為」，又更新奇可喜也。

「助詞」之在古代，用的很簡單而少，故其文章的意識，大異後代；這當于下面論「助詞」時詳之。

這裏的話扯的離題太遠了，現在帶住，讓將「則」字說個歸宿，自〈康誥〉至〈秦誓〉時代，〈康誥〉說是武王，——便就是成王也得，時的作品，（在西元前一千年以上）而〈秦誓〉則為周襄王，二十五年（西元前六二七年）所作，這其間四五百年，而其句子結構「不迪，則罔政在厥邦」居然〈康誥〉的文字，會這樣駸駸近代之文如〈秦誓〉之「善戁詢茲黃髮，則罔所愆。」者！〈康誥〉且然，其它如〈召誥〉，〈洛誥〉，〈無逸〉……等，更無論矣。

是，也有的字，終古不變，如「乃」如「我」（然也有演變，不過根本上不至推翻第一義first meaning罷了。）等字者；安必「則」字初周不可有；但，銅器文告訴我們的，只有個中華時代的〈曶鼎〉，其文曰：

　則俾我償馬效
　曶則拜稽首
　東宮乃曰，賞（償）曶禾十秭，遺十秭為廿秭，……則口卅秭，（作……處，因吳愙齋本和呂調陽本不同，故略去。）

　　本來，銅器文字的辨別，是很危險的一回事，這只要略略去看他們各家的詩論，便可知道。不過，我們刻下不能不信任他們；今這句句子，只一見于〈智鼎〉，西周銅器中，這許是僅見。我們就讓這個字不嘗會錯，它也是周中葉的作品，不是初周也。

　　初周之器，〈毛公鼎〉〈盂鼎〉既沒有「則」，〈大誥〉也沒有「則」字，這樣沒有「和議」的情形看來，〈康誥〉已不能自成立其「則」字的提案；「則」字不是〈康誥〉所提出，倒是〈康誥〉給後代的「則」字拉來做招牌，拉得大多次了。

　　不用「則」之篇，固然未必便會是正確時代的作品，但，用不時代的「則」，其不是時代之正確作品，則固斷然無疑也。

（5）「故」「與」「而」「雖」及其它

　　「與」字是個晚出的字，「及」字已少用于古書，何況「與」？「至于」也是晚出。蓋這兩個連詞——「與」和「至于」——的用法，一個「越」字便夠足也。今〈金縢〉篇乃有：

　　　　1.我其以璧與珪，歸俟爾命：
　　　　2.爾不許我，我乃屏璧與珪。
　　　　3.王與大夫盡弁，以啟金縢之書。
　　　　4.二公及王，乃問諸史與百執事。

等清楚的例子，是周篇中的新發明也。

　　「故」字〈酒誥〉有之，〈君奭〉有之，〈呂刑〉有之，也是較晚：

　　　〈酒誥〉：故我至于今，克受殷之命。
　　　　　　　　故天降喪于殷，罔愛于殷。

〈君奭〉：故殷禮陟配天，多歷年所。

〈呂刑〉：故乃明于刑之中，率乂于民棐彝。

「雖」字〈顧命〉及〈秦誓〉見之：

〈顧命〉：雖爾身在外，乃心罔不在王室。

〈秦誓〉：雖則云然，尚猷詢茲黃髮，則罔所愆。

「而」字，乃《春秋》時連詞，故〈秦誓〉有之：

〈秦誓〉：人之彥聖而違之，俾不達。

此外「至于」也是個新鮮的「連詞」。惟見于〈多方〉，然則甚可疑已！

〈多方〉：以至于帝乙，罔不明德慎罰，亦克用勸。
今至于爾辟，弗克以爾多享天之命。

此種用法：乃正是「越」字之「次等」用法，其為「至于」，《春秋》——最少宜在東周——時的連詞了也。「爰始」二字，也見于〈呂刑〉：

爰始淫為劓刵椓黥，越茲麗刑，并制罔差有辭。

這種紆餘的詞氣，是不是《春秋》以前所會有？

＊　　　＊　　　＊

周篇各篇中的「連詞」，大約是這樣了。現在將細目列為一表，

表二十八
《周篇》的連詞

	牧誓	金縢	大誥	康誥	酒誥	梓材	召誥	洛誥	多士	無逸	君奭	多方	立政	顧命	呂刑	文侯之命	秦誓	用次
乃	4	7	1（？）	5	3		2	1	1	2	2	11	2	2	3			45
肆			5															5
惟				16	11	6	4	6	8		5	11	3	1	7	1	3	82
越			8	3	8	3	8	2					3		1	1		38
矧			4	4	5		1		1		2							17
則		1		2			4	1		8	2	3	2		1		3	27
〔今〕	2	2				1	2		2		2	2			3			16
若		1	1			3												5
及	1	1																2
故					2						1				1			4
爰															1			1
用																2		2
如																	1	1
與		4																4
而																	1	1
至于												2						2
雖															1		1	2
																		255

而作結論曰：

看各連詞的用法，以「乃」字「惟」字，「越」字，「妷」字四字為最古。然「乃」字與「惟」字的變化頗少，故使用亦最普遍。「妷」字，則為「互連詞」，其用法為否定「連對」（conjunction-pairs）式；用作肯定，則其勢必成單用，那末，是晚出的方法了。「越」字為單純挈合字（connetive-word），凡二個以上至十幾個名詞相連時，最少必一用之；有時也做「次等」（secondary）的用法，相當于晚出的連詞「至于」。除這四個之外，「則」字，「故」字，「而」字，「雖」字，「至于」等，皆係晚出的字；而諸詞中，尤以「而」字為最後。

我們為要清醒眉目起見，將這結論，製成幾條通則，來做《尚書》的「量尺」：

1. 「惟」字彈性甚大，惟若用為「非……惟」之連詞式時，則係晚出。

2. 「乃」是獨用連詞，可與「唯」字合用，沒有什麼演變。

3. 「越」字是個純粹的挈合字，連絡許多名詞時，必用他。倘若不用，或是用其它同價的字形時，必非「越」字的時代用法。

4. 「妷」字是個「互連詞」，否定樣式，故常與「不」，「罔」等連用；若用作肯定式，成為單連詞時，則非「妷」字的時代用法。

5. 「則」字不是初周連詞，故用「則」字，便不是初周的時代。最多西周末始有之。散氏盤有「則爰千罰千」之句。

6. 「故」字不是初周連詞，故用「故」字，便不是出周時代。

7. 「雖」字不是初周連詞，故用「雖」字，便不是出周時代。

8. 「與」字是「越」字第一義的異形字，後出。用「與」字者必非「越」時代。

9.「至于」字為「越」字第二義（即次等）的異形字，出于《春秋》前後；用此字者，必非「越」字時代。

10.「而」字是東周以後字，盛于春秋、戰國；用此字者，決非西周時代。

周篇的前後，我們固然可將上面幾條通則去量一量；現在且把《商書》的連詞來比一比較看：

〈湯誓〉，第一個連詞便是「而」字，曰：

汝曰，我后不恤我眾，舍我穡事而割正夏。

夫〈湯誓〉，讀者固多覺其文暢易也！今犯10條之通則，豈是偶然的事！

爾不從誓言，予則拏戮汝，罔有攸赦。

此「則」字雖不是連詞，但字形是「則」的，不必計其連不連。犯通則5。

現在要看〈盤庚〉了。

〈盤庚〉是篇大家相信的書，時代在西周以前！但，此說我已一再辨之，周代文體，〈盤庚〉時代必未夠發達得上，倘〈盤庚〉之篇，果與〈大誥〉同其用字遣詞，已瞭然不是商作；況今者，〈盤庚〉且不像〈大誥〉矣；其用第二人稱代詞，與〈費誓〉及〈湯誓〉同；其用「惟」與〈呂刑〉同；是皆明切之證。今其用連詞，仍有甚予人以可疑處，讓我們抄來看看：

〈盤庚〉：

1.相時憸民，猶胥顧于箴言，其發有逸口，矧予制乃短長之
命，……

〈盤庚〉用「矧」，雖則亦有一句用得還不錯，但，是偶然的；因為
這句用錯便可知道了，這句是犯上面第4條通則的。

2.若火之燎于原，不可嚮邇，其猶可樸滅？則惟汝眾自作弗
靖，非予有咎。

犯了上面第5條通則。

3.汝克黜乃心，施實德于民，至于婚友，丕乃敢大言曰，汝有
積德。

犯了上面第9條通則。

4.汝曷弗告朕而胥動以浮言？

這一句到很緊要，在想像中，〈盤庚〉最少不應該有這樣一句句子
的！《周書》中什麼例都可以犯，若是連這個「而」字也犯著了，那
末，〈盤庚〉怕不但不是商作，而且不是西周作嘍！

夫〈盤庚〉之同〈費誓〉，同〈呂刑〉，已奇，今又同〈秦誓〉！
周篇中，便僅僅一個〈秦誓〉有「而」字。這實在是沒辦法，因為
「而」字是「自時厥後」才發達的連詞也！「而」字而可用，我們委
實沒法子替牠——〈盤庚〉——作很古的作品的辯護！

為便利檢查起見，將有關係的〈盤庚〉的連詞，也列為一表如下：

商書中的連詞

	盤庚	湯誓
矧	1. 今不承于古，罔知天之斷命，矧曰其克從先王之烈？ 2. 相時憸民，猶胥顧于箴言，其發有逸口，矧予制乃短長之命？	
則	1. 則惟汝眾自作弗靖，非予有咎。	〈湯誓〉中：「予則孥戮汝」的「則」字雖不是連詞，但，我們宜注意這個「字」。
	〔還有「汝有戕則在乃心」句，「則」字王國維先生謂宜作「賊」解。〕	
至于	1. 汝克黜乃心，施實德于民，至于婚友，丕乃敢大言汝有積德。	
而	1. 汝曷弗告朕，而胥動以浮言？	1. 舍我穡事而割正夏，
越	1. 不昏作勞，不服田畝，越其罔有黍稷。 〔還有「乃有不吉不迪，顛越不恭……」和「亂越我家」等句，這更不是原來的用法了，不是連詞了。〕	
（與）	〔先后丕降與汝罪疾曰，雖非連詞，然宜注意。〕	

4　助詞

《尚書》為什麼會同後代的文章不一樣氣味呢？

以沒有文法自覺的文章意識，來感驗《尚書》，這是件明顯的事，誰都覺得和後代——就《春秋》及以後吧——不同。這種不同，好像覺得是整個的。文法既沒有自覺，自然不知其原因在什麼地方，於是這種說不出的感覺，具體地說出時，便成文章的神祕性，什麼「氣息」，什麼「神韻」，遂為此項的產物。這不但聽者摸不著頭腦，即當

局者（作者，講者。）亦自無明其妙，至少是只知道一點「然」！

其實，除非真的「不可思議」，——這話已是玄學的範圍。徹底的現實主義者必不這樣說——天地間那里有只可以「然」地知道，不可知到「所以」的事？況文章只不過是人類自家結撰以來的，自家結撰出來，還有比之更「忠」者乎！（金聖歎序《水滸》，有「天下之忠……」云云幾句，甚好，故借用牠的術語。）自家親結撰之，則自家便能夠說明之，此理至明，于是我們決可以直截了當地下一斷語曰，文章沒有神秘性！

然則其根本原因——可使人容易誤會為有神祕性的原因，在什麼地方？曰，在助詞！

這話，并不單對《尚書》和《春秋》間作品的分野言。《尚書》之所以不同于《春秋》間作品，從體驗上，整個的感覺上，固然大都由于助詞；然一種文章乃至一篇文章之自身的「氣味」（此種術語，以其較可說明感官的反應，故使用之；不是又有什麼新的神秘也。）也是助詞的關係。這話，固然是屬于修辭的，而且于目下的研究立點上為另一問題，但，正不妨連帶說一說。

在高明的沒有文法自覺的國文——也可名之曰古文家，也會「誨導」其子弟曰，「做文宜少用虛字，非萬不得已時不要隨便使用，」其意事能夠如此，然後文章會較易「鍊」。是的，這話是不自覺的「科學方法」——我們可以這樣說——因為牠是和分合錯綜得來的斷案同價。故用了十七（？）個「也」字的〈醉翁亭記〉，是一篇「奇文」；何則，沒有敢于或能夠這樣使用這末多的同形的「虛字」者也！「虛字」——如助詞，幾乎大半是在「舒氣」。「言之不足，故嗟嘆之」這句話借用來做「助詞」的注脚，到很確當。故欲「鍊」（借用他們的術語），則「氣」（語氣的氣）宜節制，如古文家所謂「大涵細入」，不要讓牠如「莊生」的思想般的「放浪」，宜像「左氏」般的

「莊嚴」！夫如是，「助字」之如何使用，思且過半！（古文家將于此處批一語曰，「此結甚雋」，一笑）。

其實「助詞」之在國文，其用法之重，也不全在「助」語氣。此乃我一個最重要之發見！前此，沒有人提出，亦即是沒有人見得到。我常常要這樣疑問：

（1）英文沒有助詞，為什麼文章仍是完美呢？

（2）助詞果然僅是個「助」詞，為甚不好去掉呢？

這二個問題，第二個可再加以解釋。果然謂之「助」，則去掉時，當沒有什麼大影響才對。小影響我們可以承認其可有，因為這是「助」的所以會成立個詞之基點，例如：（甲）

1. 性相近也，習相遠也。

2. 子游對曰，昔者偃也，聞諸夫子曰……小人學道則易使也。（《論語》〈陽貨〉）

3. 子曰，吾未見好德如好色者也。

4. 子曰，後生可畏，焉知來者之不如今也？

5. 子曰，歲寒，然後知松栢之後彫也。（〈子罕〉）

6. 義然後取，人不厭其取。子曰，其然，豈其然乎？

7. 子曰，溫故而知新，可以為師矣。

8. 大車無輗，小車無軏，何以行之哉？（〈為政〉）

9. 子曰，……臨喪不哀，吾何以觀之哉？（〈八佾〉）

10. 喜怒哀樂之未發謂之中，發而皆中節謂之和；中也者，天下之大本也：和也者，天下之達道也。

11. 凡為天下國家有九經，曰脩身也，尊賢也，親親也，敬大臣也，禮群臣也，子庶民也，來百工也，柔遠人也，懷諸侯也。（〈中庸〉）

12. 子思曰，喪三日而殯，凡附於身者，必誠必信，勿之有悔焉
    耳矣；三月而葬，凡附於棺者，必誠必信，勿之有悔焉耳
    矣。

13. 世子曰，「不可，君安驪姬，是我傷公之心也」曰，「然則蓋
    行乎？」世子曰：「不可，君謂我欲弒君也。天下豈有無父
    之國哉？吾行何如之？」（〈檀弓〉）

14. 是故易者，象也；象也者，像也，象者，材也；爻也者，效
    天下之動者也；

15. 萬物出乎震，震，東方也；齊乎巽，巽，東南也；齊也者，
    言萬物之絜齊也；離也者，明也，萬物皆相見南方之卦
    也。……坤也者，地也；萬物皆致養焉，……坎者，水
    也，……，（《易》〈說卦〉）

現在不再舉了，因為舉是舉不盡的；也不引太廣，因為書是很多的；
這不過隅以三反罷了。這十五個例，凡有「也」字，「乎」字，「矣」
字「哉」字的，都可以去掉，而所失去的，只是一些些的較充滿的語
氣而已，于主要的意義，可說是絕沒有改變的。「助詞」之在這些地
方，不錯，是「助」詞。也好，就讓再讓一步：

16. 子貢問師與商也孰賢。子曰；「師也過，商也不及，……」
    （《論語》）

17. 夫乾，其靜也專，其動也直，是以大生焉……

18. 言天下之至，頤而不可異也；言天下之至動而不可亂也。
    （《易》〈繫辭〉）

等句中，「師也過，商也不及，」而去「也」字為「師過，商不及，」

「過」和「不及」雖語氣甚促，（所以助詞的「助」語氣的話，才很成立）而都是形容詞，可為句子的「表詞」，于文法上也不錯；夫乾，其靜也專，其動也直」也可節為「其動靜專，其動直」，「言天下之至賾……」二句，也可為「言天下之至賾而不可惡，言天下之至動而不可亂」，則「助詞」豈不是僅僅果真個「助」詞而已嗎？

但，所謂「助詞」者，恰恰僅如此不是呢？

我們知道，西文之所以不須助詞，其原因有三，就是：

　A.格式的特殊結構

　B.有相當的詞性，如副，代等。

　C.有相當的符號，不是文字。

這可舉例說明：置「動詞」于「主詞」之前而成為問句，此A式也，如"Is", "Dose it"之類是；有「疑問副詞」，「疑問代詞」此B式也，如"Why…", "How…"是副詞；"Who…", "What…", "Whose…"是代詞，之類是；屬于C式者，那更不消說，如「？」如「！」是也。這雖是只說明相當于「乎」，「哉」，「歟」，「耶」一類的助詞的；而關于和「也」，「矣」等詞相當者，仍可由動字擔任之，如will之以would, shall之以should, can之以could，來加重語勢（emphasize）是也；乃至may, ought…之類，都是這一類的可用的字。

這樣看來，並不是西文沒有「助詞」，而是助詞的樣式和我們的國文不同罷了，關于代詞，副詞，我們也有可以相當的字，如：

　　何事非君，何使非民？

　　衛君待子而為政，子將奚先？

　　有是哉子之迂也！奚其正？

　　誦詩三百，援之以政，不達，使于四方，不能專對，雖多亦奚以為？

之類。不過國文沒有和英文的A式一樣，于是便不得不有另一種字以表現之，而於C式，則補足之！究其內容性質，正正同一也。

我這同一之說，初不是「約數」式的說話，而是正確的發見。上面說英文還以動詞幫助句子的氣勢，這句話到很緊要。動詞可幫助語言的氣勢，于是國文的「助詞」也依然有「動詞」般重要的存在。

「動詞」之在一句也，其重要已為人所知道。（當然是說述語的動詞）沒有動詞，不能成為句子，這是句很粗淺的話；惟其是很粗淺，所以見其重要。句子中本也有所謂「表詞」者矣，即以形容詞代述語的職務；然其在「論理」上（logic），仍是和動詞述語同價。句子中，也有所謂「句子詞」矣（sentence-word），而我們之了解之，仍是「一個完全的句子」地，換句說，姑以「來」字做例，即是叫對方的人或物「你走來」或「你向這兒來」或「你朝著我身邊來」或「你來這兒看一朵花」或「……」的也。倘若我們的意識完全沒有這樣的一個完全語氣時，則這個「來」字，必是從一個正在認商務印書版出版的「方字」，而偶然念到一個「來」字，或是其它同類的情形而已，于是這也不成其為一句話，絕對，絕對，絕對是必經過夠足的「論理」條件者也。

今國文之「助字」也，曰，有的會同時是句子中的述語！

這話，驟然必有許多人不明白。現在且舉例子來看一看後再說話。

我們知道，一句句子，沒有述語，往往是不好懂而且好笑的。如《論語》：

學而時之，不亦乎？

朋自遠方，不亦乎？

人不而不，不亦君子乎？（其實「君子」二字便是述語了）

〈禮運〉：

> 大道之也，天下公，賢與能，信睦，故人不獨其親，不獨其
> 子，老所，壯所，幼所，矜寡孤獨廢疾者，皆所，男，女，貨
> 其地，不必已，力其不于身，不必已，是故謀而不，盜竊亂賊
> 而不，故外戶而不，是大同。

　　是也。這隨處什麼地方，都可以一看就明白。今「助詞」雖未必
全會這樣，而且也未必竟有這樣的重要者，但，相當的，把助詞去
掉，于某種情形中，也便會有這樣一類的好笑發生。我試漸次舉其例
子如下：（乙）
　　因為比較常讀之便，先舉《論語》：

1. 先進于禮樂，野人，後進于禮樂，君子。（去兩「也」字）
2. 子曰，「孝，閔子騫！」人無間于其父母昆弟之言。（去
　　「哉」字）
3. 顏淵死，子哭之慟。從者曰，「子慟！」（去「矣」字）
4. 子曰，回，視予猶父，予不得親猶子；非我，夫二三子。
　　（去四個「也」字）
5. 閔子侍側，誾誾如；子路行行如；冉有子貢，侃侃如；子
　　悅。（去三「也」字）
6. 子曰，小人，樊須！（去一「哉」字，一「也」字。）
7. 子曰，魯衛之政，兄弟。（去一「也」字）
8. 子適衛，冉有僕，子曰，庶！冉有曰，既庶，又何加？（去
　　二「矣」，一「哉」皆正煞助詞）
9. 冉子退朝，子曰，「何晏」？對曰，「有政，」子曰：「其
　　事！」（去二「也」字）

10. 林放問禮之本，子曰，「大問！」（去一「哉」字）

11. 君子無所爭，必射！揖讓而升……（去一「也」一「乎」字）

12. 周監於二代，郁郁文！吾從周。（去一「乎」「也」字一字）

13. 子曰，不得中而行之，必狂狷！（去一「也」一「乎」字）

14. 「君子若人！尚德若人！」（去二「哉」字）

15. 問子西，曰：「彼！彼！」（去二「哉」字）

16. 蘧伯玉使人於孔子……使者出，子曰：「使！使！」（去二「乎」字）

17. 子擊磬於衛，有荷蕢而過孔氏之門者曰：「有心擊磬！」既而曰：「鄙，硜硜乎莫已知！斯已而已！」（去一「乎」一「哉」一「哉」一「也」一「矣」字）

18. 子曰，「直，史魚！……君子，蘧伯玉！」（去二「哉」字）

19. 師冕及階，子曰：「階」，及席，子曰，「席」。（去二「也」字）

20. 子曰，「甚，吾衰！久，吾不復夢見周公！」（去二「矣」一「也」字）

21. 「丘之禱久！」（去一「矣」字）

22. 「拜下，禮，今拜乎上，泰。雖違眾，吾從下。」（去二「也」字）

23. 子曰：「苗而不秀者有，秀而不實者有！」（去二「矣夫」字。）

《易》〈繫辭〉：

24. 是故吉凶者，失得之象，……六爻之動，三極之道。

25. 君子之所動，天地。可不慎乎？（去一「也」字）

26. 子曰：夫易何為者？夫易，開物成務，冒天下之道如斯而已者。（去二「也」字）

27. 天地之道，貞觀者；日月之道，貞明者；天下之動，貞夫一者。（去三「也」字）

〈檀弓〉：

28. 孔子少孤，不知其墓，殯於五父之衢，人之見之者，皆以為葬；其慎，蓋殯，……。（去三「也」字）

29. 伯魚之母死，期而猶哭，夫子聞之曰：「誰哭者？」門人曰：「鯉」，夫子曰：「嘻，其甚！」（去一「與」二「也」字）

30. 大功廢業，或曰：大功誦可。（去一「也」字）

31. 孔子與門人立，拱而向右。二三子皆尚右。孔子曰：「二三子之嗜學，我則有姊之喪故。」……（去二「也」字）

32. 仲憲言于曾子曰：「夏后氏用明器，示民無知：殷人用祭器，示民有知；周人兼之，示民疑。」曾子曰：「其不能……夫明器，祭器；祭器，人器。（去「五「也」字」）

33. 狄儀有同母異父之昆弟死，問於子夏。子夏曰：……「魯人則為齊衰。」狄儀齊衰。今之齊衰，狄儀之問。（去一「也」字」）

34. 君臨臣喪，以巫祝桃茢，執戈，惡之。（去一「也」字）

〈文王世子〉：

35. 公族之罪，雖親不犯有司，正術（一）；所以體百姓（二）；
　　刑于隱者，不與國人，慮兄弟（三）；弗弔弗為服，哭於異
　　姓之廟，為忝祖，遠之（四）；素服居外，不聽樂，私喪之
　　（五）；骨肉之親，無絕（六）；公族無宮刑，不剪其類
　　（七）。（共去七「也」字。）

不抄了，舉是舉不了例子的。我們看這許多例子，不是差不多都要好
笑起來嗎？并不是好笑其沒有「助詞」，而是好笑其不成說話。試將
這三十五條例子，去和前面十七條純係「助詞」的例子比一比看，不
是關係大不一樣嗎？前面十七條固然是「助詞」，但，這三十五條所
用，不都是「助詞」嗎？不但外形是「助詞」，抑且內容也分明是擔
任有「助詞」的責任。這不很明白「助詞」是怎麼樣一回事了麼！

　　「助詞」之在疑問句子，除用代詞「何」，副詞「豈」……等，
已如上述者外，其用如英文之「？」號者「乎」「哉」等字，這裏三
十五條還定全沒有用來作例呢。不然，好笑的內容便越多了。如：
（丙）

1. 觚不觚。觚。觚。
2. 禮云，禮云。玉帛云。樂云樂云。鐘鼓云。
3. 曰。「子慟矣。」曰。「慟。」
4. 言忠信，行篤敬。雖蠻貊之邦。行矣。言不忠信。行不篤
　　敬。雖州里。行。
5. 子曰，論篤是與。君子者。色莊者。

之類，豈不是不知道說什麼了麼即前面三十五條，因為有了標點，還
不致一團糊塗；否則，真的不知道甚的。

到這裏，我已是可以答我的疑問了，曰：

（1）英語的沒有助詞，是「助詞」變相了。

（2）「助詞」在國文之所以不能去掉，是因有不止做語尾之「助」。

故我曰：「助詞是兼一部分述語的用法的，有時。」

現在可以說到《尚書》了。

《尚書》不是簡直沒有「助詞」的嗎？除了《虞書》、《夏書》，幾乎商、周二書所有夠不上五十個。這不要說別的《易》〈繫辭〉四千多字，居然用了差不多二百個「助詞」這一點來比較，便知道《尚書》和後代載籍的分野。「助詞」的有無，使我人感應《尚書》和他書不同，也不錯。可是，《尚書》雖然沒有相當的助「詞」，而其文章仍是好好另成一種，也並不會覺得好笑，不成話，如前面（乙）三十五條的例子然。是知不一樣給予我以和後代文一般的感覺的原故，不完全由於像前面（甲）十七條的僅僅在完滿語氣，而無關于主要意思那樣一種「助詞」之缺乏，益可得一證明了。

于是我人可以得一結論曰：

1.《尚書》之正確時代，無確立的「助詞」。

2.因為無助詞之故，故另成一種不需要助詞的文體。

3.故《尚書》之所謂「助詞」者，幾乎多少是「歎詞」罷了。

4.後代──東周以後的「助詞」便不然！大規模的，有組織的！故應用甚發達。

5.為其應用的規模大，故同時其文體的一部分生命寄于「助詞」之上。故其所謂「助詞」，兼有述語之重要。

6.故《尚書》不需要「助詞」而《尚書》成文。

7.而後代文則有時竟因無「助詞」而不成話或或反意義也。

8.此即正確的《尚書》和後代文的界線。

　　這樣看來，《尚書》各篇的文章，無論如何，都不同于後代文體，則豈不是又都是真時代的書了？曰，這又不然。《尚書》除〈大誥〉是真書，其餘有的不全真，有的不真，都是有的。真的不消說；不全真的是後人增加，不真的是後假作。既欲假作，也自聰明，會從古書裏去搜快材料來綴成完篇，這在歷來駁「古文」派的作品中，我們是可明白的。材料搜也是搜會完的，不夠用的，于是模倣；雖然不大了然于文字的結構，但，輕易不敢坦白地寫下，有時或許硬加上一兩個虛字。如「惟」字這字，在古代文章中，是頗緊要的。我頗頗感到《尚書》之所以可以不需要「助詞」，「惟」字的幫助不少。「惟」字分明由來甚古，所以模倣的人，大家眼熟，于是大用而特用。卻也不錯，能夠乾用惟，破綻自然也不容易看出了。

　　不過《尚書》的假作，初並不是同時同地。如《商書》，大概是一個時期，《虞書》、《夏書》是個時期；周篇中也許有好些是一個時期。是甲倣乙去續作也好，是甲做幾篇，或乙丙等共做幾篇也好。于是全部《尚書》湊成。不過時代的意識，是終久會有機會竄出的，于是〈堯典〉的文章，已有的為要避去「助詞」而不成話，如：

　　　湯湯洪水方割……下民其咨，有能俾乂？

是不可通的，因為是硬刪去「助詞」、「者乎」之類的字的，于句子結構用詞，皆不能成立。（可和上面乙三十五條和丙等參看）至到：

　　　帝曰，吁，囂訟可乎？

之句，模倣之不高明——也可說是技窮——可以概見。我們看前面（乙）第30條：

　　大功廢業。或曰：大功，誦可也

因為去了個「也」字，便不成話。但，「也」字還比較上負了一部分
「助動詞」性；至若是反駁式的語氣，像「囂誦可乎」者，要是去了
「乎」字，

　　囂誦可

豈不是壞透？于是「乎」字不得不加上；「乎」字不得不加上，而
〈堯典〉之時代意識，不知不覺間漏出來了。

　　這句句子根本上之所以誤，是在用說明句（declarative sentence）
作問句。在英文，普通的問句，是動詞移置主語之前，或是加以特備
的do, did等字；但，也可將敘述句子，做問句用，在聲音上，將提高
一些足以成其「疑」的神氣，如：

　　Mary——You never thank her ladyship.

　　Shemus——Thank her, for seven half pence and silver bit?

　　Teig——And for this empty purse?

　　——*The Countess Cathleen*

　　第二、三句之例是也。而在視覺方面，宜有「？」之號。今〈堯
典〉之此句亦猶是也。既以「說明句」的組織法來做疑句，則非有與
「？」或提高聲音的讀法。（可以「，」表之）同價的字不可，理則
然也。

　　從幾種其它的詞類之用法——，如「而」，如「之」……等——
我們已老覺得〈堯典〉的後代文的面目，是掩不了的。此外，我們還
看出牠有很多的簡短的問答句子。這種特別瑣碎的句法，也是要避免
助詞的使用的。

〈皋陶謨〉和〈堯典〉正是一鼻孔出氣的。

現在將「助詞」之表列下，以供參考：

篇名	詞	用法	篇名	詞	用法
牧誓	矣	1. 王左杖黃鉞，右秉白旄以麾曰，逖矣，西土之人	立政	矣	17.拜手稽首后矣 18.咸告孺子王矣 19.孺子王矣，其勿……
牧誓	焉	2. 今日之事，不愆于六步七步，乃止齊焉 3. 不愆于六伐七伐，乃止齊焉	呂刑	哉	20.嗚呼，念之哉 21.嗚呼，敬之哉 22.尚明聽之哉
牧誓	哉	4. 夫子勗哉 5. 勗哉夫子 6. 勗哉夫子	文侯之命	哉	23.父往哉，柔遠……
金縢	焉	7. 為壇於南方，北面，周公立焉	秦誓	哉	24.是惟艱哉 25.亦職有利哉 26.亦曰殆哉
康誥	哉	8. 封，汝念哉 9. 汝念哉，無我殄享	盤庚		27.往哉生生，…… 28.百執事之人，尚皆隱哉
召誥	哉	10.有王雖小，元子哉	盤庚		
無逸	哉	11.無若殷王受之迷亂，酗于酒德哉	商周之篇，「助詞」盡在這裏了。惟〈大誥〉尚有「哀哉」，「肆哉」二句，未嘗列入。合之可得三十條。竊以為「焉」、「矣」二字是晚代的用法。即「哉」字也並不是很發達的字。		
君奭	哉	12.惟時受有殷命哉 13.襄我二人，汝有合哉			
多方	哉	14.自作不和，爾惟和哉 15.爾室不睦，爾惟和哉			
立政	哉	16.休茲知恤鮮哉			

還有〈大誥〉二「已」、〈康誥〉三「已」、〈梓材〉一「已」字，用法都是少見的。然〈康誥〉是學〈大誥〉則可斷然。

三　成語[7]

這所謂成語，是以下面的意義解釋的：

（1）字組（word-group）

（2）參合詞（compownd）

（3）孳乳詞（derivation）

「字組」，即是「文法地」組合的字們；如「于伐殷逋播臣」之于「予惟以爾庶邦于伐殷逋播臣」，「以于敉寧武圖功」之于「民獻有十夫予翼。以于敉寧武圖功」，（〈大誥〉）「殺越人于貨」之于「凡民自得罪……殺越人于貨」，「不于我政人」之于「不于我政人得罪」，（〈康誥〉）「司民湎于酒」之于「勿辯乃司民于酒」（〈酒誥〉），「祈天永命」之于「王其德之用，祈天永命」，和「用供王能祈天永命」（〈召誥〉），「敬天之休」之于「公其以予億萬年敬天之休」，和「棐民彝」之于「聽朕教汝于棐民彝」，「朕子懷德」之于「其永觀朕子懷德」（〈洛誥〉），「于觀于逸于遊于田」之于「則其無淫于觀于逸于遊于田，以萬民惟正之供」（〈無逸〉）……等是。「參合詞」，即是不可以分開講，幾乎看在一個單辭用的，如「威用」之于「天降威用」（〈大誥〉），「不靜」之于「西土人亦不靜」（〈大誥〉）「考翼」之于「亦惟在王宮邦君室越予小子考翼」（〈大誥〉），「大投艱」之于「遺大投艱于朕身」（〈大誥〉），「衣德言」之于「紹聞衣德言」（〈康誥〉）。「廸屢」之于「廸屢未同」（〈康誥〉），……之類是。「孳乳

7　〔校案〕《週刊》原刊標作「四」，據何定生〈致余永梁〉（1928年11月7日）的通訊，則當作「三」。

詞」，是由某種個字轉綴而成就新的辭的，像，「攸濟」，「攸終」，「攸受」，「攸畢」（〈大誥〉），「丕顯」，「丕遠」，「丕則」，（〈康誥〉），「丕享」（〈梓材〉），又〈多士〉，〈多方〉，〈洛誥〉，〈呂刑〉等之「有辭」，〈大誥〉之「有指疆土」，〈酒誥〉之「有恭」，〈洛誥〉之「有遘」，〈多士〉之「有僚」，〈無逸〉之「有愆」，〈君奭〉之「有祿」……等都是。

　　「字」組也可以說「短句」（clause），我們可以永久從字面解釋；「參合詞」，和「孳乳」詞則不能純靠字面。像，「大投艱」，「投」字既不能「摘也」或「摘，搔也。……一曰投也」，又我人也可因而曰「投，搔也」一類地解釋，亦不能像「投我以木瓜」（《詩經》）或「投袂而起」（《左傳》）一般解釋，何也，「大投艱」初并不是「文法」地的字組也。故彼好笑之偽《孔傳》的「遺我甚大投此艱難於我身」，固不成話；而以偽《孔傳》為藍本之《蔡傳》的「天實以其甚大者，遺于我之身：以其甚艱者投于我之身」，亦不但不知「甚大」「甚艱」是甚麼，抑且將句子截為「遺大」「投艱」；孔穎達之《疏》，亦不過更從而割裂申說之，皆無當也。遺什麼？大！乃至投什麼？艱！是孔蔡等皆以「大」「艱」為二個名詞；然則「罔不反曰『艱大』……」的「艱大」二字，要怎樣措置呢？不但如此，「今天降戾于周邦，惟大艱人，……」的「大艱人」幾乎像「三才」的分立了麼？這真不知道是怎樣一回事的結構！難道這是三個「句子字」（sentence-word）麼！朋友，你有沒有見過這樣的文法？又，「予不敢閉于天降威用」，「威」，《說文》：「姑也，《漢律》曰婦告威姑」；「用」，《說文》：「可施行也，」固絕不相干，即偽《孔傳》雖說的「謂誅惡也」，而始終不能夠將「威用」析說，曰：「不敢閉絕天所下威用而不行將伐四國，」可見：即孔穎達「天有此道，王者用之；用之則開，不用則閉」的《疏》，終也不得不緊接「言我不敢閉絕天之

所下威用而不行之」，故「威用」這個「參合詞」，必不能以字面分析也。不但「參合詞」不可分柝，即「孳乳詞」也是不能從字面解釋的；像「有辭」，《說文》以「不宜有也」釋「有」，以「說也，從岛，辛；岛，辛，猶理辜也」釋「辭」，而用于「夏弗克庸帝，大淫佚有辭」，或「惟帝不畀，不明厥德，凡四方小大邦喪，罔非有辭于罰」，豈不是和偽《孔傳》背馳了？《孔傳》曰：「不能用天戒，（弗克庸帝）大為過逸之行，（大淫佚）有惡辭聞于世（有辭）。」；又曰：「無非有辭于天所罰（罔非有辭于罰）」，言皆「有闇亂之辭。」《說文》的「辭」是「理辜也」，此則是「惡辭」，不明明相去遠甚？且知不「辭」何以會變為「惡辭」？「有」字《說文》那樣講固不對；即以為「有無」之有，也是笨伯！其實「有辭」這種辭之為「孳乳」的，是痕迹宛然的。偽《孔傳》既不懂牠的道理，勉強從字面推敲，且將積極詞——最少也不是消極的——變為消極辭，其謬誤乃當然的結果。

在《尚書》中，我們很可以從因為老是——或不得不——從「成語」的字面剌取一二意思以自作解的緣故而看出模倣的痕迹來。較笨的，將甲義用成乙義，這固不消說；聰明些者，或依樣葫蘆，或割裂緞湊，也終逃不了「不真懂得」的量尺！在倣作者當時，尚有其當時的某種時代成語的意識，故從原來的某種「成語」樣式，變為另一種的（固然不是他們所欲，但，他們沒有法避免，因為沒有成語原質的自覺。）成語。後代之人，如偽《孔傳》等，則并其換過的另一種意識而無之，遂老從字面上著想，則去《尚書》愈遠；且不知其某種「成語」到底是什麼意思，更何論如何構成？至各篇關係的迹象，更不消說要希望有人發見了。

《尚書》的成語之在《尚書》文法研究上，委實是重要的一部分。「助詞」之于文章，還不過幾個。如「也」、「乎」、「與」……

等，寥寥可數，故容易提醒人家的乖覺。「成語」則不然。假若真有一篇古代的文章，文章而有「成語」，這是件免不了的事，而且也沒法子以非其時代的意識去分析，後人要做作，自然不能著力于模倣徹底，故倣作則倣作矣，露綻委實防不勝防。這又是很明顯的道理。故我在這《尚書》時代的研究中，「成語」到是更有力量的分析時代的工具。

在我們還沒有法子可以發見〈大誥〉也不必是真時代的作品之前，我姑且以〈大誥〉做研究的目標。（不是標準）據我的「代詞」，「虛字」，和「助詞」研究所得結果，〈大誥〉好像真的成分很多很多——幾乎可以說是真的，至少在《周書》各篇中，可以是這樣承認。或許是「衍」、「漏」、「錯」、「譌」，或許是夠不上懂，是的，〈大誥〉也有不為我所能了了然處。但，統一的可懂的範圍之內，〈大誥〉仍是正確——假若有所謂時代的正確——的。所以，為敘述和閱看的便利之故，以〈大誥〉的「成語」為目標，依次排列，漸推以及于它篇，作詳細的分析、比較，使其關係釐然；也因為這裏有側重于「時代」方面的要求，所以沒有相互關係的「成語」，便不逐一去解釋。然而，其相互關係之可得而言者，也已經不少了。

所謂以〈大誥〉的成語為目標者，例如，屬于「廸」字的成語，如〈康誥〉的「廸屢」。「廸知」，「廸吉康」，〈酒誥〉的「廸畏」，〈洛誥〉的「廸格保」，「廸從子保」……等，皆率歸〈大誥〉的「哲廸」一類；又，因為其關係的痕迹是明顯的，故其「字形」之倒置轉換，皆不有定序，初不必因「廸哲」而其它成語都為「？廸」的樣式也。現在，讓我們來看《尚書》「成語的把戲」。

1　哲廸

〈大誥〉：「歷服弗造哲廸民康」這八個字，就偽《孔傳》的「服

行其政而不能為（造）智道（哲）以安人故使叛，（廸民康）」話看來，「哲廸」二字是分開的，故《蔡傳》曰：「弗能造明哲以導（廸）民於安康」，然而膽子已小了許多，不敢輕易放過原文的字形。照他們的話，〈大誥〉這八個字的句讀，宜若：

歷服弗造哲，廸民康，……

這說是說得過去的，不過在文法的關係上已不清醒，一；而在成語的關係上，更是割裂，二。蓋「弗」之與「矧」，是個「互連詞」（correlative），故全句是：

歷服，弗造哲廸民康，矧曰其有能格知天命！

其連詞式為「……弗……矧……」，「弗」字要醒現，故不應有再起的語氣如「廸」字下屬為短句；而且「哲廸」是成語。

我以為「哲廸」在這裏不是作名詞用的，這有二個理由：（1），和後文「廸知上帝命」的性質同，（2），和「格知天命」的組織同。

歷服，
弗造……哲廸……民康，
矧曰，……其有能……格知……天命！

而「廸知」和「格知」固皆作述語用的動詞也。故此句必不是作「弗造哲廸〔于〕民康」解。

然而〈無逸〉要來試伎倆了，曰：

嗚呼，自殷王中宗及高宗及祖甲及我周文王，茲四人迪哲。

作〈無逸〉者，取〈大誥〉而讀之，自責為「弗造哲迪……」，不「格知天命」，然而文王以及其它名王，是「克自抑畏（天命）」的，是會「受命」（天命）的，可知其會「哲迪」了。作者只要「哲」、「迪」二字是有來歷，故雖使句子成為──

　　弗造哲迪，民康，

「民」既「康」矣，上下文的鉤連斷，也是不暇顧惜的；但，又以為依樣葫蘆，或不免露出馬腳──這是造作者的最顯現而亦最脆弱的心理──于是「顛之倒之」以成為──

　　茲四人迪哲。

于是「哲迪」一轉而「迪哲」，又由外動詞而變為形容詞性的述語。
　　也許非完全不敢依樣葫蘆，而是不能依樣葫蘆；蓋這兩個字，沒有「迪知」一詞那末通俗。
　　「迪知」一詞，實在通俗的多了，故〈大誥〉的──

　　亦惟十人，迪知上帝命，越天棐忱，

一出，〈君奭〉和〈立政〉便試用之。〈君奭〉的乖還好，以為「上帝命」改作「天威」，雖不中必不遠，于是慨然曰：

　　亦惟純佑，秉德，迪知天威，

〈君奭〉雖同時也自創非〈大誥〉、〈康誥〉、〈多士〉、〈洛誥〉等所有
的「迪惟」、「迪見」、「迪」……等新成語，然此處可無甚破綻處了，
乃〈立政〉之用「迪」也，雖也若欲與〈君奭〉結不解緣，卻沒得
〈君奭〉的作者而問之，于是又參照〈大誥〉而顛倒之曰：

> 籲俊尊于上帝迪知，忱恂于九德之行。

這是何等整齊的句子！然而「迪知」至此而又成為名詞了！

　　「迪知」何以成為「名詞」呢？這不得不讓我們來看一看聰明的
〈康誥〉。〈康誥〉用「迪」三次，而絕不令同于〈大誥〉，雖〈康
誥〉有時也不得不學學一回，然到底是聰明的。〈康誥〉曰：

> 今惟民不靜未戾厥心迪屢未同

這十三個字，無論是：

> 今惟民（的）不靜未戾，厥心（的）迪屢未同

或是，

> 厥心（的）迪，屢未同，

都好，都是後來像〈多方〉的：「不克終日勸于帝之迪」，〈呂刑〉的
「……伯夷播刑之迪」的藍本。說這「迪屢」，欲妥當，仍是以為個
不可分析的「成語」好。我們知道它是和「迪」「哲」等有多少相近
便夠了，實實在在像：「今民罔迪不適，不迪，則罔政在厥邦」，「爽

惟民其迪吉康，」之「迪」字，要是必確確鑿鑿，說是什麼，我終以
為牽強，幾乎，讀古書的態度，我以為只要取論理學上，積極，消
極，肯定，否定。絕對，相對，等去對付詞，句，篇，章好了。非十
分清楚正確時，仍是不必輕易強作解事的。

　　我以為這是一種最忠實的態度，而且，我們的研究進行，初並不
因此而發生阻礙，我們將一切詞、句，都納于文法分析的試驗室裏，
我們不必懂它也得。像一個作偽的人。他的一切秘密我們都不能前
知。然而他終不能逃某種條件之試驗。這裏忽然想起《水滸》的戴宗
傳假信來。戴宗跑路快，則不怕耽擱，這是一面；亦不怕早歸，這又
是一面，反正遲早是沒有問題的。信是蕭讓寫，圖章是金大堅刻，就
是兒子蔡九，也不能不認識老子的字的，文件沒有問題。這皆蔡九所
不知的秘密也。然而，父信寫給子而用諱，一迫；到時為昏夜，出發
為拂曉，于是相府乃「閴無其人」，二迫；「敢」有些髭鬚的商量，這
真逼窄到更沒有可走的路了，于是戴宗的秘密，初不必宣之于口，而
可知矣！

　　今我人便認〈康誥〉的「迪屢」為：

　　　　今惟民（又）不靜，（又）未戾，厥心（又）迪（的）屢（了）
　　　　（仍）未同，

也好，而〈多方〉之秘密，仍可得而窺。〈多方〉曰：

　　　　爾乃迪屢不靜，爾心未愛，

「不靜」並不是學于〈大誥〉，而是學于〈康誥〉；何也，「迪屢」二
字太不普通也。而且此二句。在意思上，用字上，結構上。很相似。

　　〈康誥〉、〈酒誥〉、〈召誥〉、〈立政〉、〈多方〉這幾篇的用詞，是很相像的，代詞的使用，已給我們以個明顯的證明。就是這個「迪」字，單獨使用，作為名詞，也便有：

　　　　〈酒誥〉：又惟殷之迪，諸臣，百工，乃湎于酒……
　　　　〈多方〉：終日不克勸于帝之迪，乃爾攸聞。
　　　　〈立政〉：籲俊尊于上帝迪知，

故〈呂刑〉的：「非時伯夷播刑之迪，其今爾何懲？」也便是此中人語。

　　我頗為上舉五篇，有時代相同之傾向：——雖不必同時——而〈多士〉與〈多方〉則有相襲的痕迹，好似〈多方〉是在學〈多士〉的。〈多士〉曰：

　　　　今爾又曰，夏迪簡在王庭，有服在百僚，

「夏（的）迪，（給）簡在王庭，」是〈多士〉的意思，而〈多方〉乃曰：

　　　　天惟畀矜爾，我有周惟其大介賚爾，迪簡在王庭。尚爾事，有
　　　　服在大僚。

我們初不奇于「簡迪在王庭，有服在大僚」之相像，而奇其像而不像。〈多方〉的意思，是，「（爾）（給）迪簡在王庭了」。然則「迪簡」二字，已成為一個的成語。又〈立政〉與〈君奭〉，也有特種的關係的用法，即「迪惟」一語是。〈君奭〉曰：

　　在今予小子旦，非克有正，廸惟前人光，施于我沖子，

此「廸惟」的意義，便大異「疇昔」了。一若曰，「我旦呢，也不是
有什麼策畧的，不過叨叨前人之光，來幫助後生罷了。」「廸」不是
副。則是連詞，最少也是助詞去了！其在〈立政〉曰：

　　古之人，廸惟有夏，乃有室大競……

這真是無獨有偶！
　　「廸」字除上面所敘述的各篇關係外，也有詞連它種成語的。像：

　　〈洛誥〉：「天廸從子保，面稽天若」
　　　　　　「天廸格保，面稽天若」
　　　　　　「公功棐廸篤，罔不若時，」

等，皆于它處說及時論之，如「公功棐廸篤」詳於「棐忱」中是也。
至若：

　　〈酒誥〉：「在昔殷先哲王廸畏天顯，」
　　〈洛誥〉：「四方廸亂未定，于宗禮亦未克敉，公功。」
　　　　　　「廸將其後，監于我士師，」
　　〈君奭〉：「又曰，無能往來茲廸彝教，文王蔑德降于國人」
　　　　　　「惟茲四人，尚廸有祿」，

等句，這裏不再贅說，因為可以從前面所說而推知。

2 格知

「格知」二字，偽《孔傳》訓為「至知」；蔡氏則謂「格」為「格物」之「格」朱子說牠也便是「至」之謂，至即窮也，故「格物」是窮物之理；以此來釋「格知」在我們目下的意識是可以通的，

本來，古語的原義，是難講的。一部《說文》，一部《爾雅》，都是東漢人的字書東漢承「偽書」的貨路暢銷之際，以當時的時代意識，而歸納當時之訓詁，大家都不是古代人，讀的又不是古代真書，——至少假多于真，則略真而詳偽，非欲詳偽也，時代意識接近故也。（研究文法如近馬建忠氏，已置《尚書》而不論；非忘記也，意識距離太大故也。馬建忠且然，前此千餘年，更可想矣。）故我頗以為《爾雅》之「格，……來也。」的意識是頗後的。「格」之訓「來」乃根據於〈堯典〉、〈大禹謨〉、〈湯誓〉、〈盤庚〉，等篇的；在周篇中，惟〈洛誥〉有「王賓，殺，禋咸格。」之用法而已，但，這已經也是〈洛誥〉的時代不是很早的一證；因為「格」字在《虞》、《夏》、《商書》中的那樣訓詁，實在只是《虞》、《夏》、《商書》應該有的也。在訓「來」以前之「格」也並不是訓如像偽《傳》乃至像段王裁那樣說的「至」，《爾雅》〈釋詁〉：格，至也。按《爾雅》釋「格」之條凡二：〈釋詁〉訓「至」〈釋言〉訓「來」。此可見《爾雅》之是個「雜拌」擔子。）段氏注《說文》，謂「至」係從《說文》的「格，木長兒」引伸而來。這樣引伸，我不大懂；大概，《詩毛傳》既曰：「格，至也」，《爾雅》曰：「格，至也」，偽作的〈堯典〉曰：「格于藝祖，用特，」（此訓至，我也不懂。不過時代意識明是如此訓法，我們無置辭之餘地及理由。）偽作〈西伯戡黎〉曰：「格人元龜，罔敢知吉，」（此又是引伸之引伸了。）了，即不引伸為「至」也便是引伸了。就是「木長兒」和「來」字之引伸，也便當

由《爾雅》曰：「來也」，鄭注《大學》曰：「來也」，偽作的〈湯誓〉
曰：「格，汝眾，」偽造的〈盤庚〉曰「格，汝眾，予告汝訓汝，」
（偽古文《尚書》常直接用「來，……」；〈離騷〉「來，吾導乎先
路。」可見當時之用「來」是普遍的意識，而「格」之為「來」，也
可知道其原故也。）等去負責，故，我謂，他們也並不比我們高明。
他們仍是渾沌地信任粗製的載籍意識。

　　載籍並不是不可相信。天地間一切事物都有某種情形的「絕對
值。」正數5和負數5，其距離遠極了。而其「絕對值」5仍然跟5的數
而存在。今文字之在文法上，正是這個道理。「格」字不但訓做
「來」，「至」，就讓訓做「去」，也得，牠撞來撞去，都永久有個絕對
值在。故我們從各種細密的文法條件的立場上看來，我們不當意義的
不懂為什麼一回很緊要的事！

　　在這條好像很逼窄的懂古書的途路上，我們既有這樣的身手，我
們已當足下所踐的是康莊大道；況現在的路並不會很逼窄！我說，自
《爾雅》、《詩經》，以至鄭康成、段玉裁都沒有看到《尚書》的
「格」字是怎樣一回事。

　　這裏當然是說周篇。《虞》、《夏》、《商書》的晚代意識，是清醒
的，這不須贅說。周篇中的用「格」，多少是在成語的玄中的。這並
不是僅僅《爾雅》、《說文》，鄭康成，和段玉裁沒嘗懂「格」，周篇的
作者也儘多沒嘗懂也。

　　看我這些話的朋友們，也進了我的玄中了不？請看我說來。

　　為在說話上便利些，我們不妨假定「格知」為大概總不離「知
道」、「知曉」吧般的意思；于是〈大誥〉曰：

　　　歷服，弗造哲迪民康，矧曰其有能格知天命？

「造哲迪……」且「弗」喇，還說「格知……」麼？和「民康」是什麼關係呢？「造哲迪」牠。和「天命」是什麼關係呢？「格知」牠。然則「格知」，正正是對于對向「天命」的人物有所述說了。這是〈大誥〉的「格知」。然而〈多士〉則曰：

　　夏不適，逸則，惟帝降格

「夏不適」宜斷句，〈康誥〉曰：「罔迪不適，不迪，則罔政在厥邦，」可證。以其「不適」也，「逸（動詞）則」也，故帝降之「格」，假定這個「格」字是不可懂得時，我們仍可以知道牠必不是好意的字，這是很顯的然。在《尚書》中，凡是「天降」的，幾乎多不是好事；故「天降什麼什麼」這種話法，大家要誥誡人，都好像用的很時髦，像：

　　（1）矧今天降戾于周邦（〈大誥〉）
　　（2）故天降喪于殷，罔愛于殷。（〈酒誥〉）
　　（3）弗弔旻天，大降喪于殷，（〈多士〉）
　　（4）弗弔天降喪于殷，殷既墜厥命，（〈君奭〉）
　　（5）（天）乃大降罰，崇亂有夏。（〈多方〉）
　　（6）天降時喪，有邦間之。（〈多方〉）
　　（7）天惟降時喪，（〈多方〉）
　　（8）上帝不蠲，降咎于苗，（〈呂刑〉）
　　（9）天毒降災荒，殷邦方興沈酗于酒。（〈微子〉）

曰：「降戾」「降喪」「降罰」，「降咎」，「降災荒」都是禍患，這不消說了；就是：

（10）天降威，我民用大亂，（〈酒誥〉）

的「威」字，也並不是好事；這有作〈西伯戡黎〉者以他的時代意識
告訴過我們的，曰：

今我民罔弗欲喪曰，天曷不降威！

為其「欲喪」，欲「及汝偕亡」地的喪，而希望天降「威」，是知
「威」字之于「世下」，是吉少凶多的。有，惟有〈多方〉用一次
「降」，會「降」好事，即——

天惟時求民主，乃大降顯休命于成湯，刑殄有夏。

然亦必地子一面「降休」于成湯之外，降點禍（許也便是顯）于「有
夏」。正如夏芝（W. B. Yeats）在*The Land of Heart's Desire*中的上帝要
罰不法的天使時，總是有可以波及到旁人的。「天」有所發動，根本上
當不會和平的也。這是「天」的宗教，我們是覺得有趣的，可研究的。
　　天降既然多是壞事，而「夏不適」因而降的「格」，遂可以得二
重證明，是一種壞事。「夫格知」在〈大誥〉，沒有什麼關于「壞
事」，是很明白的，何以至〈多士〉而會這樣轉變呢？
　　〈多士〉是以「格」為壞事了，〈多方〉也曰：

洪惟圖天之命，弗永寅念于祀，惟帝降格于夏。

從語意上，可明白「格」字也是和〈多士〉一樣用的；抑且下文文有：

厥圖帝之命，不克開于民之麗，乃大降罰，崇亂有夏。

可做很好的証。

這真有趣，〈多士〉、〈多方〉之「格」既是如此，而〈君奭〉乃又有：

天壽平格，保乂有殷

之句。「平格」姑不要像雜湊成文的偽《孔傳》「天壽（外動）有平至之君，故安治有殷」或《蔡傳》的「通徹三極而無間者也」般的強作知曉，就其「保乂有殷句」看來，必不會是〈多士〉、〈多方〉那樣的壞「格」。故〈呂刑〉有

庶有格命

之用，〈西伯戡黎〉有：

格人元龜

之用，而為「格，汝……」之「來」，而為「七旬，有苗格」（〈大禹謨〉）的「不討自來」，以至《孟子》的「格君心之非」的「有摩扢之義」。

這樣看，在〈多士〉、〈多方〉以前，是〈大誥〉那樣的「格」；〈多士〉、〈多方〉以後是〈君奭〉、〈呂刑〉、〈盤庚〉、〈西伯戡黎〉，……那樣的「格」。〈多士〉，〈多方〉既不像前，也不像後，是什麼原故呢？曰，音譌也！

〈大誥〉曰：

> 弗弔天降割于我家；⋯⋯

「割」即古之「害」字，古音相同。故「降割」即降禍之謂。「割」和格聲紐相同，故由「割」而譌為「格」是很平常的事，故〈多士〉的「惟帝降格」、「惟帝降割」，〈多方〉的「惟帝降格于夏」即，「惟帝降割于夏」。因為是無心之譌，遂成有意之變。驟不知底細的，以為天之降格，來也，則是當為「降臨」云爾，故《詩經》有「神則格思」！

而且，同時「割」之「害」義已失去，時代意識所告訴人家的，是「宰割」的「割」了，故〈多方〉曰：

> 厥圖帝之命，不克開于民之麗，乃大降罰，崇亂有夏；因甲于
> 內亂，不克靈承于旅，罔丕惟進之恭；洪舒于民，亦惟有夏之
> 叨懫日欽，劓割夏邑。

我們看「割」夏邑，而連以劓字，這分明是下意識的活動之表現！于〈大誥〉的「割」訓「害」的意識既已沒有，想學些乖，又沒有什麼把握，故其時代意識的潛在部分，終會透露出來也。至到〈湯誓〉的：

> 舍我穡事而割正夏，
> 夏王率遏眾力，率割夏邑，

完全是取自〈多方〉。「劓」字分明太好笑，則易為副詞「率」字，這也是時代更後，則更清楚之故。

〈君奭〉又有一句頗奇，曰：「公曰，君奭，在昔上帝割，申勸寧王之德，其集天命于厥躬，」「割」字至此，又煞異樣了。難道作〈君

奭〉的人，誤認〈大誥〉的「天降割于我家」之「割」為「臨」的意思？不然，這一句，很難講得通，除非像孔，蔡等那樣的文法意識。

夫「格」字既有此種秘密，故使用法多閃閃爍爍，除好笑的〈君奭〉抄了一半地用的：

　　　我則鳴鳥不聞，矧曰其有能格？

般玩玩一回歇後語外，其餘便像：「平格」、「格命」般的輕試及上面所說的以至〈呂刑〉的「罔有降格」，〈高宗肜日〉的「惟先格王正厥事」等而已。

　　今將「格知」一詞的演變，列如下圖。

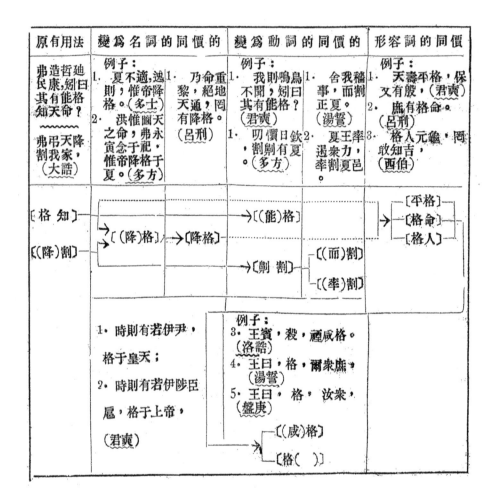

〔說明〕

　　圖中虛線，表示「影響」、「暗示」，及「誤解」三種關係的，如「降格」（割）可因時代的下意識而誤解為「降臨」，于是以產生「平格」、〔（咸）格〕……等是也。「格命」則又于上述一義之外，又有「知命」之暗示或影響也。虛線蓋寓綽約之意也。

　　圖中箭頭，表示其演變之進行。

　　圖中方括號〔　〕內弧號（　）裏的字，表示其不與並列之字連為成

語。如〔(降)格〕,「降」字是述語(動詞),而「格」字為補足語是
也。其所以欲如此弧號的緣故,是因為便于辨認;不然,單個「格
字」,看不出其個性。

3 受命

「受命」一辭,為「字組」(word-group)類,雖若普通用辭,
然也有些述說之必要。此始用于〈大誥〉,曰:

> 予惟往,求朕休濟,敷貢。敷前人受命,

「受命」是個名詞價的;其意思,於同文中,有一句可以做注腳,曰:

> 寧王惟卜用,克綏受茲命;

「命」即是「迪知上帝命」,「爾亦不知天命不易」之「命」,固
無論,而「受命」經此一度解釋,好像便分用了;不但「受命」,就
是「茲命」,也便可以演轉為它式。〈召誥〉曰:

> 嗚呼!皇天上帝,改厥元子,「茲」大國殷之「命」,惟王「受
> 命」,無疆惟休,亦無疆惟恤。嗚呼!曷其奈何弗敬!

此「茲……命」,頗不可解。倘「茲……命」而是〈大誥〉般的「茲
命」,則下面語氣改了,且很費解:——
「誰『受』『命』呢?曰,『惟王』。『受』誰的『命』呢?『茲』
大邦殷的『命』也。」但,這已經是獨立之二個句子,不能以解釋上
文。上文「茲大國殷的命」,照〈大誥〉的「茲命」講,是個

「讀」——不是讀，不過是個「名詞語」罷了。其圖解為：

而已，故必接下面「惟受王命」，才會成句。但，「惟王受命」既王，述語都備足，而且明連下文「無疆惟休……」的；故不連上為句。這在圖解上很好證明，

這樣把兩個同時空間的賓語，文章上沒有過吧！——除現代文及西文——不但如此，下面「無疆惟休」二句，又要去接在什麼地方？

然則我們要怎樣措置這句句子呢？我們要謀「茲大國殷之命」會自成句——即是有主語，述語——惟有個「茲」字的用法須得改變。然則倘若能夠，「茲」字可變為「動詞」不可能？下文曰：

> 天既遐終大邦殷之命，茲殷多先哲王在天，越厥後王，後民，茲服厥命，……

「茲服」是不是一種成語呢？「茲」字，《說文》云：「草木多益」，與此文不相涉，《爾雅》曰：「茲，此也」，也並沒有別的解釋。「茲」字既找不出其它意思，則「茲大國殷之命」句，宜這樣斷句，才可通：

> 茲大國殷之命，惟王受。命，無疆惟休，亦無疆惟恤；嗚呼，曷其奈何弗敬！

于是「受命」二字，便分用了。不過這樣句法，許會在《尚書》中太新鮮些。

〈大誥〉之後，除〈梓材〉，和〈洛誥〉二篇，仍用「受命」——

(1)「用和懌先後迷民，用懌先王受命。」——〈梓材〉
(2)「王命予來，承保乃文祖受命民，越乃光烈考武王，弘朕恭。」——〈洛誥〉
(3)「惟周公誕保文武受命，惟七年。」——〈洛誥〉
(4)「天不庸釋于文王受命，」——〈君奭〉

為名詞語外，（受命民一語，甚新鮮。）都分用像〈召誥〉般的了，像：

〈康誥〉曰:「誕受厥命」

（「厥命」二字，〈召誥〉常用之，曰:「茲服厥命」，「既墜厥命」，「乃早墜厥命」……等）

〈召誥〉曰:「有殷受天命」
　　　　「我受天命，丕若有夏歷年，」
　　　　「欲王以小民受天永命，」

（〈召誥〉又有:「保受王威命明德，」之句，則是由王受命于天而用

為民受命于王了。和前的「受……命」不一樣。）

〈君奭〉曰：「我聞在昔，成湯既受命，……」
「惟時受有殷命哉！」
「我受命無疆惟休，亦大惟艱。」

（附註）

此處可以見〈君奭〉之抄襲〈召誥〉。〈召誥〉云：「命，無疆
惟休，亦無疆惟恤。」〈大誥〉云：「永思艱」，「今天降戾于周邦，
惟大艱」

〈君奭〉則取于這兩篇而作；

「我受命，無疆惟休，亦大惟艱，」

更遺下一句于後文曰：

「惟文王德丕承無疆之恤。」

〈立政〉曰：「式商受命，奄甸萬姓。」

等皆是也。由「受命」給〈康誥〉一用為「受命民」，于是又有「受
民」一辭。

〈立政〉曰：「相我受民，和我庶獄庶慎。」
曰：「我則末惟成德之彥，以乂我受民。」

4　圖功

「圖功」一辭，〈大誥〉之後，沒有用之者，《說文》的：「畫計難也」及〈釋詁〉的「謀」也，皆尚是〈大誥〉原意。〈大誥〉云：

（1）民獻有十夫，予翼，以于敉寧武圖功。
（2）不可不成乃寧考圖功。
（3）予曷其不于前寧人圖功攸終？
（4）予不敢不極卒寧王圖事。

末句作「圖事」，然用法相一致。乃〈多方〉之用圖字，既非《說文》，亦非《爾雅》所同，于〈大誥〉自不消說，曰：

（5）「洪惟圖天之命，弗永寅念于祀，惟帝降格于夏，」
（6）「厥圖帝之命，不克開于民之麗，乃大降罰」
（7）「大淫圖天之命，屑有辭，」
（8）「乃惟有夏圖厥政，不集于享，天降時喪，」
（9）「乃惟爾商後王，誕厥逸，圖厥政，……天惟降時喪，」
（10）「爾乃自作不典，圖忱于正，」

六個「圖」字，都是完全相同的用法；而都是「壞」意的。因為「圖」天之命，于是帝「降格」；為其「圖」天之命，于是大降罰；為其「淫圖」天之命，「圖」厥政，天遂降時「喪」；為其「圖」忱于正，我乃戰「要因」之。皆很明顯的。所以偽《孔傳》和《蔡傳》都是錯的。偽《孔傳》以為「圖」字仍是「圖謀」的意思，牠釋「洪惟圖天之命」句為：「大惟為王謀天之命」、「厥圖帝之命」為「其謀天

之命」，「大淫圖天之命」為「用汝眾方大為過惡者共謀天之命」，……上二句，勉強可通，「大淫圖天之命」句，「大」字，「淫」字好好地是在「狀」「圖」字的，怎麼「淫」字會變成「大為過惡者」？「圖」字是謀劃，沒有好壞的估價的了，則下文：「爾乃自作不典圖忱于正」又當作何解？難道可以作「爾乃自作，不典圖忱于正」麼？〈康誥〉曰：「乃惟終自作不典式爾」句，其句讀難道是「乃惟終自作，不典式爾」麼？要不然；則是〈多方〉和〈康誥〉互相倣錯了麼？〈康誥〉的「汝亦罔不克敬典」不是很好的「不典」一辭的註腳；而且「勿替敬典」的「敬典」和「不典」又是肯定和否定二辭之相對？抑不止此，這「誕厥逸」「圖厥政」是平比的句子，清清楚楚地，斷不是忽然，「圖厥政」又接下「不蠲烝。所以偽《孔傳》終是不妥。至到《蔡傳》則更壞。彼以為「圖謀」似乎很難講得通，于是又從而為之說曰：「天命可受而不可圖，圖則人謀之私，而非天命之公矣」。不受之「圖」，怎樣「圖」法？是不是說向天拉攏，照前文，是會使天生氣的；然則是不是成為所謂暴虐——紂還謂「我生不有命在天？」？然則圖字之為有壞屬性，已不消說。若謂只是向天拉攏之謂，一方也須是假仁假義，不好幹壞事；而且「敉寧武圖功」文是什麼一回事？號稱盛世的周朝，乃也是于天命而想「圖」的呢！

所以「圖」字而至〈多方〉，的確不知怎樣用法。這是〈多方〉的作者的這個字的意識，和偽《孔傳》，及《蔡傳》的很接近，或完為一致，故〈多方〉之「圖」益不涉〈大誥〉的「圖功」了。

〈大誥〉之後，力學個「圖」字的有〈金縢〉：

> 新命于三王，惟永終是圖，

明是從「曷其不于前寧人圖功攸終」一句來的。

5 棐忱

大家是漢以後人，所以「棐，輔也」個觀念，老裝在腦袋裏，而將〈大誥〉的「棐忱」一語，這樣解釋：——

〈大誥〉：天棐忱辭（？）其	偽《孔傳》：我周家有大化誠辭，
考我民；予曷其不于	為天所輔，其成我
前寧人圖功攸終？	民矣；我何其不于……？
亦惟十人，迪之上帝，	謂人獻十夫來，佐
命，越天棐忱；	周於天輔誠汝天下，

這真沒辦法！我始終于《孔傳》全段的文章看也看不懂，當然「棐忱」二字更不消說！真可憐，以瞽語瞽，便是文「不通」，「不成話」也是大家附和，捧場！我對中國「古文」者家，真是一想起就要哭！文章讀不懂，固然是深奧，出神！入化！之筆；文章不通，也是非淺人！所能思議！嗟乎，此中國文化之象徵也！所謂「經師」者流，既是永久糊塗蟲！所謂經注，盡是糊塗帳！然而他們儘在神龕裏支配人家的靈魂！牠們供在寶座前作一切的金科玉律！嗟呼！我並不痛「斷簡殘篇」的舊紙堆，我為中國人的污穢，腐敗——像蒼蠅一般的腌臢的頭腦哭！誰說中國人的頭腦是清醒的！誰說中國人的質地是聰明的！醜！

所以，胡適之先生是可愛的！他敢于提倡會「通」的文章！——白話文！他才是個乾淨的人！頭腦清楚！恨我不嘗記起誰說的，說「古」文完全不通！我要向他致敬禮！

然而現在又有所謂教育中者人，要提倡什麼文言文了！呸！邪道！惡魔！奸徒！烏烟！瘴氣！我咀咒他或他們！

偽《孔傳》和《蔡傳》的如何不成話，我們姑且不管，而其死守不去的「輔」、「誠」二字，則是歷然在目了；其實絕不是〈大誥〉所用的原義。「棐」字之訓「輔」是後來的事，其在當時，是作匪、非、用。王國維先生釋〈康誥〉「天畏棐忱」句云：

　　猶言天威不可常也。棐，同匪；忱，信也，棐忱，言不可信也。

此得之矣。不過，王國維先生不舉〈大誥〉而舉〈康誥〉，不知是不是以〈大誥〉的「棐忱」不是這樣釋法？其實，我人從《周書》各篇中的用法看來，知道〈康誥〉之用，是學自〈大誥〉的。同時，在〈康誥〉的時代，已另產生代替「棐」字的字了。現在將「棐忱」的演變詳討之如次。

　　在釋〈大誥〉關于「棐忱」兩段文字之先，我們先看〈大誥〉之對天志是怎樣的。曰：

　　爾時罔敢易法

曰：

　　爾亦不知天命不易

〈大誥〉之篇，其說話之基本觀會有二：曰，「降割」、「遺大報艱」、「降威」；曰，「不敢替上帝命」，「若勤」、「圖功攸終」。這兩個基本觀念，以今語演釋之，即是——

　　（1）天是老實不客氣的，牠不高興時，是會給你以禍殃的。

　　（2）為使天不會不高興，則應該處處迎合大心，故宜時時努力。

知道〈大誥〉的基本觀念，才可以看「天命不易」。惟其「迪知上帝命」，故不敢「易法」，「易」是「容易」的「易」，即是「易與」之意；「天命不易」，即「天命是不易與」的。

　　知天命是不易與的了，才可以懂得「天棐忱」。〈大誥〉「天棐忱」的第一句，是「天棐忱辭其考我民，予曷……」，「辭」字既不易說，而「考」字也難懂。從其句的關係上，「予曷……」，句是另為語氣，故「其考我民，」宜有主，述語。《說文》只是作「老」解，與此無涉；于同篇中，「若考作室」之句，好像已有「研究」之意。然則「其考我民」，是在觀察我民之意乎？「其」字并不是領位代詞，故「考我民」不致成個「動名詞」語。這樣，則

　　　　天棐忱辭，其考我民；予曷其不于前寧人圖功休終

約略是說，「天沒有常態的，是在看察我民的；予那裏敢不完成前人之努力」

　　又：「亦惟十人迪知上帝命，越天棐忱，爾時罔敢易法；」則略如「亦因為十人會『迪知』上帝的『命』和天的沒有常態，所以那時候沒有人敢看輕常法。」

　　這所解釋，雖也是未必正確，但其主要意思，許不很錯。至到「辭」字是怎樣訓法，這裏想來，沒有懂得，

　　其實，「棐忱」可明白，我們便夠了，于此，我們往下去看其給人家怎樣使用。

　　　　〈康誥〉曰：「敬哉，天畏棐忱，民情大可見，」

此的語意，幾乎和〈大誥〉的第一句用法差不多，可以說是〈大誥〉

那句句的注釋。然而這不是〈康誥〉時文字，故下文又有：「肆汝小子封，惟命不于常」也。這句，簡直是以白話文去譯古文。

> 王曰，嗚呼，小子封，……敬哉，天畏棐忱，民情大可見，小
> 人難保，往盡乃心，無康好逸豫，乃其乂民，
> 王曰，嗚呼，肆汝小子封，惟命不于常，汝念哉，無我殄享，
> 明乃服命，高乃聽，用康乂民。

這明明是同一機杼！我們神經纖敏一點，我們可以問，何以二段文字意思一樣，結構一樣，而不全用「棐忱」？「棐忱」為古文，而「不于常」為白話文，（可以這話說）〈康誥〉雖知「棐忱」之義，而有「不于常」之時代意識，故不覺透漏出來也。

　　和〈康誥〉很相像的，有〈君奭〉。〈君奭〉曰：

> 天命不易，天難諶
> 又曰，天不可信……

這樣換過「棐忱」又比〈康誥〉更淺顯了。〈君奭〉這篇東西，襲用人家最多，但，總可看得出，好了，卻又要接上一句「天難諶」，猶不止，又要說「天不可信」，這在時代意識上，委實是逃不了。故〈康誥〉還聰明，雖同時用「不于常」，而也用「天畏棐忱」；〈君奭〉則否，它用「棐忱」便不行了。

> 我不敢知曰：厥基永孚于休若，天棐忱；我亦不敢知曰，其終
> 出于不祥。

我以為「若」字上屬較好,「若」是「天若」之「若」。這句看來,
「天棐忱」,和「出于不祥」對舉,其意不是壞的可知,而且,在這
時,「棐」字分明不用作「非」(否定字)用了。這很易證明,曰,
「非彝」與「棐彝」二語,和「棐」字之單獨用法是。

一個字若有了新的代替者出,則這字的原義必已退化,而同又生
新義,此自然的道理,不待證明者。〈康誥〉時,已有「非」字,是
〈康誥〉時「棐」已變義了。〈康誥〉的用「非」如下:

> 無作怨,勿用非謀非彝,

欲明此「非」字與「棐」的關係,必看「彝」字的用法。〈康誥〉曰:

> 汝陳時臬事,罰蔽殷彝,用其義刑義殺……
> 天惟與我民彝大泯亂,……

我們看,這裏「彝」字,皆是積極的肯定名辭,故欲說壞之時,必加
以「罰蔽」、「泯亂」等詞字;而否定時,則用「非」如上例。我們再
看〈酒誥〉:

> 聰聽祖考之彝訓,越小大德,

用「彝」字是積極肯定,是和〈康誥〉一致的。于是否定時,也便:

> 誕惟厥縱淫佚于非彝,

與〈康誥〉用法也若合符節。

「非」字既是這樣用，「棐」字又怎樣呢？〈酒誥〉曰：

> 我西土棐徂邦君，御事小子，尚克用文王教命，不腆于酒。
> 惟御事厥棐有恭，不敢自暇自逸，矧曰⋯⋯

「棐」字不作否定詞用，而為積極名辭了。這時，「棐」字之為「非」之義已喪失，而為像《說文》般的所謂「輔」之類。《說文》不兼載〈大誥〉的「非」義，則以「輔」義的時代意識較接近；這也是〈大誥〉以後的用「棐」各篇，皆為晚出之一證。

于是而〈洛誥〉云：

> 聽朕教汝于棐民彞

「棐」字同于〈酒誥〉，而「彞」字〈康〉，〈酒〉皆用之。此三字可謂為合一爐之冶，至若

> 公功棐迪篤，罔不若時，

也便雜湊成文。〈君奭〉已如前舉，〈呂刑〉則為：

> 明明棐常，鰥寡無蓋。
> 乃明于刑之中，率乂于民棐彞。

則「常」又為「彞」之淺顯字矣。夫本訓為「非」之「棐」竟至與「常」合而用為「經國常法」，此真用若「不于常」之「棐」所不及料者也，而亦饒趣味矣。

6　有辭

　　「有辭」一辭，始見于〈洛誥〉，于是而〈多士〉，而〈多方〉而〈呂刑〉皆有之。「辭」字不知根于何義，〈洛誥〉原文為：

　　　　惇大成裕，汝永有辭。

偽《孔傳》謂「汝長有歡譽之辭於後世，」《蔡傳》因之。謂「亦永有辭于後世矣。」這都從字面解而從《說文》的「說也」的訓來的。〈呂刑〉之「辭」，又為《說文》「理辠也」所本。雖然，這都不是創造「有辭」者的原來意思。「有辭」二字，必是取之〈大誥〉，而另鑄成者。「有」字在當時，是一種「孳乳」的慣用字，這頗可找出不少例子。

　　　〈康誥〉：「外事，汝陳時臬司，師茲殷罰有倫」
　　　〈酒誥〉：「文王誥教小子有正有事，無彝酒，」（此「彝」字若
　　　　　　　　果訓「常」，則又甚奇特矣。）
　　　　　　　　「庶士有正」
　　　　　　　　「厥棐有恭，不敢自暇自逸，矧曰……」
　　　〈召誥〉：「比介于我有周御事，」
　　　　　　　　「王勿以小民淫用非彝，亦敢殄戮，用乂民若有功」
　　　〈洛誥〉：「即有僚明作有功」
　　　　　　　　「惠篤敘，無有遘自疾」
　　　〈多士〉：「夏迪簡在王庭，有服在百僚，」
　　　　　　　　「予惟時命有申」
　　　〈無佚〉：「時人丕則有愆，」
　　　〈君奭〉：「惟茲四人，尚迪有祿。」

〈多方〉：「天降時喪，有邦間之。」

〈立政〉：「古之人，廸惟有夏，乃有室大競，」

　　　　「乃用三有宅，克即宅，」

　　　　「曰三有俊，克即俊，」

　　　　「克知三有宅心，灼見三有俊心」

　　　　「以克俊有德，」

　　　　「茲式有慎，以列用中罰。」

〈呂刑〉：「若古有訓」

　　　　「王曰，吁，來，有邦有土，」

　　　　「簡孚有眾，惟貌有稽，無間不聽」，

　　　　「哲人惟刑無疆之辭，屬于五極，咸中有慶」，

這二十幾條例子的「有」字，皆不作「動詞」、「有無」之「有」解。「有邦」、「有土」、「有正」、「有德」，以至到「有周」，「有夏」，「殷」，這固不消說了；就是〈呂刑〉的「若古有訓」，也并不是作「好像古代有一種教誥」解，而「有訓」是個名詞；其句子樣式，直和「曰若稽古帝堯」一樣。又，〈無逸〉的「丕則有愆」，也不能解為「于是大有罪過」，而是「大學罪過」，「則」字是述語也。

　　這有〈康誥〉的「丕則敏德」做個很好的例證。照此類推，于是而「有恭」、「有倫」、「有功」、「有服」、「有祿」、「有宅」、「有俊」、「有慎」……等，都很容易了解，是名詞價，是動詞價，抑是形容詞價，皆能視其所在地位而定也。幾乎，〈大誥〉的「率寧人有指疆土」，也可以照這樣解釋。至到「有」字之單獨用為述語，則又當如下例：

〈金縢〉：「若爾三王，是有丕子之責于天」

〈康誥〉:「人有小罪，……乃有大罪……」

　　　　　「汝惟小子，未其有若汝封之心，」

〈酒誥〉:「古人有言曰，人無於水監，當於民監，」

〈梓材〉:「我有師師，司徒，司馬……」

〈多士〉:「翊曰其有聽念于先王勤家，」

　　　　　「朕不敢有後，無我怨。」

　　　　　「惟殷先人有冊有典；殷革夏命。」

　　　　　「爾厥有幹有年于茲洛」

〈君奭〉:「時則有若伊尹，……時則有若保衡……」

〈立政〉:「罔有不服」

〈費誓〉:「汝則有常刑，……汝則有無餘刑，……汝則有大

　　　　　刑，」

這些例，（隨便抄一點，並不僅僅如此也。）和前面的差，是容易辨認的，現在不須細說。

　　「有」字既是為「孳乳」字所普遍使用的，于是隨時創造新辭，到是意識裏一種活動。「有辭」的「辭」字，是取自〈大誥〉。〈大誥〉有「天棐忱辭」之文，以其和「棐」字連用，（作有辭的這樣想），「棐」那時候已用作「棐彝」般解釋，故「有辭」也便是「非彝」一類的意思。〈多士〉的「淫佚有辭」，質量正和〈酒誥〉的「淫佚于棐彝」一樣，可證也。

　　惟是，〈多士〉二個「有辭」，似乎是不一致的。

　　　　弗克庸帝，大淫泆有辭

固如前說，而，「凡四方小大邦喪，罔非有辭于罰，」則顯不能同樣

解釋，這句句子，和〈呂刑〉的關係很密。〈呂刑〉曰：

> 爰始淫為劓刵椓黥，越茲麗刑，幷制罔差有辭

這「辭」，即是「師聽五辭五辭」「簡孚」的「辭」，所謂「罔差有辭」，即是「察辭于差」的反面。而

> 鰥寡有辭于苗，德威惟畏，德明惟刑。

亦正是一路的用法。惟

> 苗民無辭于罰，乃絕厥世，

則易「有」為「無」，足見其「有辭」之意識又一轉變矣。

在〈多方〉，「有辭」和〈多士〉始用的一句是一致的，曰：

> 大淫圖天之命，屑有辭。

「屑有辭」這個「屑」字，也是有來歷的。〈康誥〉曰：

> 乃別播敷造民大譽

為「敷」字，本沒有什麼壞的屬性，如：

> 〈大誥〉：「敷貴，敷前人受命，」
> 〈金縢〉：「乃命于帝庭，敷佑四方，」
> 　　　　（王國維先生謂「敷佑」即是「匐有」之異音字。）

〈康誥〉：「往敷求于殷先哲王，」

〈梓材〉：「既勤敷菑，」

〈君奭〉：「前人敷乃心，乃悉命汝，作汝民極，」

〈顧命〉：「截定厥功，用敷遺後人休」

〈文命〉：「丕顯文武，克慎明德，昭升于上，敷聞在下。」

皆是一樣作普遍的意思。然而〈康誥〉之文，在此句之下，又接
以——

弗念弗庸，瘝厥君，時乃引惡，惟朕憝。

于是〈多方〉的作者，以為「敷」字既于壞方面用不著，其所接訓飭
之文，其前提必在「播」字了，于是乃曰：

爾乃屑播大命，爾乃自作不典，圖忱于正，我惟其教告之；
（此處「乃」字作「要是」，「倘若」解，「惟」字作「則」字
解。）

「屑」字則連「播」字為成語者也。「屑播」有「破壞」，「蔑棄」的
屬性，于是乃在「有辭」中，亦應用之，而成為「屑有辭」；其意直
與「非彝」近；或竟可訓之為「圖忱于正」也。

　　以故，「有辭」一語，〈洛誥〉時，「永有辭」可以說是作「永乂
于棐彝」解的；次為〈多方〉的「屑有辭」，作「圖忱于正」解，〈多
士〉的「大淫洗有辭」，和「屑有辭」一樣；此後，則變為「辤，
䛒，猶理辜也。」（《說文》）般的用法，而成為〈多士〉的「罔非有
辭于罰」和〈呂刑〉篇中所用各語了。

7　不畀

「不畀」一辭，始見于〈多士〉，而〈多方〉襲之。「不畀」在〈多士〉是個整個的成語，（參合字）而〈多方〉則變為「字組」；這可以清晰地從下面的探討而看出。〈多士〉云：

非我小國敢弋殷命惟天不畀允罔固亂弼我我其敢求位

這二十三個字，依孔蔡等的句讀，是──

非我小國敢弋殷命。惟天不畀允，罔固亂。弼我，我其敢求位。

其實這是錯的。這是以〈多方〉的「不畀」意識來解釋〈多士〉的「不畀」的。「不畀」並不是解作像在〈多方〉的「不要給予」，而是一種否定的──或消極的compound。讓我們看，〈君奭〉曰：

今汝永念，則有固命，厥亂明我新造邦，

這「固命」二字來解釋〈多士〉這句句子很正確。「命」是什麼？天命也。「固」是什麼？「定」也，「常」也。故「固命也可謂之為「定命」或「常」命。「常」字「固」字，都是由各篇中引申出來的。（須知《說文》和《爾雅》的本領，比我們未必高明；牠們分明也是翻《尚書》，《詩經》，等的結果，所以沒有奉為「金科玉律」之必要和價值。我們要是要研究漢代文法，那才是兩部需要的書；蓋以其有漢代意識也。）明此，于是可們可以來斷〈多士〉「不畀」之句。

「非我小國敢弋殷命。惟天不畀，允罔固，亂弼我；我其敢求位？」「允罔固」是什麼意思，即是「忱不常」，即是〈大誥〉「棐

忱」之義。惟是天「不畀」，天棐忱，於以弼我；我那里敢爭地盤？所以「允罔固」也可以說是〈大誥〉「天棐忱」演變之另一形式，其為晚出，於此更可得一証明。這「允罔固」三字，是代「殷」朝一面著想的。「允」至此為「名詞」自不消說。

然則「不畀」是怎樣的一個成語呢？「不畀」即是「畀」之反面辭。〈多士〉又曰：

爾克敬，天惟畀，矜爾；爾不克敬，爾不啻不有爾土，

夫「畀」之所至，則出之以「矜」，是「畀」有同情的傾向在也。固「不畀」則無敢顧惜可知。故「惟帝不畀，不常」斯「弼我」也。故——

惟天不畀，不明厥德

也。「明」字仍以〈君奭〉「亂明我新造邦」之「明」作註脚為妙。故——

惟帝不畀，惟我下民秉為，惟天明威。

「帝嘗不復顧惜之時，則全在我們下民的『秉為』，而天亦因而『明』其『威用』也」。

〈多士〉的「不畀」是這末樣清楚地一回事，乃〈多方〉之用，則大異，第一句，便是

惟天不畀純！

夫我們何以知其以「不畀純」為句呢？「純乃惟以爾多方之乂
民……」既沒有過這樣的「純乃惟」的助，連之類的詞，也分明太雜
湊，沒有來歷。須知古人作文——尤其是做作，沒有來歷是不敢嘗試
的，寧可有來歷而大弄特弄錯。而且「純」字也是取之〈君奭〉。〈君
奭〉曰：

> 天惟純佑命，則商實，
> 亦惟純秉德，迪知天威，

夫「天」，既要知「純佑」命，則「商實」，「惟純佑」迪知「天威」，
是「純佑」之與「天」，固有不解緣也；同時，只用「不畀」，又復頗
疑其語不完足；抑〈多士〉中可以誤會之處儘多，如「矜」字上屬為
句之「不畀矜」，「允」字上屬為句之「不畀允」，益可堅其誤解，故
「不畀矜」既依樣葫蘆矣，斷無完全襲用之理，于是取「純」字以合
之為「不畀純」。那料他這樣苦心，依然是冤枉的呢？而

> 天惟式教我用休簡畀殷命，尹爾多方

的這樣擴張彈性的「天……畀……命」，則又勢所必勢者了。

8　怙冒

「紹聞」「登聞」「顯聞」「腥聞」「敷聞」
此段是一面說「怙冒」，同時將關于「聞」字的，都把來說一說。

> 〈康誥〉：「惟時怙冒聞於上帝，帝休，天乃大命文王……」

「怙冒」是名詞，在這句中做主語用，「聞」是述語。除〈君奭〉——這篇最好襲用人家的辭語的〈君奭〉——很相像的用一句：

乃惟時昭，文王廸見，冒聞于上帝，

大家都不再原班借用。然看其用「廸見」二字，又好像以「冒聞」為一辭了。〈酒誥〉曰：

惟德馨香祀登聞于天，

〈多士〉曰：

惟時天罔念聞，

〈文侯之命〉曰：

昭升于上，敷聞在下，

〈文侯之命〉句的「昭」字，可以証〈康誥〉句「昭」字斷句。
　　這些皆「聞」字而涉及「天」「帝」者。〈酒誥〉有句云：

誕惟民怨，庶羣自酒，腥聞在上，故天降喪于殷，

「腥」字在這裏，可以說是個形容詞；于是〈呂刑〉襲之曰；

上帝監民，罔有馨香德刑，發聞惟腥。

上半句也是從〈酒誥〉「惟德馨香祀登聞于天」句來的。「德刑」二字，成為字組，同篇中「朕敬于刑，有德惟刑」可證。此句之結構為：

　　「上帝」看著人民沒有「馨香德刑」，所聽見的只是壞聲氣。

　　這裏再將「冒」字說一下，冒，是「勗」字本字，王靜安先生云：「勗，當讀冒，蓋冒字本作勖，从力，冒聲，《詩》云『懋建大命』。〈盤庚〉『懋簡相爾』之懋，皆當讀若『冒』，不知因何變讀若勖。漢時尚談為冒，敦煌石室近發現一〈王莽詔書〉，中有云，『可不冒哉』，可證。」故〈君奭〉中用「冒」之句如：

　　惟茲四人昭，武王惟冒，丕單稱德，
　　我咸成文王功于不怠，丕冒，海隅出日：罔不率俾。

皆可解偽孔，傻蔡不通之訓詁縛矣。

9　姦宄

　　周篇中，見「姦宄」者凡三。〈康誥〉：「凡民自得罪，寇攘姦宄，殺越人于貨，暋不畏死，罔弗憝」。〈牧誓〉：「乃惟四方之多罪逋逃，是崇是長，是信是使，是以為卿大夫士，俾暴虐于百姓，以姦宄于商邑。」外此，則有〈呂刑〉的「罔不寇賊，鴟義，姦宄，奪攘矯虔。」〈呂刑〉好像是將〈康誥〉的一語，另行擠湊而組合之者。其在《商書》，則有〈盤庚〉的：

　　……暫遇姦宄，我乃劓殄滅之……
　　乃敗禍姦宄，以自災于厥身，

「暫遇」二字，偽《孔傳》不能解，蔡則直訓為「暫時所遇」，直至王靜安先生才得其義。王靜安先生曰：

「暫」，即「民與胥漸」之「漸」，欺詐也。遇，邪也，《經義述聞》引《莊子》〈胠篋〉篇，知，詐，漸，毒，四字並列，可以為證。又，《荀子》〈不苟〉篇：「小人知，則攫而漸」，又〈議兵〉篇：「招近募選，隆勢詐而尚功利，是漸之也」，又〈正論〉篇：「出幽陰而下漸詐矣」，皆以「漸」為「詐」之證。遇字之訓，《淮南子》〈原道〉篇「偶䁟智故」，又《本經》「衣無隅差之制」，「隅䁟」即「偶差」，皆不正也；故遇字當訓邪，因偶，遇為古今字也。又《詩》云「寇竊姦宄」，四字並列，與此云「暫遇姦宄」文法正同。

〈盤庚〉之後，有〈微子〉，曰：「殷罔不小大，好草竊姦宄，卿士師師非度。」

這兒，我很想這樣要提醒一句，便是，用「姦宄」一辭者，惟有〈康誥〉；〈牧誓〉，〈盤庚〉，和〈微子〉四篇。這是偶然的呢，還是有原因的呢？又，「寇攘」二字，〈費誓〉也有過，曰，「無敢寇攘」。這可以看得出，「寇攘姦宄」等是個熟用的成語。我們似乎應該注意。

10　天顯

〈酒誥〉中「天顯」二字，用的很清楚，曰；

在昔殷先哲王，廸畏天顯，小民，經德秉哲；

〈康誥〉為什麼這樣用，這頗不解，曰：

于弟弗念天顯，乃弗克恭厥兄；

　　「于父」則言「不能字厥子」，于兄，則言「亦不念鞠子哀」，這都和骨肉之親有關係的說話；乃「于弟」則忽而提個「天顯」來，不倫吧！用「顯」，常是對「天命」「天威」一類方面說話的，「迪畏天顯」無論矣，即「惟厥罪無在大，亦無在多，矧曰其尚顯聞于天」，〈康誥〉固自用之了也。（不過此顯字已是普通的用法了。）〈酒誥〉曰：「厥命罔顯于民祗保，越怨不易，」〈多士〉亦曰：「在今後嗣王，誕罔顯于天，」又皆是明顯的用法。惟〈多士〉又有：

　　　　罔顧于天顯民祗，

我想，這須是襲〈酒誥〉的。頗以為〈酒誥〉之「祗保」是成語。《尚書》用「保」字的，如「保乂」「保享」，「子保」，⋯⋯之類，皆當是一種「孳乳字」。故〈多方〉的「惟夏之恭多士，大不克明保享于民」一句，正可以用來說明〈酒誥〉「厥命罔顯于民祗保」的句法。抑且「越」字是連詞，——「至于」解——「保」字不能下屬又可知，是〈多士〉取「民祗」以對「天顯」，又是割裂的了也。

11　卬敉

　　「卬」字，《爾雅》訓「我」，故《蔡傳》釋「予曷敢不越卬敉寧王大命」為「我何敢不及我身之存以撫存武王之大命乎？」按，「卬」之訓為「我」，大概是根據《詩經》吧？〈匏有苦葉〉：「人涉卬否，卬須吾友」是也。但「卬」字之義，作「昂」也好，作「仰」也好，不知何義起于何時或尚有它義；但如〈大誥〉這樣用，我雖不懂「卬」字正確之訓，卻以為必不能訓「我」。這很清楚，「肆予沖人，不卬自恤」，便是例證。抑且，第一身代詞，「我」字，「予」字，「朕」字，和反身的「自」字都夠的很了，「卬」字又不更有可以

用作「我」的例，這是不訓我的個證據。我以為，與其勉強說牠是「我」字之一種，不如說是一種成語的慣字，或竟存疑也好。「敉」字偽《孔》，《蔡傳》皆釋為撫循，不通，王靜安先生言之。他說：

> 敉，先儒皆訓為輔，誼不可通，敉與彌，音同而通，彌終也。敉之誼，亦當為終。

我很相信這說。將〈大誥〉各句抄下，可見此說之確：

（1）「以于敉寧武圖功，」
（2）「予曷敢不越卬敉寧王大命」

與此二句相似的，有：

（3）「予曷其不于前寧人圖功攸終？」
（4）「予不敢不極率寧王圖事。」
（5）「不可不成乃寧考圖功。」

曰「攸終」，曰「極率」，曰「成」，皆足以證王氏說也。又，我們可以由〈洛誥〉的

（6）「四方迪亂未定，于宗禮亦未克敉，公功。」

的意識看出。最少，在〈洛誥〉的時代，「敉」可以有像前面所釋的那種傾向。

　　不過，我以為〈洛誥〉的用這字，是取自〈大誥〉的。「敉寧武

圖功」，取而析用之也。

　　而〈立政〉則又更用得明顯，曰：

　　　亦越武王，為率敉功，……

姑無論其所謂「武王」是像後代之誤解「寧」字不是，而其取自〈大誥〉則可以無疑。就像全部《尚書》只有〈大誥〉用一次的「丕丕基」，也便于〈立政〉此段文中見之，更可作證。這斷不能說是個普遍使用的字組。

12　勤毖

　　「毖」字，《說文》「慎也。」《周書》曰：「無毖于恤。」是《說文》已為《周書》釋此字了。《爾雅》那也不消說，以「慎」釋「毖」。然，偽《孔傳》釋「無毖于恤」句既為「無勞於憂」，而又解「閟毖」為「慎勞，」釋「天亦惟用勤毖我民」曰「天亦勞慎我民……」。《說文》之訓「閟」則為「閉門」，且引《左傳》之「閉門而與之」以為例；然段注謂乃是莊三十二年「閟而以夫人言」六字之誤，而《左傳》句讀又為「孟任從之閟，而以夫人言」，杜注：「女閟不從，公許以夫人，」段僅言「孟任不從也。」而孔穎達疏則又云「從之閟，正義曰，服虔云，從之，言欲與通也。」說來說去，都是模稜得很，不能夠做《說文》所引的注腳；而偽《孔傳》則是「閟毖」二字同訓了。同訓到也可以，因為都是以意為之，從「必」又是大家一致。《蔡傳》那不必舉了。

　　王靜安先生以為「毖」字訓「教」為近。他是在釋〈酒誥〉「汝劼毖殷獻臣」句的。他引上文「厥誥毖庶邦庶士」而謂為「劼」與「誥」同義；引下文「汝典聽朕毖」句法和「爾典聽朕教」同而以為

「毖」近于「教」也。

　　靜安先生此種方法，若是應用下去，我想《尚書》儘容易整理吧？不過，這是，頗危險的。我們看其句組織的向背，這實在很好，若是這樣便好做訓詁的方法，未必古人做文，必常用兩種同義的字來分用之。

　　不過，我們于此，也便可以知道「毖」字之原義很難懂得了。我們如今便從消，積極方面去看牠的近似好罷，橫豎古今都是大家在猜謎。

　　〈大誥〉用「毖」字的像：

（1）予造天役，遺大投艱于朕身，越予沖人，不卬自恤；義爾邦君，越多士，尹氏，御事，綏予曰，無毖于恤，不可不成乃寧考圖功。

（2）天閟毖我成功所，予不敢不極卒寧王圖事！

（3）肆予大化誘我友邦君，天棐忱辭其考我民，予曷不于前寧人圖功攸終！天亦惟用勤毖我民若有疾，予曷其不于前寧人攸受攸畢！

為「不可不成乃寧考圖功」，故「無毖于恤」；不敢「不極卒寧王圖事」，是因為「天閟毖⋯⋯」；不敢不「于前寧人攸受攸畢」，是因為「天亦惟用勤毖⋯⋯」。我們須這樣奮勉，可知天給予我們是有相當的督促的。惟「無毖于恤」句，假若「恤」字真是憂愁，則一若有「不宜老是憂愁，宜以國事為重」之意也者。要之，〈大誥〉此三用「毖」，始終是不容易了然的，故〈酒誥〉仍有「毖」之用，而〈康誥〉則否。〈康誥〉比較聰明，不欲勉強地弄聰明也。

　　〈酒誥〉曰：

（1）乃穆考文王，肇國在西土，厥誥毖庶邦，庶士，越少正御事，朝夕曰：祀茲酒，惟天降命，肇我民，惟元祀。

（2）予惟曰：汝劼毖殷獻臣，侯甸，男衛，矧太史友，內史友，⋯⋯

（3）王曰：封，汝典聽朕毖，勿辯乃司民湎于酒。

曰「誥毖」曰「劼毖」，曰「毖」，比〈大誥〉容易可懂其傾向了。「毖」又可以做的個抽象名詞。

〈召誥〉曰：

（1）其自時配皇天，毖祀于上下。

〈召誥〉又有「上下勤恤，其曰，我受天命丕若有夏歷年，」的句子。「勤恤」二字，好像多少可和〈大誥〉「不卬自恤」「無毖于恤」參證，又，「勤恤」又和〈康誥〉的「周公咸勤」之意頗近。雖然，我沒有力量作清醒的解析也。

〈洛誥〉又用「毖祀」了，其文曰：「文武勤教，予沖子夙夜毖祀。」這裏二字，假依王靜安先生的話，則「勤教」二字又為〈大誥〉「勤毖」的譯文了。

〈洛誥〉又有句云：

伻來，毖殷乃命，寧予以秬鬯二卣。

又「恤」字也可參看〈召誥〉「無疆惟休，亦無疆惟恤」之句。

13 小腆

〈大誥〉曰：「殷小腆，誕敢紀其敘」。「小腆」二字，仍不可解。偽《孔傳》和《蔡傳》真是使人厭倦了，「言殷後小腆腆之祿父」，「腆腆」，大概《說文》也有這樣兩個字湊排著吧！然而《說文》則是「多也」的訓；不知「小腆腆」是甚麼一回事！《蔡傳》則又用《方言》，《公羊》之注，而雜湊之曰：「小厚也。」我想來想去，總仍是想不出什麼一回事！

看〈大誥〉之既有「西土亦不靜，越茲蠢」于前，又有「誕敢紀其敘」于後，是知小腆必不是好意。而且，殷是周的敵，而謂之曰「敢」，是顯然有違拗的氣味。但，在〈酒誥〉的「腆」字，又是什麼呢？〈酒誥〉曰：

> 厥父母慶，自洗腆，致用酒。

「洗腆」二字，王靜安先生僅云：「洗腆，疊韻，亦古之連綿字也。」一若是承認《孔傳》的訓詁者。《孔傳》云：「乃絜厚（洗腆）致用酒養也。」《孔傳》不好懂，不消說；不過，《說文》之「設膳腆腆多也」，或是離不了這種〈酒誥〉的意思。至下文——

> 惟荒腆于酒，不惟自息。

看其前後文意「荒腆」也當是不好的話。

又：「我西土棐徂邦君，御事小子，尚克用文王教，不腆于酒，故我至于今克受殷之命。」這更可明白了。

「小腆」這種辭，也是不流行的可知。

14　不靜

「不靜」一語，〈毛公鼎〉也有之，曰：「四方大從不靜，」吳愙
齋謂「從」字即「縱」字。〈大誥〉的用法，也一樣，曰：「西土人亦
不靜，越茲蠢。」又曰：「民不靜，亦惟在王宮邦君室……。」〈康誥〉
亦有：「今惟民不靜，……。」〈多方〉有「爾乃迪屢不靜，爾心未愛」
之句，〈盤庚〉的「則惟汝眾自作弗靖，非予有咎」，也是這樣的一
個辭。

15　不典

「不典」和「敬典」一個是否定，一個是肯定辭。

> 〈康誥〉：「乃惟終自作不典」
> 　　　　 「罔不克敬典，」
> 　　　　 「勿替敬典，」

是也。〈酒誥〉有「其爾典聽朕教」之句，此「典」字和〈康誥〉用
法不一樣。
　〈西伯戡黎〉又有「不迪率典」之句。

16　考翼

「考翼」大概是「老成人」之謂。「民獻有十夫予翼」，是「翼」
字之意，而「考」則是「老」，老則有經驗，故〈秦誓〉「善獻詢茲黃
髮，則罔所愆」也。〈大誥〉言「考翼」凡二。

> （1）「越予小子考翼，以于救寧武圖功。」[8]

8　〔校案〕此例有誤，據〈大誥〉，當為「厥考翼其肯曰：予有後，弗棄基？」

（2）「亦惟在王宮邦君室越予小子考翼，」

在〈康誥〉遂為

（3）「惟商耇成人，宅心知訓，」

而〈酒誥〉亦以「耇」與「君」並舉曰：

（4）「爾大克羞耇惟君」（「推」字依俞德清解）

在〈召誥〉則為「壽耇」曰：

（5）「今沖子嗣，則無遺壽耇曰，其稽我古人之德……」

〈君奭〉又有曰：

（6）「收罔勗不及，耇造德不降……」

惟〈盤庚〉的「汝無侮老成人，無弱孤有幼，各長于厥居」句，「侮老成人」，王靜安先生謂《古文尚書》作「汝無老侮成人，」《今文尚書》、《漢石經》作「女毋翕侮成人」，是「侮成人」三字，蓋古之成語也云云。此說，靜安先生沒有說到底，「翕」「老」是怎麼一回事，沒有提及。按靜安先生又云：「老侮」與下「弱孤」語相對應，〈盤庚〉「無老侮成人，無弱有幼」意思是：「無論是老，是壯，是弱，是幼」，故接下面，「各長于厥居」正甚妥帖。王氏雖沒有說出，我以為如此釋才對。

偽《孔傳》是割裂的，不懂文字的組織的。故在這裏，「老侮成人」并不會和前面那樣好些例子一樣。惟〈微子〉則又有：

（7）「乃罔畏畏，咈其耇長，舊有位人。」

之句，亦同用法。

我們可以看得其辭之遞變：——

1 考翼 ┬── 耇
　　　　├ 壽耇
　　　　├ 耇造
　　　　├ 耇成人
　　　　└ 耇長

〔附註〕這所排列，是假定的，並不是確說那個先，那個後。先後之說，宜從多方面看去，才可以決定。

《尚書》的成語，可得而言的，約如上舉了。今再列一表于下，未舉出的，都詳載在裏面，以便參看。

篇名＼成語	牧誓	金縢	大誥	康誥	酒誥	梓材	召誥	洛誥	多士	毋佚	君奭	多方	政命	顧命	呂刑	文侯之命
鰥寡			■	■		■				■					■	
丕則				■						■						
天若				■	■			■								
湎于酒					■											
曆年							■									
永命							■									
成命							■									
敬天之休							■									

丕顯			■■			■■					
明畏		■■				■■					
明威						■■					
荒寧							■■				
譸張為幻							■■				
庸釋								■■ ■			
靈承于旅								■■			
丕丕基		■■							■■		
耿光									■■		
大烈									■■		
柔遠能邇										■■	■■
簡孚										■■	

〔說明〕

　　這表所列，是（1）在本篇中常用自二次及以上或則（2）每它篇相同的。因為或可以由這助我們看各篇的許有某種關係也。黑點表示用過某成語的。

　　至若不同字形的成語，則另列于後。

孳乳詞及其它

1.攸……

篇名	辭	用法
大誥	（1）攸濟	求朕攸濟
	（2）攸終	予曷其不于前寧人圖功攸終
	（3）攸受	予曷敢不于前寧人攸受
	（4）攸畢	攸畢
梓材	（5）攸辟	自古王若茲監，罔攸辟
洛誥	（6）攸灼	厥攸灼，敘弗其絕
多士	（7）攸服	攸服奔走，臣我多遜
	（8）攸賓	予惟四方罔攸賓
	（9）攸居	時予乃或言，爾攸居
無逸	（10）攸訓	乃非民攸訓
	（11）攸若	非天攸若
多方	（12）攸聞	乃爾攸聞
湯誓	（13）攸赦	罔有攸赦
盤庚	（14）攸作	先王丕懷厥攸作
	（15）攸困	汝不憂朕心之攸困
	攸居	奠厥攸居

「攸」這個字，是有趣的。如〈無逸〉「乃非民攸訓，非天攸若，時人丕則有愆。」「攸」字大有「惟耽樂之從」，「惟進之恭」……一類的句組織法中的「之」字之意味。不過，也不能竟便認為與「之」同價，如「厥攸作，」「朕心之攸困」是也。頗疑用「攸」字也有不同的意識，但，目下已不能驟為探討矣。

2.丕……

篇名	辭	用法
大誥	（1）丕克	爾丕克遠省
康誥	（2）丕顯 （3）丕遠 （4）丕蔽 （5）丕則	惟乃顯考文王 汝丕遠，惟商者成人 丕蔽要囚 丕則敏德
酒誥	（6）丕惟 （這「丕」字會是「不」字之譌不會，自已不能決也。）	丕惟曰，爾克永觀省
梓材	（7）丕享	后式典集，庶邦丕享
召誥	（8）丕作	厥既命庶殷，庶殷丕作
洛誥	丕享 丕顯	凡民惟曰丕享，惟事其爽侮[9] 公稱丕顯德，以予小子揚文武之烈
多士	（9）丕建 （10）丕靈	亦惟天丕建，保乂有殷 今惟我周王丕靈承帝事
無逸	丕則	……非天攸若，時人丕則有愆。
君奭	（11）丕單（？） （12）丕承 （13）丕時 （14）丕冒 （此「丕冒」一辭，不知是不是和上面「冒丕」有關係？）	武王惟冒丕單稱德 丕承無疆之恤 在讓後人于丕時 王功于不怠丕冒，海隅出日，罔不率俾

---

9 〔校案〕〈洛誥〉文作「凡民惟曰不享」。

篇名	辭	用法
立政	（15）丕釐	亦越成湯陟，丕釐上帝之耿命
	（16）丕式	嚴惟丕式，克用宅三俊
	丕式	其在四方，用丕式見德
顧命	（17）丕平	昔君文武，丕平富
文侯之命	丕顯	丕顯文武，克慎明德
	（18）丕愆	閔予小子，嗣造天丕愆
盤庚	（19）丕欽	不匿厥指，王用丕欽
	（20）丕變	罔有逸言，民用丕變
	（21）丕從	以丕從厥志
	丕克	予丕克羞爾，用懷爾然
	（22）丕降	先后丕降與汝罪疾曰……
	（23）丕刑	作丕刑于朕孫

　　此所集各辭，在理，必不無可以研究之處；然而，在作此表時，作者已在病中，憊甚，頗自慮其文未成而已死，故力疾為之。假會活，有第二次研究時，學問之道，沒有涯岸，或更有所見，當說不定。若今者，則姑為學問家集材料，也未必不無補益云爾。

　　又，此中有三個「丕乃」字，皆未錄入。

　　「有」字之孳乳辭，已略如「有辭」條中所述，現不贅。

　　讀者請恕我，舉一隅反，我于是不能更抄其餘零見之成語矣，除下面將《商書》的再集抄外。因為《商書》頗重要也。

《商書》的成語

篇名	辭	用法
湯誓	（1）如台 （2）食言	夏罪其如台 爾無不信，朕不食言
盤庚	（3）如台 （4）猷黜 （5）播告 （6）聒聒 （7）起信險膚 （8）〔克黜〕 （9）不昏 （10）逸口 （11）逸勤 （12）〔作猷〕 （13）致告 （14）弗率 （15）〔用亶〕 （16）荒失 （17）胥戚 （18）自鞠自苦 （19）何生 （20）〔自臭〕 （21）崇降 （22）生生 （23）罪疾 （24）有比 　　同位 （25）亂政 　　崇降	卜稽曰，其如台 猷黜乃心，無傲從康 王播告之修 今汝聒聒 …… 汝克黜乃心，施實德于民…… 不昏作勞 其發有逸口 胥及逸勤 聽予一人之作猷 凡爾眾，其惟致告 乃話民之弗率 誕告用亶 無荒失朕命 爾惟自鞠自苦 汝何生在上？ 一無越穢以自臭 高后丕乃崇降與汝罪疾曰…… 汝萬民乃不生生…… 先后丕降與汝罪疾曰…… 曷不暨朕幼孫有比？ 茲予有亂政同位 高后丕乃崇降弗祥

篇名	辭	用法
盤庚	（26）大恤	永敬大恤，無胥絕遠
	（27）猷念	汝分猷念以相從
	（28）不廸	乃有不吉不廸，顛越不恭
	生生	往哉生生
	（29）綏爰	綏爰有眾
	（30）弔由靈	
	（31）〔宏茲賁〕	用宏茲賁
	（32）好貨	不肩好貨
	生生	敢恭生生
	（33）保居敘欽	
	生生	生生自庸
	（34）式敷	式敷民德，永肩一心
高宗肜日	（35）如台	乃曰其如台
	（36）天胤	罔非天胤
西伯戡黎	（37）率典	不廸率典
	（38）康食	故天棄我，不有康食
	（39）不摯	大命不摯
	（40）如台	今王其如台
微子	（41）亂正	殷其弗或亂正四方
	（42）發出狂	我其發出狂
	（43）耄遜	吾家耄遜于荒
	（44）出廸	詔王子出廸
	（45）自靖	

〔說明〕

　　凡辭之有〔　〕號者表示其如像不是成語。

　　如「克黜」一語，一若「克」是述語是也。但，「作猷」二字在
「之」字之後，「之」領格字也，則「作猷」有名詞價矣；餘數推。

我們宜着眼處是：

（1）「如台」二字，三見于《尚書》，皆在《商書》。不但「如台」，便是「台」字也僅見于〈湯誓〉。是「台」字之用，是獨立的一個意識，而且《商書》有同時作之痕迹矣。（王靜安先生言：「如台」即「如何」，不能老訓「台」為「我」。）

（2）「何」字之用，如「何生在上」，此法不見于周篇，而常見于〈堯典〉〈皋陶謨〉，此其故可知也。

〈毛公鼎〉與〈盂鼎〉成語

〈毛公鼎〉雖然說是成王時的作品，可是大家仍是摸捉不定的話；〈盂鼎〉更不消說，我看二鼎所用的代詞和成語，都和《尚書》周篇中者近，假若我的以〈大誥〉為真的成王時作品的假定為不錯時，則二鼎最多可以成認其不至出于東周而以。換言之，二鼎之出。必遲于〈大誥〉。

此說也，也許是我太信任〈大誥〉了；信任而「太」，依然是危險的。雖然，二鼎所用成語，多不見于〈大誥〉，此何故也？謂〈大誥〉出二鼎後乎，則〈大誥〉之後諸篇，用者甚常見，豈〈大誥〉更出各該篇之後乎？絕對無此理也！總之，〈大誥〉與二鼎之絕緣，二鼎與〈大誥〉以後各周篇之發生關係。這是件甚可注意的事。

我不嘗謂《尚書》用「予」而不用「余」，為後出之證乎？然此是整個的另一個問題，初不在〈毛公鼎〉，〈盂鼎〉之與〈大誥〉，銅器文皆不用「予」，而出于春秋時代者有矣，謂之較〈大誥〉先出，有這樣的道理沒有呢！

今且論二鼎之文。

代詞如「我」，「余」，「朕」，「女」，都和《尚書》不大差異。惟〈盂鼎〉之「我」與〈毛公鼎〉之「我」頗不一致，〈毛公鼎〉用

「我」九，反身一，主格一，其餘皆在領位。曰：

（1）配我有周，
（2）臨保我有周，
（3）命女薛我邦，
（4）我家
（5）廼惟是喪我國，
（6）弘我邦
（7）我家。

是也。〈盂鼎〉用「我」四，而一反身，三皆在主位。曰：

（1）我戳殷墜命，
（2）今我惟即刑憲于玟王正德，
（3）粤我其邁相先王受命受疆土，

此顯然二個不同的系統，而很像《尚書》的周篇中所有的情形。《尚書‧大誥》之用「我」與〈康誥〉及後面諸篇，也成為兩個不同的系統。〈大誥〉用「我」，皆在領位，而〈康誥〉等則「主」「領」兼用之，（可參看本文代詞之篇。）我們于此既可知〈盂鼎〉之必不出于〈康誥〉等般的意識之前，固無論；而〈毛公鼎〉最多也和〈大誥〉同時可證矣。

雖然，〈毛公鼎〉不能和〈大誥〉同時也。牠雖和〈大誥〉之不同于〈康誥〉等篇般的決不與〈盂鼎〉同時，而成語之不同于〈大誥〉，終是個重要的關鍵。故用代詞同〈大誥〉而成語又同〈康誥〉等，正是個可證其後于〈大誥〉之點。現在將成語列在後面而說之。

〈毛公鼎〉成語	用法	《尚書》
（1）「丕顯」	丕顯文武	〈康誥〉：惟乃丕顯考文王， 〈洛誥〉：公稱丕顯德， 〈文命〉：丕顯文武，
（2）「弘厭」	皇天弘厭乃德	〈洛誥〉：萬年厭于乃德，
（3）「不庭方」	率懷不庭方	（《詩經》《大雅》有之）
（4）庸集（？）	惟天庸集乃命	〈多方〉：非天庸釋有夏，非天庸釋有殷，（庸類之孳乳字）
（5）「耿光」	罔不閈于文武耿光	〈立政〉：以覲文王之耿光。
（6）「先正」	亦唯先王	
（7）「臨保」	臨保我有周	「保」字之用，可參看前文所論，
（8）「愍天疾畏」		
（9）「不靜」		〈大誥〉：西土人亦不靜， 　　　　　民不靜， 〈康誥〉：今惟民不靜，
（10）「若否」	虩許上下若否	〈盤庚〉：若否，罔有弗欽。
（11）「鰥寡」	廼敄鰥寡	
（12）「康能」	康能四國俗	「不能厥家人」之「能」，即此「能」也。
（13）「湎于酒」	毋敢湎于酒	〈酒誥〉：罔敢湎于酒，
（14）「服造」	在乃服造	
（15）「不賜」	夙夕敬念王畏不賜	「不賜」即「不于常」之「不易」。「王曰：嗚呼，肆汝小子封，惟命不于常，汝念哉。」很相像。

〈孟鼎〉	用法	《尚書》
（1）「丕顯」	丕顯玫王受天有大命	
（2）「有大命」		
（3）「匍有」	匍有四方	〈金縢〉：乃命于帝庭，敷佑四方。
（4）「受民」	其邁相先王受民受疆土	〈立政〉：相我受民，和我庶獄，

　　〈毛公〉、〈孟〉二鼎，都說戒酒的話，和《尚書》〈酒誥〉相同者，在〈毛公鼎〉既已如前舉，在〈孟鼎〉則有：「酒無敢酗」、「惟殷邊侯甸粵殷正百辟率肆于酒。故喪師。」等句，此儼然《尚書》中口氣也。又「已」之一助詞，所見于〈大誥〉，〈康誥〉者，此亦有之。〈毛公鼎〉曰：「王曰，父瘖，已，曰，即茲卿事寮太史寮……」〈孟鼎〉曰：「已，女妹辰有大服，……」是也。又，〈孟鼎〉「奔走畏天畏」和《尚書》的「罔不畏畏」也是同樣意思的。

　　〈毛公鼎〉和〈孟鼎〉之用成語的和《尚書》相同，這可更作一解釋。意識雖過去了，器物赫然固在，文章不難常讀，聰明者，甚容易刺取一二語句，意旨，以成新篇，此〈大誥〉以下諸篇，亦間做二鼎之說也。例如「弘厭」，〈洛誥〉「厭」字用法同外，不見它篇；「耿光」〈立政〉用外，不見它篇是也。這是二鼎與《尚書》相互間的話。至到二鼎自身來講，好古則力擁護其古，自是人情之常，二鼎固自如如。或竟成時頗晚，亦安能定？「不庭方」一語之見于《詩經》，安知不是大家都是意識相一致之故？不過《詩經》用字，多有特非西周所用，斯可證二鼎必不甚後耳。

《詩經》之成語及其它

《詩經》皆東周之作，從文法上已犖然可見。其實，好說「古」者，自家才真的是「不古」，因為他有假造的心理在著。《詩經》本是東周之真，人家硬欲為之穿上假衣裳，抬出去遊行，這是春秋戰國及以後人的心理！幸喜《詩經》自家也仍如如，穿上衣裳，終是「穿上」，剝下只消一舉手，故《詩小序》，不足剝也。

夫《詩經》雖說是西周作者，此不過《小序》之把戲耳。作《詩》者的心理既和作《小序》者的全沒交涉，抑《小序》的作者出生時，我們那些詩人的墓地已變成蒼海了！

夫《詩》自身便赤裸地是《詩》，無罣無礙，並不想去什麼舞台——例如政治舞台——上活動，像《小序》黨那樣幹的，我們原可不必多嘴。因為一多嘴，便老像《詩經》也大有作偽之意者然。不過，這也沒辦法。要是不來說一說，到反會冤枉了《詩經》；況且《小序》也早索詐技敗。

《詩經》之始，只是有韻之文。《頌》和《大雅》，即是這樣個結集。及至進化而為《小雅》，十五《國風》，詩的形質，始真的確立。故假若我們認詩的文法和散文的文法會不宜相持並論時，《頌》和《大雅》到還不致不許我們置喙。因此，我也來談《詩經》的文法。（其實，詩的文法是和散文一樣可比較的。）

據我所統計的結果，這樣的文法是盛于東周以後的：

（1）用「其」字于領位。

（2）用「之」字于賓位。

（3）用「如何」代曷。

（4）用「則」為連詞，

（5）用「而」

這為最低限度的條件，詳細還不止此。

茲逐類舉些例子如下：

（1）類：〔用「其」字在領位。〕

「有客有客，亦白其馬。」——《周頌》《臣工之什》〈有客〉

「休矣皇考，以保明其身。」——《周頌》《閔予小子之什》
〈訪落〉

「有喈其饁，思媚其婦，

「有依其士，有略其耜，——《周頌》《閔予小子之什》〈載芟〉

「魯侯戾止，言觀其旂，

「魯侯戾止，其馬蹻蹻，

「其馬蹻蹻，其音昭昭，

「穆穆魯侯，敬明其德，

「明明魯侯，克敬其德，——《魯頌》《駉之什》〈泮水〉

「赫赫姜嫄，其德不回，」——《魯頌》〈閟宮〉

「其香始升，上帝居歆，」——《大雅》《生民之什》

「其告維何，邊豆靜嘉，

「其類維何，家室之壺，

「其胤維何，天被爾祿

「其僕維何，釐爾女士，——《大雅》《生民之什》〈既醉〉

「相其陰陽，觀其流泉，其軍三單，

「度其隰原，徹田為糧，

「度其夕陽，豳居允荒，——《大雅》《生民之什》〈公劉〉

「鳳凰于飛，翽翽其羽，——《大雅》《生民之什》〈卷阿〉

「疾威上帝，其命多辟

「天生烝民，其命匪諶，」——《大雅》《蕩之什》

「……」

「……」

（2）類：（本來用「之」在領格，已不是很早，今專集在賓位。）

「假以溢我，我其收之，

「駿惠我文王，曾孫篤之。」——《周頌》《清廟之什》〈維天之命〉

「惠我無疆，子孫保之，

「不顯維德，百刑其辟之，——《周頌》《清廟之什》〈烈文〉

「天作高山，大王荒之，

「彼作矣，文王康之，

「彼徂矣，岐有夷之行，子孫保之。」——《周頌》《清廟之什》〈天作〉

「昊天有成命，二后受之，

「……單厥心，肆其靖之。」——《周頌》《清廟之什》〈昊天〉

「……天其佑之，

「伊嘏文王，既右饗之

「我其夙夜，畏天之威，于時保之，」——《周頌》《清廟之什》〈我將〉

「肆于時夏，允王保之，」——《周頌》《清廟之什》〈時邁〉

「言授之縶，以縶其馬，

「薄言追之，左右綏之，」——《周頌》《臣公之什》〈有客〉

「敬之敬之，天維顯思，」——《周頌》《閔予小子之什》〈敬之〉

「誕寘之隘巷，牛羊腓字之，

「誕寘之平林，會伐平林，

「誕寘之寒冰，鳥覆翼之，

「釋之叟叟，烝之浮浮，」——《大雅》《生民之什》〔〈生民〉〕

「或肆之延，或授之几，」——《大雅》〈生民之什〉〈行葦〉

「人有土田，女反有之，

「人有民人，女覆奪之，

「此宜無罪，女反收之，

「彼宜有罪，女覆說之，」──《大雅》《蕩之什》〈瞻卬〉

「……」

（3）類：〔用「何」字〕

「撻彼殷武，奮伐荊楚

「罙入其阻，褒荊之旅，有截其所，」──《商頌》〈殷武〉

〔按〈殷武〉四句，宜入第（1）類「其」字條下〕

「亦又何求？如何新畬，於皇來牟？──《周頌》《臣公之什》

〔〈臣工〉〕

「憬彼淮夷，來獻其琛」──《魯頌》〈泮水〉

「生民如何？克禋克祀……

「誕我祀如何？或舂或揄，……──《大雅》《生民之什》〔〈生

民〉〕

「其告維何？邊豆靜嘉；

「其類維何？家家之壼，

「其胤維何？天被爾祿，

「其僕維何？釐爾女士，──《大雅》《生民之什》〈既醉〉

「何以舟之？維玉及瑤──《大雅》《生民之什》〈公劉〉

「瞻卬昊天，云如何里？」──《大雅》《蕩之什》〈雲漢〉

「靡所止疑，云徂何往，

「其何能淑，載胥及溺，」──《大雅》《蕩之什》〈桑柔〉

「何求為我，以戾庶正？──《大雅》《蕩之什》〈雲漢〉

「其殽維何？炰鱉鮮魚，

「其蔌維何？維筍及蒲，

「其贈維何？乘馬路車，──《魯頌》〈閟宮〉

「天何以刺，何神不富！——《大雅》《生民之什》〈公劉〉

（4）類：〔用「則」字。〕

「如火烈烈，則莫我敢曷」——《商頌》〈長發〉

「陟則在巘，復降在原，」——《大雅》《生民之什》〈公劉〉

「民之方殿屎，則莫我敢葵，」——《大雅》《生民之什》〈板〉

「旱既大甚，則不可推，

「昊天上帝，則不我遺，

「旱既大甚，則不可沮，

「羣公先正，則不我助，

「羣公先正，則不我聞

「昊天上帝，則不我虞，——《大雅》《蕩之什》〈雲漢〉

「柔則茹之，剛則吐之，——《大雅》《蕩之什》〈烝民〉

「瞻卬昊天，則不我惠，——《大雅》《蕩之什》〈瞻卬〉

（5）類：〔「而」字。〕

「秋而載嘗，夏而楅衡，

「俾爾而熾而昌，俾爾壽而臧，」——《魯頌》〈閟宮〉

「戎雖小子，而式弘大，」——《大雅》《生民之什》〈民勞〉

「民之靡盈，誰夙知而莫成？——《大雅》《蕩之什》〈抑〉

「既順迺宣，而無永歎，——《大雅》《生民之什》〈公劉〉

「天命玄鳥，降而生商，——《商頌》〈玄鳥〉

「俾爾昌而熾，俾爾壽而富

「俾爾昌而大，俾而壽而艾，——《魯頌》〈閟宮〉

「彼童而角，實虹小子，——《大雅》《蕩之什》〈抑〉

如上所舉，文氣疏落，其為東周之作，殆無討論餘地。不持此。《大雅》〈抑〉之篇竟有「也」字，曰：

> 白圭之玷，尚可磨也：斯言之玷，不可為也。

是詩是散文，我們且不管；而這種字法，是春秋所熟見者也。它如用「彼」于第二人稱，用「爰」，用「矣」，用「之」之那末多，那末普遍，皆晚代文之特徵也。其實《詩經》之晚，是不須太費討論的。將其成語之和《尚書》同者，抄之于後。

《大雅》〈行葦〉：

> 酌以大斗，以祈黃耇：黃耇台背，以引以翼。

《大雅》〈蕩〉：

> 匪上帝不時，殷不用舊，雖無老成人，尚有典刑；

《尚書》〈微子〉云：

> 咈其耉長，舊有位人，

〈康誥〉云：

> 汝丕遠，惟商耇成人，宅心知訓。

又曰：

> 汝無侮老成人。

〈閟宮〉：

 俾爾壽而富，黃髮台背，

〈召誥〉曰：

 則無遺壽耇曰，其稽我古人之德，……

「耇」「壽」「老成人」等，皆是有經驗者的標準，意識則然。
〈毛公鼎〉言戒酒，〈盂鼎〉言戒酒，〈酒誥〉言戒酒，《詩》也言戒酒，

 《大雅》〈蕩〉：「文王曰咨，咨女殷商，天不湎汝以酒，不義從式，」
 〈抑〉：「其在于今，興迷亂于政，顛覆厥德，荒湛于酒，」
 「女雖湛樂從，弗念厥紹，罔敷求先王，克共明刑，」

 我們閱此，簡直是在讀《尚書》的〈無佚〉、〈酒誥〉、〈微子〉……等，誰有詩的感覺呢？〈無逸〉的「惟耽樂之從」和這句同機杼。「湛于酒」，「敷求」「明刑」皆《尚書》所同。

 〈桑柔〉：「維此良人，弗求弗迪；維彼忍心，是顧是復，」

這裏「弗迪」二字，又和《尚書》不一樣了，〈康誥〉的「不適不迪，不迪，則罔政在厥邦」，是「不迪」不是不好意思的，而此則與「弗求」並舉，而與下文「民之貪亂，寧為荼毒」觀之「弗迪」并不壞。

　　〈民勞〉云：「式遏寇虐，憯不畏明；柔遠能邇，以定我王。」

「柔遠能邇」一語，〈文侯之命〉有之曰：「父往哉，柔能遠邇，惠康小民，無荒寧，簡恤爾都，用成爾顯德。」
　　「不顯」一辭，所見于《詩》者為：

　　　《周頌》：「不顯文王，之德之純，」〈維天之命〉
　　　　　　　「不顯維德，百辟其刑之，」〈烈文〉
　　　　　　　「不顯成康，上帝是皇，」〈執競〉
　　　《大雅》：「無曰，不顯，莫予云覯，」〈抑〉
　　　　　　　「不顯申伯，王之元舅，」〈崧言〉

「無曰不顯莫予云覯」句，是指「天」說話的。此外，「攸介」「攸止」，「攸攝」，「攸暨」……等，也是同《尚書》「攸」字一數的孳乳字一樣使用的。

　　這裏所舉的例，皆從《大雅》三《頌》者，以《大雅》三《頌》較《小雅》，謂《國風》為早也。

　　《詩經》的成語，大約如上舉。我之舉出這些成語，固然不必能說定《尚書》中有幾篇和牠發生什麼直接的關係，然這種情形，我們卻不能不知道。不但成語，就是

　　　「是……是……」

式的句法，也是可以注意的。若「而……而……」式，則是《詩經》自身的時代表現。

四　結論[10]

我這文姑于此處作個結論，雖則知于《尚書》的文法研究，仍未能詳盡——或竟未能真的研究過。

結論云者，當然是從前面各方面的所尋求，來下個判斷；這文是在作《尚書》年代探討的冀圖的，則說是定其年代罷。

年代到底能不能夠定呢？就說〈大誥〉是真的時代，〈大誥〉為成王時的作品，于是一篇一篇地照排下去麼？這當然是不能夠的。而不是除非確確鑿鑿的有十分固定的証據，像西人般的某書成于某年，在過去的中國已很是難能的事，況上古的傲作的書？故年代者，也只是言其約數；而尤其只是在先後這一點而以。換句說，即是某篇比某篇早出或晚出是也。

現在先將〈尚書序〉所說的年代之次列下，然後加以改訂。

（1）〈堯典〉　公元前二二六○至二二五五年作。

《書序》云：「昔在帝堯，聰明文思，光宅天下，將遜于位，讓于虞舜，作〈堯典〉。」

（2）〈皋陶謨〉　公元前二一九○至二一九八年作。

《書序》云：「皋陶矢厥謨，禹成厥功，帝舜申之，作〈大禹謨〉，〈皋陶謨〉。」

（3）〈禹貢〉　公元前二一九○至二一九八年作。

《書序》云：「禹別九洲，隨山濬川，任土作貢。」

（4）〈甘誓〉　公元前二一九六年作。

《書序》云：「啟與有扈戰于甘之野，作〈甘誓〉。」

10　〔校案〕《週刊》原刊標作「五」，據何定生〈致余永梁〉（1928年11月7日）的通訊，則當為「四」。

虞夏之書，都是戰國及以後之作品，這已不是今日的話。從文法上看出，也是可以証明其最少為春秋以後之作。春秋紀元在公元前七二三年，去所謂虞夏時代已一千五六百年了。

（5）〈湯誓〉　公元前一七七七至一七六六年作。

　　《書序》：「伊尹相湯，伐桀，升自陑，遂與桀戰于鳴條之
　　　　　　　野。作〈湯誓〉。」

（6）〈盤庚〉　公元前一三八八及或以後作。

　　《書序》：「盤庚五遷，將治亳，殷民咨，胥怨，作〈盤庚〉
　　　　　　　三篇。」

（7）〈高宗肜日〉公元前一三○○年前後作。

　　《書序》：「高宗祭成湯，有飛雉升鼎耳而雊。祖已訓諸王，
　　　　　　　作〈高宗肜日〉。」

（8）〈西伯戡黎〉　公元前一一二四年作。

　　《書序》：「殷始咎周，周人乘黎；祖伊恐，奔告于受，作
　　　　　　　〈西伯戡黎〉。」

（9）〈微子〉公元前一一二三年作

　　《書序》：「殷既錯天命，微子作誥父師少師。」

　　《商書》五篇，以〈盤庚〉最為人家所相信，謂係真時代的作品。其實〈盤庚〉之文，和〈湯誓〉等四篇，是一致的。〈盤庚〉可信，則四篇也是可信，今於四篇敢疑，而〈盤庚〉則信，其理由不知是否因為〈盤庚〉很長？

　　信〈盤庚〉者，雖靜安先生猶然，他人更不可消說。其實〈盤庚〉之非真，我辨之已屢。〈盤庚〉不但不是商作，而且未必是周中葉以前之作。我很以為當出西周末造，最少。

　　從代詞比較上，〈盤庚〉和〈費誓〉用「汝」同，而與周篇異。

用「惟」字作連詞與〈呂刑〉同，用「矧」也異于〈大誥〉，〈呂刑〉固也晚出之書也。

《商書》頗有自成一系的傾向。代詞上，〈湯誓〉用「汝」與〈盤庚〉同。「台」及「如台」等辭，惟《商書》自有之，色彩甚清醒。故我謂《商書》乃為一時代之作品。

（10）〈牧誓〉　紀元前一一二二年間所作。

　　　　《書序》：「武王戎車三百兩，虎賁三百人，與受戰于牧
　　　　　　　野，作〈牧誓〉。」

（11）〈金縢〉　紀元前一一一五年前後作。

　　　　《書序》：「武王有疾，周公作〈金縢〉。」（此語自與文中
　　　　　　　矛盾。）

（12）〈大誥〉　公元前一一一四年成王二年作。

　　　　《書序》：「武王崩，三監及淮夷叛，周公相成王將黜殷，
　　　　　　　作〈大誥〉，」

（13）〈康誥〉　公元前一一〇六年成王十年作。

（14）〈酒誥〉　公元前一一〇六年成王十年作。

（15）〈梓材〉　公元前一一〇六年成王十年作。

　　　　《書序》：「成王既伐管蔡，蔡叔，以殷餘民封康叔，作
　　　　　　　〈康誥〉、〈酒誥〉、〈梓材〉」

（16）〈召誥〉　公元前一一〇四至一一〇二年間作。

　　　　《書序》：「成王在豐，欲宅洛邑，使召公先相宅，作〈召
　　　　　　　誥〉。」

（17）〈洛誥〉　公元前一一〇四至一一〇二年間作。

　　　　《書序》：「召公既相宅，周公往營成周使來告卜，作〈洛
　　　　　　　誥〉。」

（18）〈多士〉　公元前一一〇二至一〇九一年間作。

《書序》：「成周既成，遷殷頑民，周公以王命誥作〈多士〉。」

（19）〈無逸〉　公元前一一〇二至一〇九一年間作。

《書序》：「周公作〈無逸〉。」

（20）〈君奭〉　公元前一一〇二至一〇九一年間作。

《書序》：「召公為保，周公為師相成王，為左右，召公不說，周公作〈君奭〉。」

（21）〈多方〉　公元前一一〇二至一〇九一年間作。

《書序》：「成王既歸自奄，在宗周，誥庶邦，作〈多方〉。」

（22）〈立政〉　公元前一一〇二至一〇九一年間作。

《書序》：「周公作〈立政〉。」

（23）〈顧命〉　公元前一〇七八年作。

《書序》：「成王將崩，命召公畢率諸侯相康王作〈顧命〉。」

（24）〈呂刑〉　公元前九五一年作。

《書序》：「呂命穆王作訓夏贖刑作〈呂刑〉。」

（25）〈文侯之命〉　公元前七七〇年平王東遷後作。

《書序》：「平王錫晉文侯，秬，鬯，圭，瓚，作〈文侯之命〉。」

（26）〈費誓〉　公元前

《書序》：「魯侯伯禽，宅曲阜，徐戎並與，東郊不開，作〈費誓〉。」

（27）〈秦誓〉　公元前六二七年作。

《書序》：「秦穆公伐鄭，晉襄公帥師敗諸崤，還歸，作〈秦誓〉。」

周篇中〈秦誓〉是老早已知道假作的,〈洪範〉又不須比較,所以不列入。這十七篇書,就他們所分,是四個時期:

    (甲)成王以前:〈牧誓〉、〈金縢〉

    (乙)成王時代:〈大誥〉、〈康誥〉、〈酒誥〉、〈梓材〉、〈召誥〉、〈洛誥〉、〈多士〉、〈無逸〉、〈君奭〉、〈多方〉、〈立政〉

    (丙)成王以後:〈顧命〉、〈呂刑〉

    (丁)東周時代:〈文侯之命〉、〈費誓〉、〈秦誓〉

(丁)組可以不甚注意,因為已自是為東周時作了。(丙)組雖也并不會比(丁)組來得時代早些,而也距離不很大,所以容易說話。惟有(乙)(甲)二組,則甚重要!

雖然(甲)組也并不重要。〈金縢〉照《書序》自家的話講,已是矛盾好笑了。它明明是篇第三者記事之文,而謂之為某事作〈金縢〉,一不相應。其中文又曰:「武王既喪,管叔及其羣弟,乃流言于國,」更不是周公口氣,二不相應。故〈金縢〉不須文法比較,已立辨其非武王時之作。

及至用文法去分解而後,〈金縢〉不但由武王一跌而入成王之域,殆再跌而入東周矣。曰:

    (1)是有丕子之責于天,

    (2)以旦代某之身,

    (3)四方之民,罔不祇畏,

    (4)嗚呼,無墜天之寶命,

    (5)爾之許我,……

    (6)乃納冊于金縢之匱中,

    (7)我之弗辟,我無以告我先王,

（8）乃為詩以貽王，名之曰〈鴟鴞〉，

（9）盡弁，以啟金縢之書

（10）以彰周公之德，

（11）惟朕小子其新逆我國家禮亦宜之。

此十一條者，尤以第（8）條為不可磨滅之證，曰：此東周之文法也。（參看代詞之篇）然而猶不止此，曰：

（12）我其以璧與珪，

（13）我乃屏璧與珪。

二「與」字，好像太新吧？，猶不止，曰：

（14）周公居東二年，則罪人斯得。

「斯」字新鮮，「則」字之為連詞，亦為西周所罕見。然而其有力之鐵證，仍在

（15）管叔及其羣弟，乃流言于國曰……

之條也。夫「其」之為領位，在作〈金縢〉的時代，固分明會盛行也，其奈前此大家猶未想到何！至到「于」字之為「於」，我們姑讓步，認它們為是被人傳寫寫錯。

〈牧誓〉呢，也不消說，「之」字是一路同〈金縢〉般的使用，而用「如」，用「是……是……」的式，皆是晚出之證。（可參看連；助詞之篇）

　　于是，我們所欲討論的中心，便是（乙）組各篇了。我們看清十一篇都是在成王時作的，而且其間不過廿餘年，廿餘年的文章，未必就變到那末不一致吧！

　　據代詞的用法告訴我們的，則可為三系：

　　　（a）〈大誥〉

　　　（b）〈康誥〉、〈酒誥〉、〈召誥〉、〈立政〉、〈多方〉，

　　　（c）〈洛誥〉、〈多士〉、〈君奭〉，

（〈梓材〉和〈無逸〉用甚少，故不列入統計，）惟「其」字，〈洛誥〉用二個，很像在領位，〈無逸〉用一個，這都是很可注意的；「之」字，則〈酒誥〉用二於賓位，〈無逸〉二，〈多方〉五，〈立政〉五。故在這裏，又可以這樣分：

　　　（d）〈酒誥〉、〈洛誥〉、〈立政〉、〈無逸〉、〈多方〉

另為一組。

　　這末一來，〈康誥〉及以下各篇，便自然地發生問題了。夫既與〈大誥〉分立，而大家又有同類而異的情勢，A等于B，B等于C，則A之與C必不能絕緣，理由至明。而與〈大誥〉甚相像的〈康誥〉，尤有如下面的句子，曰：

　　　（1）「惟文王之敬忌，」

　　　（2）「我惟有及，則予一人以懌，」

　　　（3）「不可不監告汝德之說，于罰之行」

〈康誥〉之用「矧」已同〈大誥〉而異〈大誥〉矣，今又犯「之」之忌；犯「之」之忌可也，「則」字亦犯之！止此，〈康誥〉便可入（d）組；而其用成語，也一面取〈大誥〉，一面綻其時代意識，于是〈康誥〉之篇，我以為非西周作矣。（參看成語之篇）

〈康誥〉會先于〈酒誥〉不會呢？是〈酒誥〉用語常學〈康誥〉，抑〈康誥〉學自〈酒誥〉，此頗難決定之。然以〈康誥〉與〈大誥〉大像，而又太不像一點觀之，〈康誥〉當出〈酒誥〉後。（讀者，可取各類詞之研究比較之。驗其是對是錯，）

〈立政〉一篇，文頗一變，而〈毛公鼎〉之成語，常特有之。然〈立政〉必不能先于〈酒誥〉也。〈召誥〉與〈洛誥〉，也有許多相似之處；而〈多方〉之文又自為一種，不同氣味。〈無逸〉自是更新鮮之文，必不出〈多方〉前；〈君奭〉是篇最好倣人家——如〈大誥〉，〈康誥〉、〈酒誥〉、〈召誥〉等——的辭語的。

各篇相關之處，成語篇中已詳之矣。驟看去，好像語近穿鑿，然合多方面——如連詞助字等觀之，自可覺其理之平常，無足怪者。試看各連詞，〈大誥〉之後，那一篇不是用則用矣，卻是用自家的用法也呢？

我以為周篇原來只有〈大誥〉一篇罷了。後來人家才加上〈酒誥〉、〈康誥〉……等去，蔚成今書。這道理正和從《周書》再加上五篇《商書》，從《商書》再加上〈禹貢〉、〈甘誓〉，而又加上〈堯典〉、〈皋陶謨〉一樣也。〈堯典〉、〈皋陶謨〉是個時期所加，——幾乎是一個團體或一個人所作；《商書》也是一個時期加；然則周篇自〈康誥〉而下，殆也為一個時期或一個團體所加乎？

不過，周篇的內容分明沒有《商書》那末簡單，故不能一語了決。大概，各篇時期的距離遠是不很遠的，而寫作則當由許多個不同派的人，所以文章自然各有各的個性。這話本來也可從就各篇的章節摘抄一些出來比較而證明，不過，我想，它們是很容易辨別的，所以這一點沒有去從事了。

道地的東周貨像〈費誓〉、〈秦誓〉，文章是何等鏗鏘！〈呂刑〉大不像，〈呂刑〉的作者不高明也，其實，要去硬作，那裏會有高

明？誰會比〈康誥〉更高明！

〈毛公鼎〉，〈盂鼎〉，以及〈康誥〉而下各篇《詩》〈大雅〉、《頌》等，大家成語的有些一致，我以為好像不是偶然的。當然〈毛公鼎〉等不是假作，但，我以〈毛公鼎〉等未必果為成王時的作品，而《書》、《詩》等則又不少受〈毛公鼎〉的影響，或竟以之為藍本也。

周篇各篇雖未必果遂出于東周，而正在西、東周的文法之演進間，則可斷言。西周之文從〈大誥〉以至〈毛公鼎〉等，以開東周之漸，而為〈酒誥〉等篇；東周則又為〈費誓〉，〈秦誓〉（〈盤庚〉、〈湯誓〉等屬之）以開春秋時代之文之漸也。（《易》當可屬之，）

文至《詩經》，為東周之盛；至《論語》則為春秋之盛；至〈堯典〉，〈皋陶謨〉，當是戰國之盛；而《戰國策》又為秦之盛也。這些話許有多少是感覺的，或且當再研究之耳，要是有興趣的話。

茲姑作一《尚書》年代之約表。（約者粗糙之謂也）

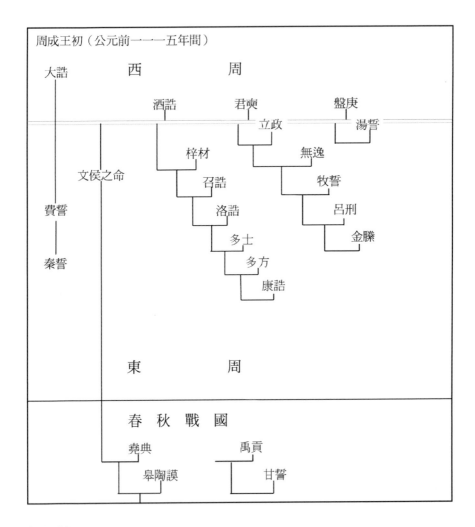

〔**說明**〕

　　上圖所列，並不是正確的次序，不過表示大家一團糟之意，故閱者千萬不要看呆那一級一級的線形。〈康誥〉實在不是很早，便是很晚，故也便不去放它在前面，不過橫豎置前置後也沒大關係了，在這表上。

　　這圖，是認西周的正確作品只有〈大誥〉的，東周的正確作品只

有兩誓的，故皆在正統的線上，其餘則都是湊上去的，故由一旁蔓延
出去。

二　書信

致顧頡剛
（撰於1928年3月8日）[*]

頡剛先生：

請將下面各問題為學生解惑：——

（一）《山海經》到底是何代之書？

按，此書必非出於三代，——尤其是禹益，固不消說。然若謂為漢人所作，則何以司馬遷之《史記》已謂「《山海經》所言怪物，予不敢言之也」呢？難道〈大宛傳〉是假的嗎？

（二）《山海經》是不是巫術之書？

按，此書絕不有系統思想，其言巫術，係近人周樹人先生因其言祀神多用糈而云然（見《中國小說史略》）。到底此說確否？

（三）關于言《山海經》之書有若干種？

就生所知，劉歆〈進山海經表〉、《顏氏家訓》、《史記》、《繹史》、《水經注》、《論衡》、《吳越春秋》，及近人顧實氏之《漢書藝文志疏證》等而已。生讀書甚少，故所見只限於此。至所讀原書，為郝疏本。

（四）《山海經》此書在學術上有什麼價值？

此書經周樹人先生引入《小說史略》，則似乎在文藝上有歷史的價值。然而其價值的程度到底如何？又有其他的地位否？

---

* 本文原刊於《國立中山大學語言歷史學研究所週刊》第2集第21期（1928年3月20日），頁640。

上面四條，皆就生一時意想所到者而提出。師有暇，祈即教之，幸甚。

胡適之先生以為《論衡》之有〈亂龍〉等篇，思想顯與王充矛盾，知為後人偽作（見《中國哲學史大綱》）此說也，先生以為然否？生則竊疑王充之文初非甚古，非同周秦經籍，後人何須假作？且《論衡》之文，有甚大之對於傳統思想之革命性，非甚為時人所重，人奈何假作之？此又不能無疑。故生謂〈亂龍〉等篇，或竟為王氏敷衍漢世之作，亦未可知。

敬頌教安。

中國語言文學系本二生何定生敬上
十七年三月八日

致顧頡剛

（撰於1928年5月1日）[*]

頡剛先生：

　　《論衡》一書，生於去年讀過一遍，並作「讀《論衡》」一篇，約一二萬言，雖亦將王充的思想之表現於《論衡》者為之分析過，而到底為「急就」之文，祇可認為一種較有系統的箚記而已。（當時於一週內成此文）今原稿存在文科辦事處，並無副稿，不能取出參考，蓋生對於日前所問〈亂龍〉之編典吾師的覆信，尚有所論列也。

　　生以日來正在披集古代文法研究的本論材料，頗感時間少暇。然為此故，不得不再將《論衡》之書翻閱。茲將生意見寫出，率以呈正，匆促間不能詳也。

　　〈亂龍〉一篇，（適之先生似不止舉此一篇現已記不清楚，手邊又無《中國哲學史大綱》。師覆我的信謂：「只要把全部《論衡》看一過，有無〈亂龍〉相似的話，如言無之，則此篇確是可疑；……如其還有，則王充生在迷信思想，盛行的漢代，受些時代影響，也是可能的。」云云。我以為他是受時代思想的影響的。王充的思想，生在讀《論衡》一篇，已略論之。我以為他仍不是個徹底者。（不過這自然難怪他。）他信宿命，這固不消說了。他以直覺的理論，論他所懷疑的事物，我們可以認為很可貴。因為用客觀的概念，這不能責之於千

---

* 本文原刊於《國立中山大學語言歷史學研究所週刊》第3集第30期（1928年5月23日），頁1011-1013。

年前的王充；但是，他認事物之現象，是「偶適如此」的。用一句通
俗語，便是「生成」的。故他不信任事物的因果律了。不過這也是根
於他的宿命論來的當然結果。這樣一來：一個超絕一代的王充，於是
也掙不了傳統的網，而有調和態度了。今且論〈亂龍〉本篇：

　　〈亂龍〉篇是在論土龍致雨的事的。他引十五證，（其文甚可絕
倒，《論衡》之文八十五篇，二十餘萬字。的確別具風格。其推證論
斷，皆「絲絲入扣」，如看滑稽戲劇。）以證土龍亦可致雨。這便是
適之先生以為偽作之故；因為頗有迷信色彩。但，下文又云：

> 又，亦有義四焉：立春東耕，為土象人，男女各二，人秉耒把
> 鋤。或立土牛。未必能耕也；順氣應時，示率下也。今設土龍
> 雖知不雨，亦當復時，以類應變，與立土人土牛同一義也。禮
> 宗廟主，以木為之，長尺二寸，以象先祖。孝子入廟，主必祀
> 之。雖能木主非親，亦當盡敬，有所主事。土龍與木主同，雖
> 知非真，示當盛動，立意於象，二也。塗車芻靈聖人知其無
> 用，示象生存，不敢無也。夫祀土龍，知其不能動雨也，示若
> 塗車芻靈，而有致，三也。天子射熊，諸侯射麋，卿大夫射虎
> 豹，士射鹿豕，示服猛也。名布為侯，示射無道諸侯也，夫盡
> 布為熊之象，名布為侯，禮貴意象，示義取名也。土龍亦夫熊
> 麋布侯之類，四也。

則王充不但正不是定全迷信土龍之說，抑仍以其為「神道設教」之
意。我們試看其〈明雩〉篇云：

> 雩祭之用心，慈父孝子之用意也。無妄之災，百民不知，必歸
> 人主。為政治者，慰民之望，故亦必雩。……德酆政得，災猶

至者，無妄也；德展政失，變應來者，政治也。夫政治，則外雩而內改以復其虧；無妄，則，內守舊政，外修雩禮，以慰民心。

這正可以證王充〈亂龍〉的寓意所在。而我人也不能便說這是與王充的思想矛盾。其所以有十五條迷信色彩之說話者，則正是王氏之不徹底使之。所以〈明雩〉之篇，仍有：

夫雩古而有之：……（略）……臣得罪於君，子獲過於父，此自改更，且當謝罪。惶懼於旱，為政治所致，臣子得罪獲過之類也。默改政治，潛易摻行，不彰於外，天怒不解，故必雩祭。惶懼之義。……

當然，我們也不能呆看。「天怒不解」是王充代人民心理設想的話，未必便是王充以天為有意志。王充於「天」，是不承認其有意志的，所以他的天道觀，是這樣：

夫大人之德，則天德也；賢者之言，則天言也。大人剌而賢者諫，則是天之譴告。……六經之文，聖人之語，動言天者，致仕無道，懼愚者之言，非獨吾心，亦天意也，及至言天，猶以人心，非謂上天蒼蒼之體也。……「受終于文祖」，不言「受終于天，」澆之心，知天之意也。……詩之「眷類」，〈洪範〉之「震怒」，皆以人身效天之意。文武之卒，成王幼少，周道未成，周公答攝。當時豈有上天之教哉！周公推心合天志也，天之心，在聖人之胸，及其譴告在聖人之口，不信聖人之言，反然災異之氣，求索上天之意，何其遠哉！」（〈譴告〉篇）

他既有這樣的話：

> 〈指瑞〉云：「（鳳凰與聖人）。其實相遇，非相為出也。」又
> 云：「謂鳳皇諸瑞有知，應吉而至，誤矣！」

乃又這樣說：

> 「有虞氏之鳳凰，宣帝已五致之矣。」

他不是依然相信鳳凰一類的「瑞應」嗎？故生以為這點和〈亂龍〉之
篇，都可以下面二點解釋之。

一、敷衍漢代的皇帝。

二、思想不徹底，調和。

總之：全部《論衡》，大約可以分為：

A.宿命論：〈命祿〉、〈壽氣〉、〈命義〉、〈無形〉、〈骨相〉、〈初
稟〉等篇屬之。

B.「適偶主義」：〈逢遇〉、〈累害〉、〈幸偶〉、〈偶會〉、〈物勢〉等
篇屬之。

C.天道觀念：〈譴告〉……

D.學說批評：〈問孔〉、〈非韓〉、〈刺孟〉等。

E.懷疑精神：〈九虛〉、〈三增〉及其他，……材料甚多。

F.學說：〈程材〉、〈量智〉……之類也不少。

G.敷衍漢代之作：〈宣漢〉、〈恢國〉、〈驗符〉、〈指端〉……等。

這是生個人的見解。讀只一遍的二十萬言書。而且文字冗長，內容繁
複，難保不無弄錯之處。這回寫此，尤為彷彿。惟師指點之耳。不盡。

學生　何定生謹上　五月一日

致顧頡剛

（撰於1928年5月25日），附顧頡剛案語[*]

頡剛先生：

　　古代文法，我想仍須研究個整個的結束。代詞固然有個很有趣的軌道，但，這還於整個的古今文法之變，沒有什麼大的貢獻。卜辭中的代詞，現已寫完，（約萬餘字）。正在寫古彝器（鐘鼎二字太狹）及《尚書》。以我這樣研究的結果，固然可以看出一個字的轉變是怎樣來的；而於古今文章的異點好像還未致答。

　　這話怎樣講？文章的轉變，必不完全繫于代詞，這是不消說的。我們讀〈盤庚〉之篇——乃至其他如〈微子〉、〈多士〉、〈召誥〉……等，分明有一種和《論語》異樣，更和《孟子》不同的感覺。但，這種感覺，是整個的。在發這樣感覺時，必不能立刻覺出其所以然之處。即是不能於全篇的結構，為個字個詞的「目未見全牛也」的感覺。倘若分析一個代詞，而只知道一個代詞，而搔首踟躕曰：「分明是會不一樣呢！」以對付全篇文章，這依然是文法的攏統覺知，蓋然的覺知，於古書之了解當然仍不到家。

　　甲骨無論，《尚書》，彝器文與《論》《孟》之異，實實在在「視而可識，察而見意」，是在什麼地方呢？這是我們所應該問的問題。我們研究古代文法，我們原便須這樣切實地。

---

[*]　本文原刊於《國立中山大學語言歷史學研究所週刊》第3集第32期（1928年6月6日），頁1088-1089。

　　所以，我想，於代詞寫完之後，仍須作動詞及副詞的分析，這固不消說。（名詞、形容詞、介詞可附帶說及，因為無甚大的變化；而於句的分析，尤為必要的工作。

　　頗竊竊覺得《尚書》等所以會和《論》《孟》及以後的作品不同之故，大概是在：

　　1. 沒有連詞。

　　2. 沒有助詞。

這兩種詞，於語氣的長短紓急，甚有關係。 —— 簡直，說文章的「氣」「韻」（這是非科學的術語，借來用一用）都繫于這兩種詞，也無不可。生想將〈盤庚〉全篇 —— 因為它是代表作品 —— 用英文句子的分析法分析之，同時《論》《孟》都擇一些這樣來比較，它們的伎倆，斷不能遮去了。

　　卜辭之文，當然是用不著連詞的，因為它們都是一句句的句子。同時它也沒有助詞，這是明顯的事實。以故讀卜辭，和讀《尚書》及古彝器銘辭便不有很異樣的感覺。但它們仍不能完全一樣，則是到《尚書》及彝器時代時，助詞及連詞已漸漸地發生也。

　　不過《尚書》和彝器銘辭的用這二詞，不但少得很，而且也和後代不一樣。于是《尚書》等又不同於《語》《孟》矣。

　　這是我這回子覺得到的寫出來給先生看。詳細的報告，仍當於一一分析之後。

　　生便想以這一回的興趣，索性寫十萬字來結束古代整個的文法，師以為可否？這種工作，會值得做否？

　　尤望時時加以指導，督促，俾生了這一個小公案也。　敬頌教安！

何定生謹上。

五月廿五日

　　頡剛案：此函所言確是研究古文辭最好的方法；用了這個方法去研究，一定可以打破許多模稜的解釋而得到新的確實的解釋。至於真正不能明白的句子，有了這一番甄別之後，也可說一聲「不懂」而不去強作解釋了。以前人說「氣」說「韻」，原是得到了這一種感覺而沒有工具可以表達出它，所以成了虛浮的分別。現在定生兄有了文法的工具，而又有時代觀念去運用這個工具，不致如《馬氏文通》之混合三千年文句作一種的解剖，必定可以有很大的成功。敬祝努力與進步！

致顧頡剛

（撰於1928年6月1日）[*][*]

頡剛先生：

　　日前言及〈盤庚〉時代的話，先生謂當出於西周及東周之間；以其文較〈大誥〉、〈康誥〉……等為易曉，且與〈呂刑〉為近云云。（大致如此，不知有否誤記）此說頗給生以一種新的注意。〈盤庚〉此文，實頗有趣。生寫完商代代詞，西周即不能立刻寫下，正以〈盤庚〉未能決置何代之故。故日來方在悶索間，今先生之言如此，生又不得不有所討論了。

　　攏統地以文字結構的繁簡論，〈盤庚〉必不出於商代。卜辭出於殷墟，是〈盤庚〉或以後所刻可知；又止於帝乙。帝乙去周成王才得七十餘年。卜辭那樣之文，可演變之機會，盡在此了。假以這七十餘年，文章固可由卜辭的進而為〈盤庚〉的，則〈盤庚〉最多亦出於周初巳年。〈盤庚〉不出於商，已不成問題，於是我人所欲問者，便入於先生所說的論點。生方在整理代詞。即以代詞說。〈盤庚〉之用代詞，甚為統一。用「我」字十八，而在領位者十六。與〈毛公鼎〉相一致。（〈毛公鼎〉「我」字凡九見，而在領位七。）此至周中葉已少，至春秋則幾乎無之。蓋春秋時已為「吾」字在領位之盛旺時代

* 本文原刊於《國立中山大學語言歷史學研究所週刊》第4集第40期（1928年8月1日），頁1447-1449。

也。〈無佚〉、〈金縢〉之篇，「我」字在領位還可占其用法之半。〈多士〉於三十一「我」中，則已僅九個在領位了。這從另一方面看，「我」字後來常用於賓位（如《論語》……），其演變之跡，正頗可得而言。則〈盤庚〉似無甚後出之理一。「汝」字在〈盤庚〉，甚為奇特。春秋時（如《論語》……）；「汝」字用於單數，而「爾」字則用於多數，或親熱之用（適之先生言之），固不論，即以西周彝器言，雖無「爾」字，（只春秋時器齊侯二罍有之。）而「女」字亦皆用於單數。今〈盤庚〉之用「汝」也，皆於眾數；這猶未奇。洋洋三十餘次，乃絕未破不作在領位用之例也。〈大禹謨〉僅欲學一個——恰恰一個——乘，便露馬腳。（天之曆數在汝躬。）彼所上之當，為《莊子》。（文法研究前論中詳言之。）而不知《莊子》正以「汝」字用在領位之大本營也。此外〈皋陶謨〉亦嘗犯兩三次，〈君陳〉也犯過，〈太誓〉也犯過。但這沒法。因為從《莊子》時代假，不能逃《莊子》時代之文例影響，理則固然也。我人之奇〈盤庚〉，不於其用「汝」字不嘗犯過戒律，而在其能如此洋洋使用，不一犯。此不是〈盤庚〉之奇，乃〈盤庚〉作時，無用「汝」於領位者也。然此說不能證〈盤庚〉不是中葉以後的周作。蓋「汝」字用於領位，固春秋以後事，周中葉一未有也。則且得更有說。〈盤庚〉與〈多方〉、〈多士〉，皆為誥戒之文。其對方皆係眾數。〈多士〉、〈多方〉二篇，又恰恰與〈盤庚〉相反，絕未用過「汝」字，而全為「爾」字。〈多士〉廿七見，〈多方〉五十一見也。我人於此，可知〈多士〉、〈多方〉之時代，正合至春秋一路去（如《論語》……）的軌跡。我人固不能因彝器（西周及以後）之用「女」只有單數，而斷定其必不用於眾數如〈盤庚〉，然以〈多士〉、〈多方〉之亦洋洋大觀的用「爾」，不用「汝」，則明可以看出〈盤庚〉時代與〈多士〉、〈多方〉時代，不一致也。（〈多士〉、〈多方〉以外諸篇，皆用系統，絕不有若〈盤庚〉

者。有之惟〈湯誓〉幾個而已。）我們看來，〈盤庚〉的如此用法，置於〈多士〉、〈多方〉之前則可，置於後則不可。以在〈多士〉、〈多方〉前，亦合「汝」字演變之跡也。（若謂「汝」字古為單數用，中忽為多數用，後又為單數用，周代作品中，找不出此例的旁證，故決其不若此。）此〈盤庚〉之不宜有甚後出之理二。

現在說到篇章句讀。生雖未將各篇作句子的分析法析過，（因為目下一時做不了，而生的見解，又正因師話而爆炸，不能復待，急寫此也。）然正自可粗分之。（當即著手作細析）〈盤庚〉、〈大誥〉、〈康誥〉、〈洛誥〉、〈召誥〉、〈金縢〉、〈無佚〉（不復計次序，橫豎時代相差不遠。）等篇，文字皆相近。惟〈呂刑〉不同。除〈呂刑〉外。連詞「……無……矧曰其……」式（隅舉之，不一一表其小異處。）各篇中皆用之。是〈盤庚〉不同於〈呂刑〉者一。抑不特此。〈召誥〉、〈大誥〉、〈康誥〉、〈君奭〉皆尚有甚整齊之「平列句子」，而〈盤庚〉頗少。（此時不再抄。當於文法研究一文中詳之。）〈盤庚〉只有：

> 王播告之脩，不匿厥指，王用丕欽；罔有逸言，民用丕變。今汝聒聒，起信險膚，予弗知乃所訟。

一段而已。至若〈呂刑〉，則不得了了。全篇幾盡以四字為句。徹頭徹尾，大有齊整拍子之傾向。（太長，皆留詳於研究篇中。）此決不是〈盤庚〉等所有，不同二。〈呂刑〉用「之」字頗有強湊的樣子。如「于刑之中」，「于獄之五辭」……等（例也很多），決非〈康誥〉、〈大誥〉、〈盤庚〉……等所有。又，「民興胥漸，泯泯棼棼，罔中于信」這種雍容的句子（一時找無形容詞，姑如此假定。）〈盤庚〉等也絕不能有也，不同三。有此不同，則〈盤庚〉又似乎不宜有甚後出之理三。

　　生本欲列〈盤庚〉于西周初葉的作品中而等論之。祇給一部《尚書》的「予」字所問住，故猶預未決。日前先生之言，將生的全部擾得發昏的觀念，一概廓去，使得重理頭緒。然其探討之結論，則又略如上文也。不知當否，敬請指謬。生以為凡研究一個問題，若有一種新的提醒，不論其於結論為合為反，都是絕有利益，如此類是也。生此論〈盤庚〉，即全誤，仍甚愉快。願先生永以此教告之，匆此，謹頌

教安！

學生何定生謹上　六月一日

致顧頡剛

（撰於1928年7月9日）[*]

頡剛師：

《古書疑義舉例》及《經傳釋詞》二者之關于《周書》及《尚書》之材料，現已在開始抄寫。——如師所云，《周書》及《尚書》分錄——原抄稿尚有缺漏，亦已補入。不知師會甚急用否。現《古書疑義舉例》尚未抄完也。

生幾天來，一面在細讀《尚書》。因為古代文法，寫到《尚書》，便發生大的岔路，不將此部奇妙之書弄個頭緒，終是寫不下的。乃一細心讀，越困難——差不多使我的意識攪昏了——而亦越有趣。所謂困難者，《尚書》的內容真不知從何說起！從前粗看，以為《周書》中大概可以沒有大問題；所難措置的是〈盤庚〉罷了；現在才知道其實不然。自〈大誥〉、〈康誥〉以至〈無佚〉、〈多方〉等十把篇文，固然亦有些黨派——文法上——卻亦已差不多各自樹一幟！換句說，就是這十把篇東西，用的「成語」、「詞」法是人自為戰的。生起初想，我既有了法寶——分析——就那怕你「七十二變」，也是假的。那知一下手，由清楚而漸入混沌，終至于一陣方塊字在白——不是，黃紙上搖幌。法寶的力量固然終是有力量，然而烏烟的邪道也屬害嘞！哈

---

* 本文原刊於《國立中山大學語言歷史學研究所週刊》第4集第42期（1928年8月15日），頁1513-1514。

哈，我師，你別急，現在卻又轉覺得有趣了！且不說「時代」，《尚
書》裏有很好的「文章」哩！

　　生目下固然未完全將〈盤庚〉等《商書》和上舉的十把篇通通整
理好，然而已有些把握。我的意思，——我急煞了，我此刻幾幾乎不
能安靜再讀下去，所以我忽而作此書告師，亦是在舒一舒氣喇！不
然，許會爆炸——以為，我又須趕做一文了。不但要分文法，同時也
要爬羅——爬羅注釋的瓦礫！前人的注解實在太不成樣子！有的簡直
在「拉……」！固然，生的《說文》、《爾雅》並沒有多大的研究，然
而牠們的本領，亦只是同我一樣，從各書中歸納（？）出來的訓詁結
集罷了！所以我們正不須老守牠的殘壘！如「台」字在《爾雅》之訓
為「我」，我想，盡其量，也只是根據一篇〈湯誓〉罷了。「如台」為
「如何」，也不過是司馬遷的解釋《商書》罷了。《周書》（不是《逸周
書》）裏完完全全沒有「如台」及「台」等的詞語。（鐘鼎亦無之。）
中國人好偶像，雖目下所謂二十世紀者人，亦掙不了（其實也不願意
掙），于是郭璞的注《爾雅》，雖不通也是「亨」！這真沒辦法！

　　這末一來，生的文題便不能純以文法為立腳點，同時亦要說及訓
詁呢。師以為題目要怎樣擬好？本來，只是要整好一篇〈盤庚〉，（所
以生原擬之題是「〈盤庚〉之時代探討」（？）那知要整理〈盤庚〉，
則須比較〈大誥〉等；要確定〈大誥〉等與周代之文的關係，則須比
較毛公鼎、盂鼎……等，于是而範圍越廣越大，以成今勢也。

　　現雖未屬文，心中頗有一種感覺，以為〈盤庚〉與〈湯誓〉——
即《商書》——是同時所作，《周書》裏又是幾個時所作。大概《尚
書》是這樣的：原只有〈大誥〉等，後來加《商書》，又後來加《夏
書》。此亦層纍地之說也。前者還有以〈盤庚〉置之初周之意。師疑
其出東周，我初頗不以為然。天天所搜索，思有以證我說。今其結
果，則又以師說為近了。雖然亦不是確定的話——目下，此寫信時的

目下——輯《尚書》「成語」，是《尚書》裏一件重要的工作。雖並不很難，而很是麻煩，且亦宜有目光，否則於實際無補。蓋句子鬧不清處，多是成語作祟也。（頗發見幾處。）

《尚書》的詞性，真是一部「糊塗帳」！差不多轉過來是這樣用的詞，翻過去又是那樣用的詞！不了不了！要整理《尚書》，幾幾乎非將所用的字一個個從全篇裏挑出來不可。或許目下可以姑讓之耳。（會不徹底吧？）

昨晚寫一半，無情的電燈倏然息，不得不去睡。今晨補完，雜亂沒有條理——或竟不通處，惟師會之，並恕其疎狂。專此敬請

大安。

生定生謹上。　七月九日

致顧頡剛

（撰於1928年7月31日）[*]

頡剛先生：

　　說起來實在愧煞！本刊三十三期，生的〈漢以前文法研究〉本論第一篇發表後，覺得其中有些地方該修改了。是的，學問這件事物，本已不是永久不變的，而況以生之淺陋，當然更易發見漏詞。本想待將來全篇說稿時——倘若有完篇的可能——再細心改一過；但，近來讀 Oxford 出版的 H. Sweet 的 *New English Grammar* 後，又喜又愁。喜的是有處使我從前的假定確立，有的使我的見解更清楚；愁的是，我的錯處也天天在我的腦子裏打旋，使我氣餒起來，我再沒有勇氣等到完篇改了。

　　當初下筆的時候，以為一直寫下去是不會有什麼困難的；那知，到了周代，這個可怕的《尚書》問題便橫斷前路，跑也跑不進了。蓋《尚書》的時不理清，無論如何，不但寫不下，即寫下也是不正確、勉強。以故，生目下正在從事於《尚書》之整理。（此文也頗長，當先發表。）在《尚書》整理未完畢之前，豈不是那篇文法確定的錯處，更要再捱著牠的壽命麼？不好，這是我所忍不下的。

　　但是，此時也不是將全體修改，不過先將太不妥當的地方指出罷了。

---

* 本文原刊於《國立中山大學語言歷史學研究所週刊》第5集第49-51期合刊（1928年10月17日），頁1980-1981。

三十三期第五面十行「貞，……是一種動詞性的名詞語，自為語氣。」此句不妥，宜改為「貞，……是一種『句子詞』（sentence word）自為語氣。」

又，第六、七面間在論「之」字之為「祭名」，凡關于「祭名」這個詞（term）也是作「句子詞」解釋，不是「名詞」（noun）解釋。這次將來修改時再補說之。

又，第十五面第五行，「雨字是動詞」句，宜改為「雨字是動詞短句」。第六行「以常語說，完足的語氣是：『下雨』……這是另一問題」的二十九個字，宜改為「文法講，完足的語氣，是：『這是下雨了。』或是做『天雨』。『天雨』二字，在論理上，或者未必很對，因為『雨』的『下』，未必是天的一種動作的說明，但這是另一問題，我們要知道個『雨』字在文法樣式，要怎樣應該有個主語罷夠了。」

又，第十四面「英文必于雨字之前冠以代詞 it 字」這句不明白，「雨字」二字之後，必增加「這個述語」四字，然後才會成個可通的意思。

又，第十八面之「附注」一小段文字，可以取銷。因為我終認「其」字是論理主語，logical subject 並不是什麼指示代詞。

余永梁先生去上海，這暑期間的週刊，不得不由先生編輯了，故此信雖要要求在本刊發，而仍直接寫給先生也。專此，敬頌
夏安。

學生何定生
七月卅一日于中大。

致余永梁

（撰於1928年5月25日）[*]

永梁先生：

　　蒙於彝器的時代，加以指點，俾定生得以注專力於文法；這是十分感謝的事！

　　不過，在未分析它們之前，有一些意思，要請先生指教。

　　彝器中有「其」字者，約可得百三四十。這百幾十個「其」字，也略有異形，這一點，您以為應該注意否？我的問這話的原因，是：

　　卜辭中「其」字，僅有這樣的異文——

而彝器中，則於𡊒之外，又有𡧤或𡧩之形者。按羅氏《書契考釋》云：「初但作𡊒，後增兀，於是改象形為會意。後又加竹，作箕，則更繁複矣」云云，則是其字作𡧤者，為後出矣。惟羅氏未言其「後」之程度耳。這是一點。

　　又，「爾」字好像於其他彝器未見。而僅見於〈齊侯罍〉及〈齊侯中罍〉。其形頗多，倘考釋的都不會錯，那末「爾」字始見於這些

---

[*]　本文原刊於《國立中山大學語言歷史學研究所週刊》第4集第39期（1928年7月25日），頁1415-1416。

器而已了，是否？這是第二點。

　　先生如有便，不妨寫幾個字給我。即請

撰安

何定生謹上

五月，廿五日

致余永梁

（撰於1928年5月27日）*

永梁先生：

　　近日覺〈漢以前文法研究〉（題文作〈秦以前的文法〉似乎更好）的前論中，有幾處須加以修改，現在寫在下面。先生若以為不妨礙週刊之篇幅，則謹請為發表於刊末。

　　「前論」評《古書疑義舉例》「知風之自」條，晚清人易實父《經義莛撞》所釋，實較俞說為長。云：

> 〈中庸〉知遠之近，知風之自，知微之顯，……遠近微顯皆相對，則風與自亦當相對。風之言，放也。《詩》〈北山〉：「或出入風議」，〈箋〉云：「風，放也。」僖四年《左傳》：「唯是風馬牛不相及也。」《尚書》〈費誓〉，《正義》引賈逵注曰：「風，放也。」風與放一聲之轉，古或通用。郭璞《山海經圖讚》云「武王克商，休牛風馬」，即引晚書〈武成〉篇之歸馬放牛。《論語》「風乎舞雩」，與《孟子》曰「放乎琅邪」同例，皆其證。「知風之自」，當為「知放之自」。放者，所極至也；自者，所從來也。〈祭義〉篇云「推而放諸東海而準，推而放諸西海而準，……」即「放」之義。蓋因其所極至，知其

---

* 本文原刊於《國立中山大學語言歷史學研究所週刊》第3集第33期（1928年6月13日），頁1132-1133。

所從來。如：觀境內而知其本于廟中，觀二南而知其起于門
內，皆是。注云，三知者，皆謂睹末察本，探端知緒……以風
為末，以本為自，是注意正讀風為放矣。

又，俞氏於《尚書》〈呂刑〉篇：「何敬非刑，何度非及。」謂
「及」字蓋「服」字之誤。「服」，古文作「𦥑」，乃「學者不識，改
作『及』字也」。按：此說不妥。蓋俞氏所謂古文，率以《說文》為
依據，《說文》雖為較古之字書，而不可信者正多。「服」字甲骨文作
𦥑，（其形頗多，然相近，故不備舉。）「及」作 𠬶，作 𠬛，作 𠬝。
從不與俞說合。

又，〈多方〉「我有周其大介賚爾」句，俞說：「大介」後人誤為
二字，此說亦似不安。《詩》〈閔予之什〉：「時純熙矣，是用大介」，
〈箋〉云：「純，大；熙，興；介，助也。……周道大興，而天下歸
往矣，故有致死之士助之。」是「介」字屬讀。此再以下文「我龍受
之，蹻蹻王之造，」〈箋〉云：「龍，寵也。來助我者，我寵而受之；
矯矯之士，皆爭來造王，」可證。今若依俞釋書「大介」之例釋之，
則：「時純熙矣，是用芥；我龍受之，蹻蹻王之造。」於詩中沒有這
樣的音節。三言之詩，詩也有之；然必甚整齊，從無忽作一句三言之
詩的例。且「是用大」，是什麼意思呢？故知《書》的大介，許是一
種成語，故《詩》也用也。且大介連為一文話，也是《說文》的話。

前面所舉，皆這時所發見而較重要的。此外須修改的，知仍必不
少，橫豎定生此文，將來完篇後，必須再裁汰一過的。先生若有餘
暇，賜以批評及指剔謬誤，定生尤當距躍三百耳。

專此即頌

撰安

何定生謹上
五月廿七日

致余永梁

（撰於1928年11月7日）[*]

永梁先生：

〈尚書文法及其年代〉一文，「助詞」一類，是歸于「虛字」中的，故「成語」宜次為「三」，不宜次為「四」。結論為四。我真太壞，寫時既誤，校時也未改好，是皆十二分抱歉的事！

又，文前半說話多有複沓處，皆以逐次付稿，沒法尋前稿檢看之故。這是很自愧的！這信，敬祈披于週刊之末，以作更正。順頌
撰安

何定生謹上
十一月七日

---

* 本文原刊於《國立中山大學語言歷史學研究所週刊》第5集第57-58期合刊（1928年12月5日），頁2266。

答衛聚賢先生

（撰於1928年10月18日）[*]

聚賢先生：

　　讀來信，于古代文法有所探討，不以弟為不足教，諄諄指導，真是又感激又慚愧。弟讀書有限，又不肯下深刻工夫，故其所造詣，常不能窺學術之堂，今茲文法之研究，亦便是一例。不過「切磋琢磨」，初不限于先知先覺；則弟而有所見，亦不妨率以呈正，茲試就尊函所列，擇所知者說之於後。

　　先生信，可分為兩部分：（1）關于符號問題（2）關于文法哲學問題。（對與不對，願正之。這不過就弟所見）。

1. 符號問題

　　先生舉時間性的「氏」、舉「物名的偏旁」等，弟愧甚，不能有所建白，蓋未下過研究工夫也。繁簡之例、分別之例、合併之例，間多有所見略同處，而亦非簡語所能盡，故亦從略。惟「空間性」的符號一條，弟意頗不一致。先生云：

　　　　專名詞屬于空間性的，加上「有」字：
　　　　例：有虞，有夏，有周，有苗，句吳（句有古同音）。

---

* 本文原刊於《國立中山大學語言歷史學研究所週刊》第5集第53、54期合刊（1928年11月7日），頁2087-2096。

此說也，先生也有加以說明，曰：

> 居住熊洞，不是人類的公例，有些地方有，有的地方沒有，是
> 屬于空間性的，故「熊」字加上「有」字，為「有熊」。……

這個說明，也許是單應用于「黃帝有熊氏」一例的；但，我可以
也就讓它為應用子上例（專名屬于空間性的云：）者。既謂之「空
間」，且特示別于時間，（于分三類知之）則凡有專名，無論何時，皆
宜用「有」了。不用「有」時，不是這通例不成立，便是「有」有時
間性。

我們這樣認清楚之後，我們來找例子。目下恰好在作《尚書》文
法研究，就將《尚書》來舉例，《古文尚書》我們不要，雖則牠也自
有其時代；我們用今文書。

> 〈牧誓〉：「時甲子昧爽，王朝至於『商』郊牧野，乃誓。」

〈牧誓〉中用「商……」好幾次，今不再舉，何則，以其「商」字之
下常連以它詞而成為另一個「名詞」，或許先生會可以說它們不合你
的條件。其實，假若是這樣時，先生的例便不能普遍了；因為這個事
實，不能置而不論。但，也好，我姑置凡專名之下另連它詞的的例子
不用。於是而——

> 〈康誥〉：「我時其惟殷先哲王德，用康乂民。」（這裏「殷」
> 是一個，王德是一個，和「商郊」有些各別。其理
> 由詳後文）
> 〈酒誥〉：「故我至于今克受殷之命。」「我聞惟曰：在昔殷先

哲王，迪畏天顯。」「厥或告曰，群飲，汝勿佚，盡
執拘以歸于周。」

〈召誥〉：「乙未，王朝步自周，則至于豐。」

〈多士〉：「弗弔旻天，大降喪于殷。」「夏弗克庸帝，大淫佚
有辭。」「乃命爾先祖成湯革夏，俊民甸四方。」（即
「俊民」上屬為句也好）

〈無逸〉：「周公曰：嗚呼，厥亦惟我周太王王季文王，克自抑
畏。」

〈君奭〉：「天降喪于殷，殷既墜厥命，我有周既受，……」

〈多方〉：「乃惟成湯，以爾多方，簡代夏作民主。」

〈立政〉：「自古商人，亦越我有周文王，……」

〈呂刑〉：「皇帝清問下民，鰥寡，有辭于苗，德威惟畏，德明
惟明。」「上帝不蠲，降咎于苗，苗民無辭于罰，乃
絕厥世。」

〈盤庚〉：「盤庚遷于殷，民不適有居。」

〈堯典〉：「帝曰：皋陶，蠻夷猾夏，……」

〈皋陶謨〉：「苗頑弗即工，帝其念哉！」

等例，都不用煩言，而知道積極方面，先生「有」字為專名之說是另
有問題的。我們看，這裏的例，又都正是先生所舉的那些，如周、
夏、苗等，為甚都不加「有」字呢？

固然，加「有」的，也是例子不少，「有苗」一詞，偽〈大禹謨〉
固赫然用之也。（〈呂刑〉比〈大禹謨〉之時代早，〈呂刑〉二「苗」
字皆不用，雖未必是時代（時間）的關係，而「有」字之為例之脆薄
可知）。先生舉「有虞」「句吳」，皆比較後出，這可不討論；而「有
周」、「有夏」亦見於《尚書》。然而幾不能占專名之半也。此曷故？

　　我上面說過，或可以看牠是兼有時間性的。但，也不是，《尚書》各篇，不是差不多都舉出例來了麼？然則先生之通例，不會成立吧？

　　這還是積極一面說的話。從消極方面，我們可以看，除專名以外，必不加「有」字否？因為「有」字必加於專名上，即有時不加於專名上，也必不以同法加於普通名，然後與先生之通例不致矛盾也。於是《尚書》中之例子，又這樣的告訴我們：

〈湯誥〉：「文王教誥小子『有正』『有事』，無彝酒。」「庶士
　　　　　『有正』越庶伯君子，其爾典聽朕教……」「厥棐
　　　　　『有恭』，不敢自暇自逸。」

〈洛誥〉：「伻向即『有僚』，明作『有功』，惇大成裕……」

〈無逸〉：「丕則（外動詞）『有愆』。」

〈君奭〉：「茲惟四人，迪尚『有祿』。」

〈多方〉：「天降時喪，有邦間之。」

〈立政〉：「古之人，迪惟有夏，乃『有室』大競。」「乃用三
　　　　　『有宅』，克即宅；曰三『有俊』，克即俊。」「故知
　　　　　三『有宅心』，灼見三『有後事』。」「克俊『有
　　　　　德』。」「茲式『有慎』以列用中罰。」

〈呂刑〉：「爰始淫為劓，刵，椓，黥，越茲麗刑，并制罔差
　　　　　『有辭』。」「王曰，吁，『有邦』，『有土』，告爾祥
　　　　　刑。」「哲人惟刑，無經之辭，屬于五極，咸中『有
　　　　　慶』，受王嘉師，監于茲祥刑。」

〈湯誓〉：「今爾『有眾』，汝曰……」「夏王率遏眾力，率割夏
　　　　　邑，『有眾』率怠弗協。」

〈盤庚〉：「盤庚遷于殷，民不適『有居』。」「無弱孤『有
　　　　　幼』，各長于厥居。」「其『有眾』咸造，勿褻在王

庭。」「乃正厥居，綏爰『有眾』。」

〈皋陶謨〉:「彰厥『有常』，吉哉！」「日宣三德，夜俊明『有家』，日嚴祇敬六德，亮采『有邦』……」「無教逸欲『有邦』……」「天敘『有典』，勑我五典五惇哉；一天秩『有禮』，自我五禮『有庸』哉。」「……天明畏自我民明威，達于上下，敬哉『有土』。」「予欲左右『有民』，汝翼。」

我們看，這二十幾條例，不是夠打破「有」字不用于公名的原則而有餘麼？先生雖并沒說過這末樣一句原則，但在先生那條「專名」「加上有」一例中，應涵有此種邏輯條件，故雖沒有明文，也便無異有明文；于是先生之通例，至此乃完全不成立矣。

先生之例既不成立，則「有」字這個「事實」，要怎樣措置呢？此字，於弟作〈尚書文法及其年代〉一文中已有論略，可供 先生參考。不過這裏還可再略說一說，並補些新意見，願 先生指教之。

「有」字在古代，有三用法：一作動詞，常于句中為述語，這是很普通的，不須細說。其二，則是用作「孳乳字」，便是可以足成或語的成分，如《尚書》〈洛誥〉之「無有遘」自疾，〈多士〉「有辭于罰」、「有服在百僚」之類。（詳見〈尚書文法研究〉）第三則為足語氣用的。今前舉「專名」及「公名」等所用，弟以為歸于第三類為妥。其理由可以這樣說明——

凡專名與它種公名或抽象名連成一個複合名時，如為二個單文，則不必用有，因為語氣整齊了，例如前面所舉〈牧誓〉的：

王朝至于「商郊」牧野。

句，倘于「商」字上，再加「有」字，別語氣轉不暢，念起來不順口
了。于是而：

　　以姦宄于「商邑」。

　　如熊如羆于「商郊」，弗迓克奔……。

都是例子，容易找到的，所以現在不再舉。

　　要是「專名」連它種語氣較長的名或作主語而述語語氣長，或作
賓語，而所受的動詞語氣長時，則加「有」以足之，例如：

　　〈洛誥〉：「我不可不監于『有夏』，亦不可不監于『有殷』，我
　　　　　　不敢知曰，『有夏』宅天命，惟有歷年，……我不敢
　　　　　　知曰，『有殷』受天命，惟有歷年；……我受天命，
　　　　　　丕若『有夏』歷年，式勿替『有殷』歷年……」

　　〈多方〉：「崇亂『有夏』，……刑殄『有夏』……」「非天庸釋
　　　　　　『有夏』，……非天庸釋『有殷』……」「非我『有
　　　　　　周』秉德不康寧，乃惟爾自速辜。」

也不須再多舉了。但，這也不必很信任的。因為有時也儘不必合這條
件，這是關於作文者的意識，所以不容易講，姑舉一例：（因為不消
多舉，《尚書》中當不少吧）。

　　〈酒誥〉：「克受殷之命。」

句，「命」字是單字，和「殷」字連合，儘很妥貼，今加以「之」
字，是反使語氣不均，在理宜有「有」字成為「克受有殷之命」也。

完足語氣之說，還不止此。弟以為除作「孳乳字」及剛才所說者外，還可以這樣說，凡一個單詞，要它比較醒目，則加「有」，若不加「有」已自會醒目了，則不必加。這在前面公名加「有」各例中，隨時可取證明，現在不再叨絮。

弟對於研究文法，頗有一個意見，欲公諸國學家之前，即使用例證之一問題是已。如適之先生的〈爾汝篇〉和〈我吾篇〉的研究態度，弟是佩服的，但他的用例方法，則不敢苟同。他用一兩個例子，而證明某個通則；同時，又附以例外，這頗危險。夫用寥寥數例，而積極地創通例，已不必妥當，而同時又不能消極地注意這例之保障，則其勢必至數例一通則，數例一通則，其所極至，乾脆點，直可謂之沒有通則。弟意謂，尋通則，宜捉住「意識之流」，其於空間，則為「空間意識」，其於時間，則為「時間意識」。什麼叫「意識之流」，即《論語》言「斯」，〈檀弓〉言「斯」，〈大學〉則言「此」，「空間意識」之一例也；甲骨文言「余」，彝器文言「余」，而《尚書》則言「予」，「時間意識」之一例也。故「意識之流」，是一個地域（空間），一個時代（時間），的某種文字結構或用法的大意識，即其地域之人，其時代之人之意識——無論其為顯在，其為潛在，（即下意識）——皆於某種條件上取同一之傾向是也。這種「意識之流」，要是捉得著，則無往而不左右逢源，一切書皆為我用。此雖其人宜有眼光、有膽識，而亦僅是從刻苦中來。弟每每想，假若將古代一切書，全部分析之，——當然各有立腳點，如文法，如制度，如思想等等，——如化學家之分析質素然，則古書的時間或空間意識，決不能逃我們的掌握。弟以為這是最精嚴的方法，可以應用於一切國學。不過弟雖能言之，而不能行之，天才有限，刻苦又不夠，沒辦法也。

然弟研究古書，也遂不以一二例子定通則，不以一二例子破通則。某一二例子是否便為某種「意識之流」之一部，抑便是個可以證

明某種「意識之流」之非之又一種「意識之流」之一部，這應該在某種嚴密的證明之下決定之。否則，鮮有不不攻自倒者。倒不倒，這倒沒有關係，于學問之真，若不能忠實，則甚有害。弟之謂適之先生之「爾汝篇」等之會危險也便在此。

現且討論第二個問題。

2 文法的哲學問題

這個「名辭」，不知妥當否。弟用「哲學」二字，不過是借來表示其探原之意而已。先生信中有一段甚重要云：

> 古人對於文法，不過是將文字「的」加多減少，和用種種符號表顯，文法上的精密組織，是非古人所能」。（「的」字疑衍，故加括號，不知對否，定生謹注）。

又說：

> 野蠻民族的語言，和鳥獸的叫喚差不多，他和牠都有自然節做（不知此字是否「奏」字之譌？定生謹注），非加上人工的文法學修飾。是研究古代文法，宜就自然的進化，求出牠進化的原因纔好。

我們看這兩段文字，似乎可參加意見之處甚多。

今先提出各問題，然後加以討論。

（A）「文法上的嚴密組織」，到底和「不過文字加多減少，和用種種符號表顯」是怎樣的一回異說？

（B）「非古人所能」和「文法上的嚴組織」的關係怎樣？

（C）「自然的節做」與「人工的文法學修飾」，在「文法」上是怎樣一回異說？

（D）「文法」的「自然進化」是怎樣講的？

我們現在可以開始討論了。先生是相信「事實先于理論」的，故先生說：「決不是未造字之前，先有六書，根據六書，纔創造下字，如此，也決不是未有文字之前，先有文法，根據文法，纔創造語句。凡事在不知不覺之中，有自然的程序。後人求出他所以然進化的程序則可；若說古人就根據進化的程序，用人工置造則不可」。這段雖不知是指誰的見解而發，然其大旨，總是在演繹事實先于理論。先生相信事實先于理論，這倒不錯，弟的見解正正這樣。惟是先生卻同時又自陷入于「理論」的障中而不自覺。「文法」一辭，何從而生，先生能答我否？先生用「凡事不知不覺之中，有自然的程序，」這話來說文法，何處更有它種的文法？「文法」二字，是不是離「不知不覺中」的「自然程序」而別為一種反此或非此的事物？「求出牠所以然進化的程序」又是應該何所憑藉？到這裏，于是我們又可以這樣問到前面所提的四項去了：「不過將文字加減」便不是文法麼？或是「嚴密的組織」，並不是在「加減」麼？（A）問題解決得了時，則（B）問自然跟之解決，于是我人再問到（C）項：「自然的節做」既和「人工文法學」對舉，則是文法有所謂「自然」文法、「人工」文法麼？（這裏（D）項又可已在前「不知不覺」條中問過）。

先生既有文法是事實的結論，何以又把牠們分之為二？──若理論是另一事，事實又為另一事也者。在未有事實之先，固然沒有理論，但，在事實既有時，理論便同時存在，──而且，並不須有人發見與否。我們假定牛頓的萬有引力之說是真理，那末，太陽系一有引力這件事實，同時──牛頓並未出生──也便自有其像牛頓出生後所說出來的理論。牛頓所說出的還不過只是個「萬有引力」，其實太陽

系中儘有許多跟事實同在的理論，未為人所發見也。故此，我們也可以說，理論是事實之又一種狀態。在我們未能覺知某種事實之前，某種事實是存在於某種當然也不能為我人所覺知的理論中的，一旦，我們說得出，則人，遂謂有某種事實矣。其實此種說的得出（理論），豈不便是那種事實之一種狀態？故我倒以為事實和理論沒有所謂先後。

現在來說「文法」，「文法」二字，其意義正和人之所名為人，禽之所名為禽一樣沒有理由。大家翕翕張張嘴兒，將胸中氣激出，經過，齶，舌，牙，唇阻而成某種聲音則謂之語言，搖搖手指，將筆兒在紙上畫來畫去則謂之文字文章，這真沒辦法！天空裏也並沒有什麼不可思議的奇蹟，示向人間，教人以一種標準，說怎樣是語言文字的「文法」。故「文法」者，何處得來？為天地既有形形色色，則人的心的活動，器官的活動也便自然有形形色色。（假若許多形形色色，都沒有絲毫相「似」時，則世界也便沒有所謂世界，何則？必不能有一種現象會存在也。現象之會存在，全是一種心的連絡作用、回憶作用，否則一切皆空。這甚易證明。便若活動電影戲畫片的轉動不是有相等的距離時，或是其畫中的人物，不是取遞漸的相似之差而以等距離之時間移動時，則我們所見之畫幕上，不過是灰白一幅，全無人影物影。這是一切事物存在，宇宙可以認識的原理）。所發出的符號，便不能不跟之有形形色色，從複杳的形形色色中，得其複杳的種種「等距離」，於是人之與人的兩個個體間，便可以通意思。（不是各個體間有相似的符號〔不論時空〕，試問有甚法子可以相知？人與與禽不能相知，也以符號不相似之故）。由粗分的相似之同意識，進而至於精細之分，則各個體間，彼此的了解更為細膩，此種使人感到粗疏或細膩之相知的活動，即所謂「文法」也。聚賢先生，試問「文法」有什麼特種的含義也無？

我們不能將惹起「文法」一語的那事（像剛才這段文所講），背

了一大陣，來表示「文法」的事實，因為不便利，而且很難清楚，故
終以「文法」二字代之。我們就讓如何的要「就自然的進化」，我們總
是徹頭徹尾講「文法」！聚賢先生，這話你難道不同意嗎？不是講文
法，是講什麼？我知道，「那事」（無法用字代也）是「自然的」，「不
知不覺的」，但，「那事」不是「文法」是什麼？「那事」既是「文
法」，則「文法」是不是自然？自簡陋的《爾雅》至清代的《經傳釋
詞》，以至精細的《馬氏文通》，乃至 Henry Sweet 話言科學的《新英
文法》（*New English Grammar*），「那事」的事實，始終是精密！並不
因為《爾雅》簡陋，便「只」是「加多減少」（借用尊語。其實此語
很不妥當），到 H. Sweet 才會「精密組織」！「那事」的有精密組織，
是在「那事」的「事實」，并不是關於「那事」的表現出來的某種程
度的認識意識！說話簡單而簡單到像二歲的嬰兒一樣，其語言的涵義
的正正和大人們乃至如 Henry Sweet 般的意識中的語言一樣精密，姑
且不說，就是最少一句「飽」！（用作者家鄉的方語）也是語氣完
足，曰，「我要吃飯」，在「文法」上名之曰「句子詞」（sentence-
went）。倘若我們欲將「飽」這句話加以說明，於是我們乃曰：

> 「飽」字本身是可作「形容詞」，可作「動詞」，可作「動名
> 詞」的，應用則為「主語」也好，為「述語」也好，為「補足
> 語」也好，為「附加語」也好。但，因為牠是一個二歲小孩所
> 說的，故文法「樣式」上（理論）的條件不夠足，而其「質
> 素」上（事實）則是完滿的，故我們雖不能認之為「主語」抑
> 是「述語」，或是沒有主題，沒有述語，然而，牠仍是個「句
> 子詞」。何也，以其意思正和有主語述語者相一致也。

聚賢先生，試問這有什麼絲毫會傷到這個兩歲小孩的一句文章「飽」

字？定生將這個二歲小孩的文章，分析而說明如上文，以示　聚賢先生，而聚賢先生乃憮然曰：（許不至於蔑然，乃至忿然吧，一笑。）「恐那孩子的文法，沒有這樣精密吧？」（用尊語，而僭改過「古人」二字。）我們想，這話會不會成立？

先生好像是老怕古代文法給定生這樣一分析，就會將古人的文章結構改變「質素」了不是？定生用「主格領格」（原文），便會使「我」字先出，「吾」字後出的這件事實影響了不是？（聚賢先生！我的性情是奔放的，我這樣沒遮攔的說話，是表示我你與熱烈之敬意，并不是敢在作一般筆戰的某種不推誠不厚重的感情。這一點，我要求你十分亮詧，不然，我便有罪過了。抽空兒附白。）將《尚書》或其它古書，來作文法分析，而有「主語」、「述語」……等名目，便會乖戾「那事」的「自然進化」不是？唉！聚賢先生，您太深慮了！

先生以為「不過將文字加多減少」，便不是講文法麼？又，難道先生的古代文法觀只是這末樣簡單的一回事麼？定生相信　先生決不會怕「文法」這個名辭到這個地步。先生謂「文法上精密的組織，非古人所能。」我想，這句話宜改為「文法上精密的組織，非古人所知。」據定生探討所得，古人文章之古，無出甲骨文右者，甲骨文有精密之組織；然甲骨文，猶若小孩也，則且進而看成人。成為成人，文字之古，無出〈毛公鼎〉，〈盂鼎〉右者，〈毛公鼎〉〈盂鼎〉有精密之組織；其在《今文尚書》而至於〈大誥〉之篇，成人文章，可謂古矣，而有精密之組織。實在說，西周以後，文章一變，然非文法之變也，更嚴格說，非質素之變也，形式之變耳。我固然也認《尚書》文法與《詩經》、《易經》，降而至於《語》、《孟》等，有清晰之分野；然只是一二條件之差，骨骼上仍是一樣也。聚賢先生，您必不會致到以這些事情是由我的「文法」分析造成起來的吧？

所以，弟對於先生所說的像 ABCD 各項所從發的話，覺的是不

關「文法」研究的事。如何，仍希有以教之。

最後，先生又舉「政者，正也」一式來說明「者」……「也」可以當新式標點。這事甚有趣。弟近在〈尚書文法及其年代〉一文中，正在分析「也」字這詞，不圖　先生已先我做了，不過，先生的見解，我以為是錯的。「政者，正也。」是句完全句，而先生竟將其變為一個「語」了。

先生的原文是：

> 如《論語》：「政者，正也」，在現在新式標點中作「政——正——」，若是舊式去了「者……也」，新式去了「——……——」，都作「政正」，則人便不易明白了。

其實，「政——正——」之式恰恰和「政正」的「質素」一樣，全不能和「政者，正也」相當。新標點的破折號「——」，即英文的所謂 parenthesis，可以叫做「夾註」，英文中常見之，現在白話文也常做之者；其在「文法」上，無論由一個兩個以至幾十個字都得，都不過是個「主語」附加，換句話說，即此種破折號「——」，並不能使一群單詞成為句子也。今「政者，正也」語甚完足，無論如何，決不能用為「主語」或「賓語」或「補足」語，於是「政——正——」之譯，乃大改其句子之組織矣！「者」、「也」一類此字，弟固也有時相當認它有作「符號」（狹義的）的可能，然如此等句，絕對不能如的分解。這已詳於拙作〈尚書文法〉，不再贅。

所欲答　先生者，姑止於此。現在再說幾句題外話：

此次先生辱賜這信，弟始終是感激而光榮的。文法研究之在這兒，簡直可以說是沒有；要是沒有顧頡剛師督促，我必半途而廢；何也，太單調，沒人討論也。今先生數千里外，致書訓迪，試想，愉快

之餘，怎不感激呢，怎不光榮呢？先生說要來粵，甚妙，否則弟亦當常從學於郵筒中也。此覆，敬頌

秋祺！

　　　　　　　　　　　　一九二八，十，十八，何定生謹白

附：衛聚賢致何定生

（撰於1928年9月7日）[*]

定生先生：

　　頃讀廣大研究所《週刊》，有先生的〈論秦以前的文法〉，先生這種工作，如能繼續實顯，實給古書辯偽，有莫大的幫助，這是弟所慶祝和希望的。

　　弟對於文法是個門外漢，而且對於古代文法更不明瞭。不過弟讀古書，有點疑義，就是古人似乎很講究文法，而且還用標點的，茲言於左：

A.專名詞屬于時間性的，下加「氏」字：

　　例：伏羲氏，神農氏，夏后氏。

B.專名詞屬空間性的，上加「有」字：

　　例：有虞，有夏，有周，有苗，句吳（句有古同音）。

C.專名詞屬于時間及空間性的，上加「有」下加「氏」字：

　　例：黃帝有熊氏。

　　按「黃帝有熊氏」，即地質學家以在二萬年左右，北半球發生黃土層。考古學家謂新石器時代在風吹黃土層成立後，並說舊石器時代人民多住在山穴熊所住的熊洞中。是黃帝有熊氏，即後代歷史學家，

* 本文原刊於《國立中山大學語言歷史學研究所週刊》第5集第52期（1928年10月24日，頁2009-2012。

標名那時為人類離開熊洞，穴居黃土層中，故叫這時期為「黃帝有熊氏」，是屬於時間性的，故「熊」字下加「氏」字，為「熊氏」。但住居熊洞，不是人類的公例，有的地方有，有的地方沒有，是屬于空間性，故「熊」字上加「有」字，為「有熊」。人類離開熊洞，在黃土層中鑿穴自住，有這個時期，並有這個地方，是時間空間均有，故為「有熊氏」。

D.物名旁加種附號以便識別：

例：啚，鄙；晉，鄑。

公：松，蚣，淞，鉛。

韋：葦，違；偉，圍。

按啚本為鄙夫之鄙，後作地名，方於啚旁加阝為鄙。（鄙夫即鄙字應為啚，不應加阝）晉為地名，晉為古字，鄑為後起的字。按古人於地名旁加阝，如現在新式標點於地名旁加｜，如山西作山西；但前人加｜旁於右邊，且係雙線為‖，如山西作山西，晉作晉‖，晉‖後來人寫慣了，恐就變成鄑。

公本係聲，但松蚣淞鉛四字，均書為「公」，當難分別，於是看牠屬于木類的，旁加木為「松」以作符號（古文有於公字旁書一小木字以為標記即此意）。屬于虫類的為「蚣」，屬于水的為「淞」，屬于金的為「鉛」。

韋字係衛字的簡書，衛字古文為𢧵，按ㄑ係人站立的足跡，ㄓ為武器斧類，○係目的物，以要保護這目的物，於是各執武器在手，面向外四周站立，遇見外敵，大眾呼聲為「ㄨㄈ」，如軍隊衝鋒聲，故韋為聲。有一種草，風吹其聲韋韋，故書為「葦」；有一種外敵被保護目的物的人趕走，故書為「違」，以其與來意不符，故假借為違背之義；有一種人聲音特別大，與武人衝鋒之聲可相比美，故書為「偉」，借為偉人之義；圍於韋的四周書口，為彼包圍之義。是卝之

亻口加於韋的上邊，很有意義。

　　E.應繁的變繁：

　　　　例：自……至于……。自……以至于……。

　　按戰國中年以前的文法為「自……至于……」，戰國末年就成了「自……以至於……」，加了一個「以」字，變得繁了（見弟的《國語》的研究）。

　　F.應簡的變簡：

　　　　例：十月又二，十又二月，十二月。

　　按甲骨文的數目十以上的數目中，「十」字與「又」離開。周代的銅器和書籍上「十」字和「又」相連。戰國中年的銅器和書籍上把「又」字就去掉了，這是文法就簡的一個例（見弟《春秋》的研究）。

　　G.應分別的分別：

　　　　例：于，於。

　　按「于」在春秋以前只用作介詞，「於」只作感歎詞，後因「于」「於」同音，故都作介詞（見《春秋》的研究）。

　　H.應合併的合併：

　　　　例：邾婁，邾；壽夢，乘；菸兔，虎。

　　按多將複音拼為單音。

　　此外「吾」「我」「余」「予」古同音，同為「丫」音，即現在溫州語「我是」為「丫拉」。按「於」字作感歎詞在周初音讀為「丫」，後讀為「ㄨ」，到戰國初年讀為「ㄩ」，作介詞用。是「於」「烏」「於」三音，由變遷而來。按此推論「我」「吾」「余」「予」數字，則「我」為最古音，（因我母南方多讀為阿母，阿即丫音）即為最古字。「吾」為「我」後發生之音（以感歎詞由丫變ㄨ證之），即為「我」後所發生之字。「余」「予」又在後，是以古文上的「如有用我

者，吾其為東周乎？」又「如有復我者，則吾必在汶上矣！」是古人用字先舉先發生的文字，後舉後發生的文字，若說是甚麼主格領格等，恐古人的文法沒有這樣精密的吧？！

以弟的所見，古人對於文法，不過是將文字的加多減少，和用種種符號表顯，文法上的精密組織，是非古人所能。文字是由語言而來的，未有文字之前，先有言語；言語是由簡而繁的，無論甚麼野蠻民族，有沒有文字的，不能是決對沒語言。最古野蠻民族的語言，和鳥獸的叫喚差不多，他和牠都有自然的節做，非加上人工的文法學修飾。是研究古代文法，宜就自然的進化，求出牠進化的原因纔好。

此外又有一個後起標點式的文字，如《論語》「政者正也」，在現在新式標點中作「政——正——」，若是舊式去了「者……也」，新式去了「——……——」，都作「政正」，則人就不易明白了。（見弟《史記》殘卷校）。

自文字發達以後，文字學家，在文字裏求出通例，名曰「六書」，決不是未造字之前，先立六書，根據六書纔創造文字。如此，也決不是未有文字之前先有文法，根據文法纔創造語句。凡事在不由不覺之中，有自然進化的程序，後人求出他所以然進化的程序，則可；若說古人就根據進化的程序，用人工置造則不可。不知先生以為何如？

弟本門外漢，不宜談文法，不過以弟所疑，供先生參考。並希望先生努力將先秦文法研究清楚，求出進化的程序，某一時代的出產物，與此進化的文法不類，就知道牠是偽造的。某一書籍牠的文法，與某時期同，就知道牠是某時代的產物。不過西漢的文法，也應研究。東漢的學者，多為註解，只有模倣性，無創造性，故東漢文法不究則可。西漢緊接周秦，加以漢初的書如〈中庸〉、〈大學〉等，都認為周書很多，是西漢的文法不研究則不可。不知先生以為如何？

　　弟決定赴粵，在研究所工作，當能當面請教，不過因事耽擱，恐
不能與孟真紹孟諸兄同時到粵。故為函陳，敢請指教。此候

台安。

　　　　　　　　　　　　　　　　衛聚賢上。　　九月七日

致楊筠如

（撰於1929年5月20日）[*]

筠如先生：

在吳門，已讀得您批評的文章。我真是只有慚感。我在上海見適之先生時，他也竟提起我的文來討論；到北平，錢玄同先生都對我有所指導。這樣，醜媳婦遂終于不能不見翁姑，然則我對于先生之文還會想說什麼呢？難道生來醜，要同翁姑辯說？

我自此文發表，臉皮之嫩程度，與時間成正比例。在上海在北平，我凡遇到學術界的大人先生們，我都惴惴然慮頡剛先生給我介紹。有一次我竟向頡剛先生要求了，我說，「先生，你以後不要同人家給我介紹我的大作。」但他的回駁也有理由，他說，「足見一個人是該繼續努力，難道你不求進步嗎？」

不過，我的文儘有叫我「舐犢」之處，所以我的臉仍可以老下去。倘若將蕪辭裁汰──像那些叫先生看了兩個鐘頭的昏的。筠如先生，真太對不起呵！──一下，也自可以勉強，成個說話。這是「真實語」。玄同先生的意思，以為《尚書》就根本上文字，會是原文不會，已夠成絕大疑問。這話，我十三分相信之。所以我們的討論《尚書》，幾乎是在玩我們自家杜撰的把戲。既是玩把戲，就只要玩得好

---

[*] 本文原刊於《國立中山大學語言歷史學研究所週刊》第8集第91期（1929年7月24日，頁3650。

看，則說來會「有故」，會「成理」，也就算了，不好再下什麼轉語了。

我是永久自餒的，對于我那文；所以我這些話絕不存有一絲毫的撐架子。我覺得實在是這樣。至若明白的錯誤，像「至于」一辭，在先生的文未發表之前——即是我未離粵，早已發見。我當時即刻寫信給衛聚賢先生，向他自告發這個。（因為他要我的文）故先生之提出，我的臉是紅的老矣！不過，在這兒仍向先生深深表示領教！

您說成語是關于語根。這話很會給我以新的激刺。請求　先生就再費一些神，寫成一小篇在週刊上發表，教訓我，好麼？

我很壞，一時不能細心于您同我自家的文之探討，所以只能寫如此不端莊的信，我說我散漫，不是研究學問的人，于此而益信。

專此，敬頌
著安。

何定生謹上
五月二十日在北平。

致王叔岷

（撰於1968年8月8日）[*]

叔（珉）〔岷〕吾兄：

　　讀手書，感謝曷既！弟體力尚未□[1]復元——體重才四十五公斤，骨立可怕。重以六月份中作了三件繁重工作：一是研究報告，二是研究計畫，三是校對一書出版，所以精疲力盡，幾乎不克支持（痔瘡因之復發作）。茲三事已打發，又終日偃臥矣。但願能逐漸恢復。此次雖多少有點太冒險，亦無可如何也。所出書名為《詩經今論》，約三百頁，由商務印書館出版，已另由郵寄奉知。因工作繁鉅，校對未周，致錯字甚多，殊可憾也。體弱不能多談，順頌

□祺，不一弟定生手識八月八日

---

*　本文原刊於王叔岷：《慕廬憶往》（臺北：華正書局，1993年），附錄，頁10。

1　〔校案〕□為難以辨識之字原件為複印本模糊使然。

致王叔岷

（撰於1969年2月15日）[*]

叔（珉）〔岷〕吾兄：

　　爾接賀年片，慚愧交織！這一年來，弟體力仍未完全復元，故五十七年度僅講《詩經》，每週三小時，尚能不吃力，選課學生二十八名（三、四年及研究生四名），閱卷亦尚綽有餘裕。目前問題，仍在太瘦（體重迄差過去八公斤左右）。弟疑干有未解病症，然亦懶得看醫生，亦可笑已。

　　去歲研究專題為〈詩經的樂歌問題的檢討〉，約三四萬言。竊自謂為前人所未發。此稿擬在《文史哲學報》發表，交去已閱月餘日，至今謂仍未開會付印，日前金祥恆來云，屈公謂題目「《詩經》的樂歌關係」云云的「的」字是否為「與」字的誤書，似應改正等語。弟此稿原得科學會所通過，不過《文史哲學報》如欲改題目，自亦無所謂，或索性另易題目全文亦佳。惟此文內容，則竊謂戛戛獨造。將來若出版，自當奉呈不疑也。惟不知何時出版耳。

　　有一有趣之事附告者，即《詩經今論》出版以來，居然已銷售五、六百本，日前商務印書館通知取版稅近千元始知之，我始料所及也。順頌閣府均吉

弟定生手上　五八、二、十五

---

[*]　本文原刊於王叔岷：《慕廬憶往》（臺北：華正書局，1993年），附錄，頁11-13。

三　附録

附錄一　讀何定生君〈尚書的文法及其年代〉[*]

楊筠如　撰

　　我到廣州的第二天，就聽經顧頡剛先生說，何君有一篇《尚書》文法研究，所得的成績很好；在《尚書》方法算是闢了一條新的涂徑。我於是很希望能夠讀到這篇文字。不久，聽說在《週刊》裡出了專號，我即刻去取了一冊，拿回了看了兩點鐘；可是頭已昏了，還是不曾看完。到了第二天，又繼續我的工作，才算勉強看完了。看完了之後，覺得這篇東西，果然不錯。他單獨提出〈大誥〉是周初的作品，把〈盤庚〉都放在東周以後，這確是前人所未見到。就是所用的方法和研究的態度，都很精密誠實。這種成績，真不算壞了。不過我自己腦海裡，也湧出了種種的幻象。很想把我的意見，也乘此機會寫一點出來。可是功課很忙，書籍也不夠，于是又冷下去了。這兩天因為《週刊》要稿子，我只得把我的意見簡單的寫下來。至于錯誤和不妥當的地方，還希望何君和讀者，不客氣的指正！

---

[*]　本文原刊於《國立中山大學語言歷史學研究所週刊》第6集72期（1929年3月13日），頁1-11。又收入李輝編：《楊筠如文存》（南京：江蘇出版社，2015年），頁111-123。

一 關于文法研究以前的問題

近兩年來，模仿西人的方法拿文法來研究古書的時代；對於攷古的工作，算是加了一種利器。何君這篇東西，算是利用這種方法最好的成績了。不過拿文法來研究《尚書》，我卻有點懷疑。並非說不應該拿這種方法來研究《尚書》，乃是《尚書》的本身，有了問題。我們相信現在的《尚書》是西周的原本嗎？是春秋以前的原本嗎？如果懷着這種心思來研究《尚書》，我覺得是根本錯誤的。我們看漢朝的今古文家，不獨是今文和古文不同；就同是古文，馬和鄭又不同；就同是今文，夏侯和歐陽又不同。然則《尚書》本來的面目怎樣？我們到底拿甚麼作標準呢？不過這還可說他們的不同，大致都是名詞和動詞。至於代詞和虛字，是很少異同的。我們再看下面幾點。

（一）乃字和廼字的分別，在金文裡非常清楚。代詞用乃，虛字用廼。何君曾說過的。但是現在的《尚書》，一切都是乃字。難道可說《尚書》的出世，已經不用廼字了嗎？那麼《尚書》都是春秋以後，以至戰國以後的東西了。

（二）金文的連詞都用雩（粵），不用越，可是《尚書》裡滿眼都是越，沒有看見一個粵字。（廼和粵，在《漢書》裡引用的還和金文相同）這不是《尚書》，硬是很遲很遲的東西嗎？

（三）卜辭止有余字，金文也止有余字，現在《尚書》裡盡是予字，不用余字。這又不是《尚書》出在春秋以後嗎？

（四）爾字也不見於春秋以前銅器，周器有爾，始於〈齊侯罍〉、〈齊中罍〉，這也是何君說過的。那麼〈大誥〉也是春秋時代的東西嗎？

就可以知道現在的《尚書》，決不是本來的面目，也決不是春秋時代

的《尚書》。我們現在可能攷見的《尚書》，最早止是漢朝博士們的本子。我疑心《尚書》本來不和現在一樣，這部《尚書》的成功，恐怕就是秦朝的博士伏老先生當的**總編輯**。所以他把〈秦誓〉已收進去了，甚麼孔子序《書》的話，真是瞎說！假使我們認定是秦人輯成的，那嗎他翻寫的時候，將今字來代古字，如「余」和「予」，「粵」和「越」，這一類的字，很不足奇。所以凡是古代通用的字，如「爾」「汝」「乃」「而」之通用，「予」「我」「朕」「台」之通用，以及「厥」之與「其」，「曰」之與「越」，都有可以隨意移易的機會。這都不能作為攷定時代確實的根據。依這樣看起來，《尚書》文法的研究，就很難了。不過也不見得完全沒有方法，我以為單字之**更動易**，全句之**更動難**。全句的文法，很可以作我們攷定時代最好的資料。可比何君所研究的結果，〈大誥〉沒有「之」字，以下都有「之」字。這個「之」字的無有，當是本來的面目。因為沒有「之」字的時候，他不能加的。這個我們可以拿後來的今古文作一個說明。凡今古文的不同，大概都是字音字形字義相近，才會分歧，無中生有的地方，是**很少的**。我因為本着這種見解，對於何君所得的結果，也有許多不能同意的地方。比如何君看見〈盤庚〉有一個而字，就說他同〈秦誓〉同時。

　　女曷弗告朕而胥動以浮言？

其實〈盤庚〉裡，還有一個而字。

　　若網在綱，有條而不紊；若農服穡，力田及亦有秋。

我看這兩個而字，本來都應是乃字。「有條乃不紊」，和「力田乃亦有

秋」，文法是一樣的。「女曷弗告朕，乃胥動以浮言？」也是很好講
的。因為「乃」「而」是秦漢時代通用字，可以有更易的可能。不
然，在《周書》裡止有〈秦誓〉有一個「而」字，難道〈盤庚〉真與
〈秦誓〉同時嗎？這個我卻不敢相信了。又如何君說〈盤庚〉和〈秦
誓〉用「汝」字在眾數和領位，以為後出之證。我卻以為不然，
「爾」字既是後出的字，則「爾」字未出之前，當然也用「女」字。
所以卜辭和西周金文，都有女無爾。卜辭裡有「乃事」和「女事」，

　　其合卪乃事歸（菁華七）
　　王曰，疢虎，𢀮女事（同上）

和〈盤庚〉的「各共爾事」，是一樣的用在領位，也可以做我的證
明。依這樣說，〈盤庚〉和〈柴誓〉，還要算是竄改較少的了。

二　關於文法研究的部分

我現在從後面講起，先講連字。何君對於連字，製成了十條通則。
　（一）惟字彈性甚大，惟若用為「非……惟」之連詞式時，則
　　　　係晚出。
　（二）乃是獨用連詞，可與唯字合用，沒有什麼演變。
　（三）越字是個純粹的挈合字，連絡許多名詞時，必用他。倘
　　　　若不用，或用其他同價的字形時，必非越字的時代用
　　　　法。
　（四）矧字是個互連詞，否定樣式，故常與不，罔等連用。若
　　　　用作肯定式，成為單連詞時，則非矧字時代的用法。
　（五）則字不是周初連詞，故用則字，便不是周初的時代。最

多西周末始有之，〈散氏盤〉有「則爰千罰千」之句。

（六）故字不是初周連詞，故用故字，便不是初周時代。

（七）雖字不是初周連詞，胡用雖字，便不是初周時代。

（八）與字是越字的第一義的異形字，後出，用與字者必非越
　　　時代。

（九）「至于」字為越字第二義（即次等）的異形字，出于春
　　　秋前後，用此字者必非越字時。

（十）而字是東周以後字，盛于春秋戰國，用此字者決非西周
　　　時代。

我對于這幾條通則，有的認為可以成立，有的認為不妥，只有第九
條，可說是完全錯的。第二條沒有關係，可以不必論。第十條，大致
沒有問題。其餘八條我都有點意見，把他分寫在下面。

　　（一）第一條的「非……惟」，何君說只有〈呂刑〉和〈盤庚〉
用着。實際〈召誥〉也有「我非敢勤，惟共奉幣。」〈酒誥〉也有
「天非虐，惟民自速辜。」就是〈君奭〉的「在今予小子旦非。克有
政，迪惟。前人光施于我冲子。」也是同樣的文法。不過〈大誥〉一
篇沒有就是了。

　　（二）第三條的越字，在〈大誥〉裡有兩種用法。何君分作下面
兩個公式。

　　（A）名＋名　　（B）名＋動名　＋代表越字

　　A式是對的，B式就有不可通的地方。「越茲蠢」，把「茲蠢」當
作動名，已經不妥。再看下面一句，

　　　予造天役，遺大投艱于朕身；越予冲人，不卬自恤。

「越予冲人」，當然更不是動名了。何君把越字第二義解作「至于」，

在「越茲蠢」一句，固然可通。但是「越予沖人」，又怎樣解呢？依
文法上看，大致是不能解作「至于」的。〈盤庚〉裡有「越其罔有黍
稷」一句，越字也是第二義。何君拿他作後出的證據，也是錯了的。
在〈盤庚〉裡看起來，粵字和現在講「於是」有點相似，〈大誥〉的
「越予沖人」，也同此例。只有「越茲蠢」，和〈酒誥〉的「越殷國滅
毋罹」等句，可以解作「及」和「至于」。但是「至于」並不是從
「越」字生出來的。實際越字止能說是一種連詞，（挈合上下兩句）
解作「至于」或「於是」，都不免有點牽強的。至于第一義的越字，
說是凡用許多名詞時中間必要用他，似乎也不很確？〈毛公鼎〉前面
敘官名用了二個粵字，到了後面，敘天子所賜與他的東西時，接連有
很多的名詞，可是沒有一個粵字。再如〈散氏盤〉敘夨之有嗣十又五
人，散之有嗣十人，卻也沒有用一個粵字。這都是很明顯的證據。所
以沒有粵字時，也不見得是晚出的東西。（東周）

（三）第四條的矤字，在〈大誥〉里也有兩個用法。「今天其相
民，矤亦惟卜用？」前面不是肯定式嗎？就依何君改作「文王惟卜用
克綏受茲命矤；今天其相民，亦惟卜用？」仍然是肯定式，只好說是
〈大誥〉用錯了一次罷？假使用錯了一次，則〈大誥〉不是矤字的時
代了。並且據唐時的定本，「乃弗肯堂，矤肯構」，「乃弗肯播，矤肯
獲」，都作「矤弗肯構」，「矤弗肯穫」。和〈酒誥〉「矤太史友，內史
有？」「矤汝剛制於酒」，都是繼承詞。王伯申解作又字，雖不很確，
大致意義是相近了。我認為這是矤字的第二義。

（四）第五條的則字，在〈散氏盤〉已經有了三個，固不用說。
據胡小石先生的說法，在卜辭裡已經有了則字的用法。

我其祀賓，𠂤（則）帝降若；我勿祀賓，𠂤（則）帝降不
若。（前七，三十八）

依文法看，他和〈盤庚〉的「邦之臧，則惟女眾，邦之不臧，則惟余一人有佚罰」，完全相同。我們也不可蔑視這種地方，說是則字全是後出了。

（五）第六條的故字，在〈盂鼎〉裡已經有了。〈盂鼎〉說「佳殷邊侯田粵殷正百辟，率叔於酒，古（故）喪自（師）。」〈盂鼎〉作於成王二十三年，那嗎〈酒誥〉、〈君奭〉的故字，也不能逕斷其為晚出了。

（六）第七條的雖字，古字與惟通用。〈多方〉的「惟聖罔念作狂，惟狂克念作聖。」兩惟字都和雖字相同。〈康誥〉的「惟弔茲不於我正人得罪，天惟與我民彝大泯亂。」第一惟字，也是同雖字的用法。所以〈顧命〉的雖字，也有是惟字的可能？

（七）第八條的與字，何君的定義，很欠明瞭。不知是說的與字晚出，還是說的與字作越字用晚出？看他把〈盤庚〉「高后丕降與女罪疾」，作為晚出的一證。似乎承認與字是晚出了。其實卜辭裡早有與字了。據羅振玉氏說「與字在卜辭從般，象二人相授受形，知與受為與之初誼矣。」則〈盤庚〉之「降與」，那能做晚出的證據呢？

（八）第九條的「至於」，是完全錯的。他說「至於」惟見於〈多方〉，這真太疏忽了。我現在先從《尚書》裡面抄幾條下來。

（1）〈康誥〉要囚服念五六日，至於旬時。
（2）〈酒誥〉故我至於今，克受殷之命。
（3）〈酒誥〉自成湯咸至於帝乙。
（4）〈梓材〉至於敬寡，至於屬婦。
（5）〈梓材〉欲至於萬年，惟王子子孫孫永保民
（6）〈召誥〉王朝步自周！則至於豐
（7）〈召誥〉太保朝至於洛。
（8）〈召誥〉周公朝至於洛。

（這兩條看起來，似乎「至于」與作連詞的不
同。實際他的語根是同的。都是由「自……至
于……」一個公式變來。）

（9）〈雒誥〉朝至於雒師。

（10）〈無逸〉至於小大，無時或怨。

（11）〈無逸〉自朝至於日中昃，不遑暇食。

（12）〈君奭〉我式克至於今日休

（13）〈立政〉方行天下，至於海表

（14）〈微子〉越至於今

（15）〈盤庚〉自今至於後日。

（16）〈盤庚〉汝克黜乃心，施寬德於民，至於婚友。

這可以證明「至于」不是〈多方〉所獨有，也並不見得新鮮了。他又
說至于是春秋時候才有的，我們先看西周的金文。

（1）〈散氏盤〉自瀗涉以南，至於大沽。

（2）〈散氏盤〉一再以陟二再，至於邊柳。

（3）〈散氏盤〉以西至於堆莫。

（4）〈盂鼎〉至於庶人。

（5）〈克鐘〉王親命克，徧涇東至於京師。

這些銅器不春秋時候的東西，那嗎他的說法，早已不能成立。再看卜
辭，

（1）囗今癸巳至于丁酉，雨。

（2）自今至於戊寅，雨。

（3）貞今癸己至於丁酉，雨。

（4）王賓杈自上甲至於多毓。

（5）王賓上甲杈至於多毓。

（6）王賓囗自上甲至於武。

（7）王賓武至於武乙。

（8）出于大庚至於中丁。

卜辭的公式，也是「自……至于……」，省言則止用「至于」。則「至
于」不是越字的第二義。他的出世，恐怕還在越字之前。何君的說
法，真有點「莫明其沙」了。[1]這以上是關於連字的討論。以下再看
他關于代詞的幾條原則。

（一）我字是宜用于領位的，否則必係後出。

（二）予字是宜用于主位的，否則必係後出。

（三）汝字是用一單數主賓兩位的，絕不用于領位；也不用于
　　　眾數。不合這條件的，便是後出。

（四）爾字是用于眾數，凡位皆用的，而有比較常用于領位的
　　　機數的。用于單數，也是較後的時代才有的。

（五）厥字是用領格代詞，不用「其」，「其」字只是「論理主
　　　位的代詞」及「語勢代詞」，不是「領位代詞」。倘若違
　　　了這通則，不用領，──或用「厥」而兼用「其」在領
　　　位，則是後出。

（六）之字沒有用着作代詞，（這時）若是用作賓語，或用作
　　　「領格語尾」，都是後來的用法。

這六條比較前面幾條，當然謹嚴的多了。但是我也有點意見，把他分
開的寫在下面。

1　〔校案〕「莫名其沙」當作「莫名其妙」。

（1）我字的用法，不見得專在領位。我們看卜辭，我字的用法，就在主位的時候很多。何君作的〈漢以前的文法研究〉在卜辭一部分的舉例我字用在主位者九條，用在領位的止有五條。（他是根據羅氏的《考釋》抄出）我字不用在領位的，便是後出，那麼卜辭也是後出了。並且〈大誥〉裡，予我都是渾用的。我且舉三條作證，

（a）洪惟**我**幼冲人

予冲人

（b）肆**我**告爾庶邦君（今本誤作「肆哉爾庶邦君」）

肆予。告我友邦君。

（c）**我**。有大事休

予得吉卜

依這樣看來，〈大誥〉也不見得可據。所以我說這條也**還不妥**，實際予我的渾用，恐怕**很早**了。

（2）爾汝的問題，前面已經講到。汝字用在領位，在卜辭已經有了。爾字出在春秋時候；爾字未出以前，女字兼用于**眾數**，也是**當然**的。

（3）「厥」「其」為古今字，是**確切不移**的。「厥」字在金文裡，固然有了；但是在卜辭裏，只有乃字。我疑厥是乃之譌體。厥作**ㄋ**，與乃作**ㄋ**，形很相近。分為兩字，恐怕是較後的情形？第一個理由是乃厥同在領位，厥也字用作第二身，如〈盤庚〉「惟**汝**自生毒，乃敗禍姦宄，以自災于**厥**身。」便是乃字也用在第三身，如〈君奭〉的「前人敷乃心」便是。又厥字也作虛字用，與乃字同，如〈酒誥〉「厥或誥曰群飲」，〈毋逸〉「厥或告之曰」，都是。這是第二個理由。至少《尚書》的「乃」「厥」兩字，有多少**互譌**的地方。這也是我們應當注意的。

（4）之字在卜辭裏，都作「是」字用。如說「之日」「之又」確設有用作「領格語尾」或「實位代詞」的，這條的很可以成立的。不過《散氏盤》已經說「克之有嗣」，也不能說是很遲。何君文法研究的部分，其結果大致在此。就我的看，只有下面兩條，頗有成立的可能，同時也很可注意（還有兩條不很重要的，這裡從畧。）

（一）之字不見于〈大誥〉，卜辭雖有之字，和《尚書》的用法不合。

（二）「非……惟」的文法，止有〈盤庚〉、〈召誥〉、〈酒誥〉、〈君奭〉、〈呂刑〉用過，也是很可注意的。**因為這不僅是單字，是和全句文法有關係，頗不容易有更動的機會。**但是果能成立與否，還要看有無反面的證明。至于成語一部分，何君的方法，似乎不很對？**因為成語注重語根，不能專在字形上推敲，所以不免有穿鑿的毛病。**我打算有暇再將《尚書》的成語，從新研究一番，暫時就從略了。

三　關于〈盤庚〉的討論

〈盤庚〉一篇，先師王靜安先生認為商人所作。但是他沒有舉出證據來告訴我們，當然無從知道他的意思。不過就我們個人的觀察，似乎此說很有成立的可能。在文法上看固然已經有了上面兩點可疑，——之字和「非……惟」。但是文法不過是攷證之一種功具，並不是萬能的東西，並且卜辭裡「之」字和「惟」字，都是常見的字，也不能絕對的說是沒有這種用法。又如〈大誥〉裏沒有「至於」，我們不能說「至於」出在〈大誥〉以後，〈大誥〉裏也沒有ᄂ（則）字，他們也不能說ᄂ（則）字是〈大誥〉以後的用法，專拿〈大誥〉一篇文字來作標準，事實上也是說不通的。我們再從反面來看〈盤庚〉的文法文字，很有與卜辭相同的地方？

（一）「卜稽曰其如台」稽本作𠧠，《說文》引〈洪範〉𠧠疑可證。𠧠即卜辭「王𡆥曰」之𡆥。卜𡆥連用，在他書無有，〈般庚〉的卜𠧠，和卜辭的卜貞連用，為同一的文法，（卜辭有無卜𡆥連用，因手邊無書，尚未能定。）〈洪範〉雖有「卜五，占用二」的說法，他是說的卜法，與〈般庚〉不同。

（二）「若顛木之有由蘖」蘖字，《說文》〈木部〉作櫱，或作枿。引《書》一作枿，一作㭨。又有栓字，謂亦古文㭨。則栓枿為古文，㭨為篆文，蘖為或體。枿本栓之譌變。我友余永梁先生說「栓」即卜辭之「杍」，後人不識此字，遂致譌變。今〈盤庚〉此字，竟與卜辭吻合，而此字不見他書，則〈盤庚〉似可信為商人所作。

（三）卜辭中乃字有兩種用法，一為曳詞，一為第二身領位代詞。（見甲骨文例）今〈盤庚〉的用法，完全合於卜辭，而與西周金文之分乃廼者不同。（這條曳詞的乃，雖然也有改易的可能；但是也有未經改動的可能。）

（四）「自……至于……」和「至于……」的文法，卜辭裏有兩種。〈般庚〉也有兩種。雖然《周書》也有，但是這也可以看見〈盤庚〉與卜辭文法的相同。

（五）「不其或稽。」「不其」，「弗其」，為卜辭習見的文法。今〈盤庚〉亦有此文法。雖然〈召誥〉也有「不其延」，〈晉語〉也有「不其集亡」，但是「不其」為古語，是沒有問題的。

這裏「三」「四」「五」三條，雖然有商人作的可能，但是不能證明必為商人所作；只有一二兩條，是比較值得注意的。拿這幾條來證明〈般庚〉是商人的東西，固然還不見得能成立？但是文法以外的東西，我們也值得注意。〈般庚〉裏有兩點思想，我覺得是最特別的。差不多〈般庚〉以外，就沒有這種東西。現在也提出來供大家的討論。

（一）〈盤庚〉裏面表現的是一種家族的組織，（或說是部落的組

織）決不像周代國家的組織。這是關於當時社會組織的不同。我們應
當特別的注意。我們看〈盤庚〉說，

  （a）「盤庚遷於殷，民不適有居」。這是說盤庚要遷，人民不
    願意遷的意思，所以盤庚大發牢騷，告誡他的臣民。但
    是一個國君的遷都，關人民甚麼事？又何以人民都要
    遷？這可以見他們是種部落的組織。君主和人民，是一
    個整個的小團體，沒有分開的可能。

  （b）「盤庚作，惟涉河以民遷……其有眾咸造」。我們看「以
    民遷」三字，可以知道他們是全部的移徙，再看「其有
    眾咸造」又可以知道他們全是一種部落組織，所以一喊
    大家都來了。

  （c）「先王不懷，厥攸作，視民利用遷」。他何以要遷？因為
    「民利」的原因。大概是舊地生活不好了，所以要大移
    往新地去。全是為人民生活的關係。所以他又說「予若
    籲懷茲新邑，亦唯汝故。」這「汝故」二字，很可注
    意，「汝」就是上文「民之弗率」的「民」。又說「予豈
    女威，用奉畜女眾」，也是同樣的意思。

  （d）「先王有服，茲猶不常寧；不常厥邑，于今五邦」。這可
    證明他這種部落，是時常遷徙的了。

  （e）看他一則曰：「今予將試以汝遷，安定厥邦。」再則曰：
    「今予將試以汝遷，永建乃家。」「邦」和「家」完全沒
    有分別，所以也可以說是一種家族組織。

我們看他這種情形，可是東周的情形嗎？不說東周沒有，連西周也找
不着。則〈盤庚〉之為商書，似又得一有力的證據了？

  （二）〈盤庚〉裡面還有一種特別的東西，就是他把先王先人，
看作一種有意識有神權的天神，他可以同上帝一樣罰于人民。這種東

西，在《周書》裡，也少有見過。我們看他說，

> （a）「予丕克羞爾，……高后丕乃崇降罪疾，曰『曷虐朕
> 民』。汝萬民乃不生生暨余一人猷同心，先后丕降與汝罪
> 疾，曰『曷不暨朕幼孫有此』。」你看這種先后不是同
> 《周書》裡的上帝一樣嗎？這種觀念，止有殷人**信鬼的**
> **社會**，才會發見。

> （b）他又說：「汝有戕則在乃心，我先后綏乃祖乃父；乃祖乃
> 父，乃斷棄汝，不救乃死。茲予有亂政同位，具乃貝
> 玉。乃祖乃父，丕乃告我高后曰：『作丕刑于朕孫』，迪
> 高后丕乃崇降弗祥。」般庚的先后，竟可以同他臣民的
> 祖父，如生人一樣的議定賞罰。般庚竟拿這種話來恫嚇
> 他的臣民。這種思想，很合**商代的情形**。

依這一點看來，〈般庚〉似乎硬可說是商代的作品了？但是有人也可
以拿〈金縢〉來解說，不過〈金縢〉裏的「三王」，並沒有這樣神
通。周公因為武王的病，才去禱告，這是先人保佑一家的普通觀念。
這種迷信，差不多後來還有。不可與〈般庚〉同日而論了。

有了上面的證據，所以我說〈般庚〉是商人的作品，也很有成立
的可能？不過篇首直稱〈盤庚〉，當然不是盤庚時代的東西。又如卜
辭裏止稱商，不稱殷，這已可以證明他在帝乙以後。作〈盤庚〉的時
代，《史記》和《呂覽》的說法不同。

（一）《史記》盤庚崩，弟小辛立。殷復衰，百姓思盤庚，乃作
〈盤庚〉三篇。

（二）《呂覽》武王命周公旦進殷之遺老，而問殷之亡故。又問眾
之所欲，民之所說。殷之遺老對曰：「欲復盤庚之政，……」

《史記》說他在小辛時，〈般庚〉篇首就稱殷，《史記》的說法，大致
是不可靠。《呂覽》雖然沒有明說作〈盤庚〉，他說百姓思盤庚，與

《史記》同，恐怕是傳說的歧異。依我看來，〈般庚〉恐出於商周之際，乃是殷之遺老，思盤庚而作。所以對於商人的社會組織，和人民的思想還能明瞭，大概是因為般庚是初遷河北的君主，所以殷雖亡了，遺民仍有戀其故主之意。這篇東西的保存，恐怕是在宋國？所以同魯國的〈柴誓〉，文字上也有接近的地方。這個結論，固然不很正確。但是我看〈般庚〉，似乎不是很遲的東西？就是文法上說，「之」和「非……惟」，在西周已經有了，大概是可以決定的。

附錄二　〈尚書的文法及其年代〉述評[*]

曾志雄　撰

一　背景

不管從甚麼角度看，何定生師的〈尚書的文法及其年代〉都是一篇奇文。除了定生師是當時寫這類論文最年青的學者之外，該文還有以下特別之處：

- ·我國最早的專書語法論文
- ·我國最早對漢語的歷時描寫
- ·以最短時間完成的最深奧的文本研究
- ·以最感性的筆觸寫最理性的文章
- ·第一次採用圖解法分析古漢語句子
- ·第一篇的漢語語法史論文
- ·提供詳盡的語言統計資料
- ·分析過程邏輯非常縝密
- ·充分利用甲骨文、銘文等語料研究先秦專書語言

---

[*]　香港能仁專上學院客座副教授。本文原刊於《中國文哲研究通訊》第20卷第2期（2010年6月），頁35-52。

　　〈尚書的文法及其年代〉是定生師一九二八年十月十七日發表於
《國立中山大學語言歷史學研究所週刊》（後文簡稱《中大週刊》）第
五集第四十九、五十、五十一期合刊的一篇古代語法研究專文，距今
將近百年。全文一九七頁，[1]接近二十萬字；發表時作者的年齡才十
七歲。

　　在此之前，定生師已在同年的《中大週刊》第三集第三十一至三
十三期分三篇發表了〈漢以前的文法研究〉。[2]雖然該文聲稱以春秋戰
國時期為對象，研究古代文法的演變軌跡[3]，實際上該文第一篇只檢
討了《爾雅》、《助字辨略》、《經傳釋詞》、《經詞衍釋》、《讀書疑義舉
例》、《馬氏文通》等「過去幾本文法書與本題的關係」；[4]第二篇則概
述當時「甲骨文、彝器文（按：即今天的銅器銘文）、尚書二十八
篇、論語、詩三百及其它」等「新的材料問題」；[5]第三篇才開始討論
「古代文法，變化的跡象，比較更明顯的」代詞，但也止於探討商代
甲骨文的三身人稱代詞。[6]也就是說，〈漢以前的文法研究〉主要內容
在第三篇，探討的只是漢代以前的代詞（只寫了商代部分），未及其
他。該文雖然沒有提到作於甚麼時間，據《中大週刊》第三十二期
（一九二八年六月六日出版）第二篇發表時附記日期為「十七，四，
廿八」來看，全文三篇大約寫成於該年四月之後。

　　王學典、孫延傑合著的《顧頡剛和他的弟子們》一書指出，顧頡
剛於一九二七年受好友傅斯年之邀，從廈門前來廣州中山大學出任史

1　《國立中山大學語言歷史學研究所週刊》第5集，頁1783-1979。

2　第3集第31期週刊封面題作《漢以前文法研究》，脫一「的」字。又第31期出版日期
　　為五月三十一日，第32期出版日期為六月六日，第33期出版日期為六月十三日。

3　見《中大週刊》第3集第31期，頁1025「一、本題的範圍」。

4　《中大週刊》，頁1026，第二節標題。

5　《中大週刊》第32期，頁1059，第三節標題。

6　《中大週刊》第33期，頁1095。

學教授兼主任，定生師同年考入中山大學；次年，與陳槃等同學選了顧頡剛的課，成為顧頡剛最早的學生。這年三月八日，定生師以書信與顧頡剛討論《山海經》的年代及《論衡》〈亂龍〉篇的真偽問題[7]，在顧頡剛的建議下，從事古代文法的研究，結果寫成了〈漢以前的文法研究〉。[8]

　　定生師在顧頡剛未到中大之前，曾於一九二七年在中大文學史課聽過魯迅講《尚書》〈堯典〉中堯叫鯀治水的內容，聽後對《尚書》發生興趣。在〈漢以前的文法研究〉第二篇寫成之後，當年五月，定生師有兩次和顧頡剛通訊。第一次為五月一日，提到「日來正在披集古代文法研究的本論材料」[9]，似乎此時仍在續寫第三篇；第二次為五月二十五日，信中提到，「古代文法，我想仍須研究整個的結束。……卜辭中的代詞，我已寫完，（約萬餘字）。正在寫古彝器（鐘鼎二字太狹）及尚書。」在信中並說出他對甲骨文、《尚書》、彝器銘辭和《論》《孟》以後作品的看法：「頗竊覺得尚書等所以會和論孟及以後作品不同之故，大概是在：1.沒有連詞，2.沒有助詞。這兩種詞，於語氣的長短紆急，甚有關係。……故讀卜辭，和讀尚書及古彝器銘辭便不有很異樣的感覺。但它們仍不能完全一樣，則是到尚書及彝器時代，助詞及連詞已漸漸地發生也。不過尚書和彝器銘辭用這二（種）詞，不但少得很，而且也和後代不一樣。于是尚書又不同於語孟矣。……生想便以這一回的興趣，索性寫十萬字來結束古代整個的文法，師以為可否？這種工作，會值得做否？」[10]這應該是定生師寫完第三篇之後對古文法的觀點和往後的寫作計劃。顧頡剛把這封來信

7　《中大週刊》第2集第21期，頁640。

8　《顧頡剛和他的弟子們》（濟南：山東畫報出版社，2000年），頁110-114。

9　《中大週刊》第2集第30期，頁1011。

10　《中大週刊》第32期，頁1088-1089。

和他的覆信刊在第三十二期的學術通訊中。覆信寫道：「此函所言確
是研究古文辭最好的方法；用了這個方法研究，一定可以打破許多模
稜兩可的解釋而得到新的確切的解釋。……現在定生兄有了文法的工
具，而又有時代觀念去運用這個工具，不致如馬氏文通之混合三千年
文句作一種的解剖，必定可以有很大的成功。」

正是出於魯迅的感召、顧頡剛的誘導和鼓勵，促成了〈尚書的文
法及其年代〉一文的誕生。

二 與《尚書》的因緣

一九二七年，魯迅教文學史不到半個學期，因事離開廣州，這時
定生師自稱還沒有讀過《尚書》。[11]這年秋天，顧頡剛在中大講授《書
經研究》，定生師立刻選修了，覺得趣味很濃。學期將完，而《尚
書》難讀，還讀不到全書三分之一。次年春，《書經研究》接講下
去，定生師仍在摸索《尚書》文字詰屈聱牙的趣味，常因一兩句句子
不平常，整天在玩味，津津不倦。這時讀了《胡適文存》的〈爾汝
篇〉[12]，覺得所論和《尚書》有不甚合拍的地方，於是對《尚書》的
「汝、爾」作研究，寫成一篇〈從胡適的爾汝篇到尚書去〉，送給顧
頡剛看，希望可以在《中大週刊》上發表。

---

11 《中大週刊》第5集第49、50、51期合刊，頁1783。

12 按：〈爾汝篇〉原載一九一七年三月《留美學生季報》春季第1號，又載一九一八年
 二月五日至六日《北京大學日刊》，後收入《胡適文存》卷二，上海亞東圖書館一
 九二一年出版。該文據〈檀弓〉之「爾、汝」用法，歸納為：一、爾為偏次，猶今
 「你的」；二、汝為主次，位於句中動詞之前；三、汝為賓次，位於動詞之後為其
 止詞。又有五條通則：第一、汝為單數對稱代詞；第二、爾為眾數對稱代詞；第
 三、爾為偏次位於名詞之前，猶今人言「你的」與「你們的」（按：此條似與第二
 條重複）；第四、爾為偏次位於代詞「所」字之前；第五、爾汝兩字同為上稱下及
 同輩至親相稱之詞。

兩天之後，顧頡剛把稿交回，定生師看了評語，才知道自己連《尚書》今古文還分不清，不禁失笑。於是不再修改該文，而進一步按顧頡剛的意思，作《尚書》全部代詞的研究。

事後定生師認為，要研究《尚書》代詞，必須比較他書的代詞，於是索性作更大規模研究。在顧頡剛的建議下，開始從事漢以前的文法研究，結果寫成〈漢以前的文法研究〉。可見，〈尚書的文法及其年代〉一文和〈漢以前的文法研究〉的關係密不可分。

以時間論，在開始寫〈漢以前的文法研究〉一文的前論時，定生師的《尚書》已讀了一遍，並且放棄了古文，專讀今文。同時，在看完《尚書古文疏證》、《助字辨略》、《經傳釋詞》、《經詞衍釋》、《古書疑義舉例》、《爾雅》、《馬氏文通》等語文專書之後，還看了幾百個鐘鼎文和《殷墟文字考釋》的甲骨文字，之後再到圖書館瀏覽秦代及以前的各類作品，所以寫前論的時候，對先秦文法的言論已比較舒展而不致囁嚅疑慮了。

〈漢以前的文法研究〉一篇之所以只寫甲骨文的代詞，是因為弄不清《盤庚》的年代，無法寫下去。六月一日，定生師有長信與顧頡剛討論《盤庚》時代問題，但沒有結果；直至七月九日，〈尚書的文法及其年代〉大概還未動筆，仍在書信中跟顧頡剛討論原訂題目《盤庚之時代探討》是否要把範圍擴大。[13]

這年暑假，顧頡剛因為編上古史講義，留在廣州，《中大週刊》也因此由他編輯。鑒於《週刊》缺稿，於是顧頡剛囑定生師把《尚書》各問題，寫成文章，在《週刊》發表。定生師於是決定把《尚書》文法作獨立的研究。[14] 〈尚書的文法及其年代〉就在這樣的偶然下促成。

---

13 上述二信分別見《中大週刊》第4集第40期，頁1447；及第4集第42期，頁1513。

14 關於〈尚書的文法及其年代〉一文的發表經過也見於該文前的「作者的自白」，《中大週刊》第5集第49、50、51期合刊，頁1783-1792。

三　〈尚書的文法及其年代〉的特點

〈尚書的文法及其年代〉是一篇長文，要評述它，必須由介紹它的內容特點開始。

（一）取徑獨特　以簡馭繁

研究語法的文章，一般路徑都由詞語和句子開始，介紹詞語的分類（詞類）和句子的結構。一提詞語分類，就不得不談實詞；一提句子結構，就不得不談實詞在句子中擔當的角色。實詞是個開放類，數量非常多，很難作窮盡說明；句子結構雖然有一定的數量和格式，但一旦跟實詞牽扯在一起，句子的系統或法則就變得龐雜而不容易突出重點。

〈尚書的文法及其年代〉一文最大的特點，就是作者在〈漢以前的文法研究〉中，已對先秦「變化跡象比較明顯」的代詞建立了比較全面的認識，結果順勢開展，在研究過程上繞過了實詞和句子結構的臃腫部分，直接從代詞和虛詞著手。

代詞和虛詞在古代漢語中雖然為數不多，但都是句子結構框架和句型特徵的主要部分，二者的語言規則或系統比較明顯，歷時的變化容易觀察；而且又是封閉類，不但數量有限，分析時易於駕馭，對年青的研究者畢竟容易入手。從這個起跑點出發，一篇簡單明瞭的論文架構便順利產生了。全文的論述，圍繞著代詞和虛字，有以下內容：

一、代詞
　　1.我、予、朕（頁1795）
　　2.汝、爾（頁1821）
　　（附「乃」，頁1829）

3.其、之、厥（頁1830）

二、虛字[15]

1.惟（頁1848）

2.肆（頁1887）

3.連詞

（1）乃（頁1892）

（2）矧（頁1896）

（3）越（頁1901）

（4）則（頁1904）

（5）「故」「與」「而」「雖」及其他（頁1909）

4.助詞（矣、焉、哉）（頁1913）

三、成語[16]（頁1923）

1.哲迪（頁1926）

2.格知（頁1930）

3.受命（頁1935）

4.圖功（頁1937）

5.棐忱（頁1939）

6.有辭（頁1943）

---

15 本文的「虛字」包括連詞和助詞。原因是：「從前嘗以為《尚書》之所以異于後代之文，是因為連詞及助詞的關係；以故想將『連詞』及『助詞』分部研究之。繼后（按：原作『繼局』）覺得所謂連詞助詞者，在《尚書》中本無固定界限──換句說，即，那個字是連詞，那個字是助詞，初無可把住處。……詞的界限既不分明，于是，轉所欲研究詞性──以詞性為本位──的方向而研究字。例如『惟』字，《尚書》中幾乎沒一篇沒用過的。『惟』字是甚麼詞呢？『惟』字是虛字吧？我們到不可不試來分析一下；于是，這裏研究的目標，固然仍在注意于連詞助詞，而標以『虛字』者，以使我人研究的方向較擴大也。」（頁1843）

16 原作「四、成語」，今按上文次序改正。

7.不畀（頁1946）

8.怙冒（頁1948）

9.姦宄（頁1949）

10.天顯（頁1950）

11.印欶（頁1051）

12.勤毖（頁1952）

13.小腆（頁1954）

14.不靜（頁1954）

15.不典（頁1954）

16.考翼（頁1955）

　　從上述的內容簡表看，〈尚書的文法及其年代〉一文只討論了
「我、予、朕、汝、爾（附「乃」）、其、厥、之」八個代詞，「惟、
肆，乃、矧、越、則、故、與、而、雖（及其他）」等十多個虛字及
連詞，「矣、焉、哉」三個助詞，以及「哲迪、格知、受命、圖功、
棐忱、有辭、不畀、怙冒、姦宄、天顯、印欶、勤毖、小腆、不靜、
不典、考翼」等十六個成語。全篇以代詞、虛字、成語這三部分來討
論《尚書》文法，內容看似雖然非常簡單，但以語言的屬性來說，無
疑已觸了及《尚書》語言的各類成分。這三部分的分類與組合，以今
天語言學的角度來看仍是相當正確而合理的。代詞是一類介乎實詞與
虛詞的詞類，今天學者對代詞的屬性屬於實詞還是虛詞，仍有不同的
意見，可以作為獨立的一類處理。虛字包含連詞和助詞，當然沒有問
題。成語很明顯是最有代表性的實詞部分，從王國維（1877-1927）、
于省吾（1896-1984）等人開始，對《詩》《書》成語的注意幾乎成為

研究先秦語言中詞語結構和意義的突破點。[17]

　　在對待成語方面，定生師也有過人之處。他以清晰的文法觀念把成語分為（1）字組（word group）、（2）參合詞（compound）和（3）孳乳字（derivation）三類。他認為字組即「短句」（clause），可以從字面解釋；「參合詞」，和「孳乳」詞則永遠不能純靠字面解釋。[18]他一方面重視「成語」的時代特點的辨偽作用和孳乳關係，一方面結合他對代詞、虛字研究所得的結論來分析成語。這些特別的做法不但在分析時能夠以簡馭繁，同時也使他超越了前人對《尚書》成語的研究而成為本文的一大特點。他說：

> 《尚書》的成語之在《尚書》文法研究上，委實是重要的一部分。「助詞」之於文章，還不過幾個。如「也」，「乎」，「與」……等，寥寥可數，故容易提醒人家的乖覺。「成語」則不然。假若真有一篇古代的文章，文章而有「成語」，這是件免不了的事，而且也沒法子以非其時代的意識去分析（析），後人要傚作，自然不能著力於模倣徹底，故傚作則傚作矣，露綻委實防不勝防。……故我在這尚書時代的研究中，「成語」到是更有力量分析時代的工具。

> 在我們還沒有法子可以發見《大誥》也不必是真時代的作品之前，我姑且以《大誥》做研究的目標。（不是標準）據我的「代詞」，「虛字」，和「助詞」研究所得結果，《大誥》好像真的成

17　定生師當時並非從這個角度出發而選取這三部分內容作論述。他之所以拿這三部分作研究範圍是出自己以下的經驗：「尚書文法的變化，以代詞，虛字為較明顯；而成語之用，也頗有差異，故即從此數點比較之。」（頁1794）

18　見頁1924。

分很多很多——幾乎可以說是真的，至少在周書各篇中，可以
是這樣承認。……所以，為敘述和閱看的便利之故，以〈大
誥〉的「成語」為目標，依次排列，漸以及於它篇，作詳細的
分析、比較，使其關係釐然；也因為這裏有側重於「時代」方
面的要求，所以沒有相關係的「成語」，便不逐一去解釋。

所謂以〈大誥〉的成語為目標者，例如，屬於「迪」字的成
語，如〈康誥〉的「迪屢」，「迪知」，「迪吉康」，〈酒誥〉的
「迪畏」，〈洛誥〉的「迪格保」，「迪從子保」……等，皆率歸
〈大誥〉的「哲迪」一類；又，因為其關係的痕跡是明顯的，
故其「字形」之倒置轉換，皆不有定序，初不必因「哲迪」而
其它成語都為「？迪」的樣式也。現在，讓我們來看《尚書》
「成語的把戲」。[19]

　這樣，定生師在討論十六個成語之後，按「字組、參合詞和孳乳
詞」的分類附收了二十個在《尚書》各篇中出現超過二次以上的成語
和八十三個孳乳詞及其他成語，結果，以最簡單有效的方式處理了
《尚書》中超過一百個以上的成語。
　從「代詞、虛字、成語」這三部分來看，本文已掌握了先秦漢語
的核心部分，全文的結構因此而簡單，內容卻具體而微，照顧到《尚
書》語言的各類成分。從語言分析的角度看，這樣的處理手法是經濟
的，觀察的過程是有序的。

---

19 見頁1925-1926。

（二）分析細致　觀察入微

　　本文的另一特點是對所選的語言成分作了充分分析，這是語言研究理想而成熟的做法。按當時的學術規範看，這樣的做法實在是超前的了。定生師在該文中，對涉及的《尚書》今文每一個代詞、虛字、成語，幾乎都作了窮盡性研究。作者先統計字例的數量，然後按句例或用法、出處列製表格，一目了然。全文所用表格有編號的共二十八號，連沒有編號的計算在內，一共三十八張表，把所討論的語言樣本網羅在內。

　　分析語料除了表現在數據之外，還有質的表現。定生師於每部分之後，都有一個簡明的總結，歸納出其個人超凡的見解。現在從代詞、虛字（包括連連詞、助詞）等部分的總結選錄若干內容為例，以見其卓識一斑。

　　第一身代詞總結：

> 照表五表六看，我們知道「我」字（現是）在第一身中用次最多，而「主位」同「領位」是相若的了，但，大誥卻不合于這個方向。大誥的用「我」幾乎是專在「領位」，而主位則用「予」；以其篇中需要主位代詞多，故用「予」便多于用「我」，這可見其用這二字的通例。[20]

　　第二身代詞總結：

> 《周書》各篇，誥誡大眾的文儘多，然皆絕對用「爾」而不用「汝」，凡用「汝」時皆在單數。今商書所用，則不統一了，

20　見頁1812。

但還不奇；乃「汝」竟與《周書》各篇恰恰站在相反的地位，用於「眾數」。這分明是甚可注意的一回大轉變。我們看，在《周書》之末，只有〈費誓〉是以「汝」在眾數用的。然則盤庚洋洋然用了三十八次的「汝」而用法與〈費誓〉一樣，這難道是偶然的事！盤庚用「我」像〈大誥〉，用「汝」如費誓，這是其麼緣故呢？

抑又可以看出，「爾」字在周篇中，皆不假借作單數用。（惟〈酒誥〉一用。又顧命用「汝」于眾一，此頗可疑。）而費誓中則亦純用「汝」（，）乃〈盤庚〉、〈湯誓〉等則兼而有之。此尤有趣。我們知道兼「汝爾」而用于單數，惟春秋以後有之。謹嚴如《論語》，終有「爾汝」兼于單數用的；而用「汝」于眾數則自〈盤庚〉及〈湯誓〉，或〈費誓〉、〈秦誓〉始。我人倘若謂要推源「汝爾」並用的由來，我們敢決不始于西周。何以故，以西周銅器不有「爾」字故。周器有「爾」始于「齊侯鼉」、「齊中鼉」，此二器皆出春秋時。故若嚴格地說，《尚書》已不必是西周之作。此有二証，一是「予」字之為「余」字之假借字，甲骨及銅器皆無之。一就是春秋以前——甲骨及銅器——無「爾」也。「爾」與「汝」字之在周篇中，分用謹嚴，而〈盤庚〉則混用，遂以開論語以後之風。然則準此以論，〈盤庚〉其後于《周書》各篇乎？〈費誓〉用「汝」與〈盤庚〉同了，短短一文中，「汝」已七見，而不用「爾」。……〈秦誓〉（按：原作「誓秦」）亦誥告大眾者也，而亦曰：「我誓告汝群言之首」，是秦誓之世，固用「汝」于眾數了也。若有人曰，「汝」字或是後人改錯。那更好，後人若改錯便為「汝」，則〈盤庚〉洋洋三十餘個，恰恰將〈盤庚〉定了一個後出的鐵案。[21]

---

21 見頁1829。

第三身代詞總結：

第三身的代詞，「之」字之在西周，是不作賓位用的。作賓位
用，是後來才發達的，故《詩經》中用此最多。我們看西周銅
器，都是「其子子孫孫萬年永寶用」，作「永寶用之」的，多
是東周以後器。……「其」字自古便是代詞，但，作在領位
的，也是後來──東周以後的事。[22]

連詞總結：

看各連詞的用法，以「乃」字、「惟」字、「越」字、「矧」字
四字為最古。然「乃」字與「惟」字的變化頗少，故使用亦最
普遍。「矧」字，則為「互連詞」，其用法為否定「連對」
（conjunction-pairs）式；用作肯定，則其勢必成單用，那末，
是晚出的方法了。「越」字為單純挈合字（connective-word），
凡二個以上或十幾個名詞相連時，最少必一用之；有時也做
「次等」（secondary）的用法，相當於晚出的連詞「至于」。
除這四個之外，「則」字、「故」字、「與」字、「而」字、「至
于」等，皆係晚出的字；而諸詞中，尤以「而」字為最後。
我們為要清醒眉目起見，將這結論，製成幾條通則，來做尚書
的「量尺」：
1.「惟」字彈性甚大，惟若用為「非……惟」之連詞式時，則
  係晚出。
2.「乃」是獨用連詞，可與「唯」字合用，沒有甚麼演變。

---

22 見頁1830。

3. 「越」字是個純粹的挈合字，連絡許多名詞時，必用他。倘若不用，或是用其他同價的字形時，必非「越」字的時代用法。

4. 「㐱」字是個「互連詞」，否定樣式，故常與「不」，「罔」等連用；若用作肯定式，成為單連詞時，則非「㐱」字的時代用法。

5. 「則」字不是初周連詞，故用「則」字，便不是初周的時代。最多西周末始有之。〈散氏盤〉有「則爰千罰千」之句。

6. 「故」字不是初周連詞，故用「故」字，便不是初周時代。

7. 「雖」字不是初周連詞，故用「雖」字，便不是初周時代。

8. 「與」字是「越」字第一義的異形字，後出。用「與」者必非「越」字時代。

9. 「至于」字為「越」字第二義（即次等）的異形字，出於春秋前後；用此字者，必非「越」字時代。

10. 「而」字是東周以後字，盛於春秋戰國；用此字者，決非西周時代。[23]

助詞總結：

《尚書》不是簡直沒有助詞的嗎？除了《虞書》、《夏書》，幾乎商、周二書所有夠不上五十個。這不要說別的，《易》〈繫辭〉四千多字，居然用了差不多二百個「助詞」這一點比較，便知道《尚書》和後代載籍的分野。……

---

23 見頁1910-1911。

於是我人可以得一結論曰：

1. 《尚書》之正確時代，無確立的「助詞」。
2. 因為無助詞之故，故成另一種不需要助詞的文體。
3. 故《尚書》之所謂「助詞」者，幾乎多少是「歎詞」罷了。
4. 後代——東周以後的「助詞」便不然了！大規模的，有組織的！故應用甚發達。
5. 為其應用的規模大，故同時其文體的一部分生命寄於「助詞」之上。故其所謂「助詞」，兼有述語之重要。
6. 故《尚書》不需要「助詞」而《尚書》成文。
7. 而後代文則有時竟因無「助詞」而不成話或反意義也。
8. 此即正確的《尚書》和後代文的界線。[24]

連詞、助詞的總結部分，除了借助語法分析之外，所用的表述方式，從上引片段看，還充滿嚴謹的形式邏輯的味道。

在分析虛字部分的時候，定生師同時又對例句作了語法圖解（從頁1845開始），以此鑑定各個虛字的語法功能和語法角色，這即在今天來說也是很新的做法。在利用圖解之前，定生師還對各種圖解格式作了圖例說明。[25]這樣，就巧妙地利用虛詞作為句子骨架的特點，通過圖解法顯示了《尚書》的句子結構，結果對《尚書》的句子結構省去很多繁瑣的分析和敘述。

有了圖、表的幫助，分析固然細致，即使在附論的部分，也可以看到作者分析語言的做工，巨細不遺。例如，在「爾」字後附論代詞「乃」字的時候，他說：

---

24 見頁1920。
25 見頁1845-1847。

第二身有「乃」字，這個「乃」字乃用以擔任領位的。銅器中
皆然。此在〈盤庚〉中皆然，因為「汝」字是絕對不用在領位
的。所以〈皋陶謨〉不可靠，……而〈泰誓〉、〈大禹謨〉等也
便因此破綻。「汝」字用在領位，是春秋以後的事。[26]

這短短的幾行字，就讓人看到定生師除了對《尚書》本文分析細致之
外，還兼顧到典籍以外同時的金文。

四　〈尚書的文法及其年代〉的成就

〈尚書的文法及其年代〉一文雖然是在疑古派宗師顧頡剛號召之
下所作出的鑽研，目的又是在為《尚書》各篇辨真偽、定年代，但由
於定生師在語文方面（包括中、英文）有超凡的感悟力，即使他在那
個年代尚未曾受過多少語言學的訓諫，該文在古代漢語本體研究和漢
語史方面結果還是締造了不少有時代意義的成就。以下分別敘述之。

（一）對古代漢語本體研究的縱深開拓

所謂古代漢語本體研究，是指對古代漢語本身的分析和認知的探
求。該文在涉及的古漢語代詞、連詞甚至成語的研究方面，都有縱深
的開展。這些成果，以當時語言研究的水平來評估，固然石破天驚；
即使在今天，也具有原典或典範的意義，值得我們學習。例如：

1　代詞

代詞在古今漢語中常見，但目前大家對代詞的用法仍不盡瞭解。

---

26 見頁1829。

對古漢語的代詞更是這樣。雖然唐鈺明在上世紀七十年代已充分表述了第三身代詞「厥」和「其」的古今演變關係，但對二字的內質討論仍然沒有本文那樣豐富。[27]定生師在「其」「之」「厥」的總結說：

> 「其」字自古便是代詞，但，作在領位的，也是後來——東周以後的事。這有個健全的理由，便是，銅器既沒有在領位的用法，而「厥」字已完完全全任了領位了。「其」字在甲骨文，純粹作「理論主語」（logical subject）及「語勢」代詞而已[28]，至銅器時代也然；在尚書則大誥、康誥、梓材等，皆不嘗破例。

至今，學者研究代詞「其、厥」二字的關係或分別，都不能避開二者的「格位」問題不談，否則結論便模糊不清。[29]可見，以上定生師所論，是「其、厥」二者的重要語法認知。

2 連詞

連詞的分類是古漢語中的詞類區分問題。詞類區分一直是語法研究的重中之重。在處理連詞時，除了上文提到《尚書》連詞、助詞本無固定界限之外，還要面對的是《尚書》中連詞和副詞混而不分的瓜葛。定生師的解決方法即使在今天，也足以作為我們解決問題的借鏡。他說：

> ……連詞頗容易與副詞混。例如《尚書》中之「今」字，看來

---

27 唐鈺明：〈其、厥考〉，頁181，收入《著名中年語言學家自選集（唐鈺明卷）》（合肥：安徽教育出版社，2002年），頁180-188。

28 所謂「語勢」指強調語氣。

29 見朱其智：《西周銘文篇章指同及其相關語法研究》第一節「其作領格代詞及其指稱研究」（開封：河南大學出版社，2007年），頁106-115。

明是「副詞」，卻不能純以副詞解釋之，牠不但領了一個句子，分明與上下多少有點連絡。如：

「寧王惟卜用，克綏受茲命；今天其相民，矧亦惟卜用」——〈大誥〉的「今」字，不能純以「時間」解釋，甚明白也。不過，此句因「矧」字的關係，我頗疑其句子的樣式為：「矧今天其相民亦惟卜用」才于「矧」字的連詞用法，夠會正確，正和後文的「矧今天降戾于周邦」一樣結構；于是「今」字便較傾于副詞。（〈大誥〉篇末又有「矧今卜並吉」之句。〈大誥〉用「今」三次，我想，都為「矧今」之式。）但，我再看：「今王惟曰，先王既勤用明法……」——〈梓材〉此「今」字決非在限制「曰」字；此句之上為：「若作〈梓材〉，既勤樸斲，惟其塗丹雘。」「今」字是接上面的語氣而引起下文的，故「今」字當然至少有一半連詞的屬性。
……

故單就樣式講，（其實所謂文法，完全是樣式問題；離樣式，簡直無文法之存在，最少沒有統一的文法。）我以為，「副詞」同「連詞」是有個很清楚的分野的。比較乾脆一點說，「凡是用于每句句首的可以為副詞的詞，便是『連詞』，或是『半連詞』；同時，可以做『連詞』的詞，若置在第一字之後的，便是『副詞』。」這是我整理《尚書》的「副」「連」的意見——方法、公式。[30]

---

30 見頁1889-1890。

3 成語

定生師寫本文的時候，雖然以判別篇章的真偽為主，但文法觀念卻貫串整篇，充分表現他對語文的感受力。即使在處理成語問題時也不例外。例如，他在解釋「哲迪」時有這樣的分析：

〈大誥〉：「歷服弗造（引按：原作「這」）哲迪民康」，偽《孔傳》的「服行其政而不能為（造）智道（哲）以安人致使叛，（迪民康）」話來看，「哲迪」二字是分開的，故《蔡傳》曰：「弗能造明哲以導（迪）民於康」，然而膽子已小了許多，不敢輕易放過原文的字形。照他們的話，〈大誥〉這八個字的句讀，宜若：

「歷服弗造哲，迪民康，……」

這話是說得過去的，不過在文法的關係已不清醒，一；而在成語的關係上，更是割裂，二。蓋「弗」之與「矧」，是個「互連詞」，故全句是：

「歷服，弗造哲迪民康，矧曰其有能格知天命！」

其連詞式為「……弗……矧……」，「弗」字要醒現，故不應有再起的語氣如「迪」字下屬為短句，而且「哲迪」是成語。

我以為「哲迪」在這裏不是作名詞用的，這有二個理由：

（1），和後文「迪知上帝命」的性質同；（2），「格知天命」的組織同。

「歷服，

弗造……哲迪……民康，

矧曰，……其有能……格知……天命！」

而「迪知」和「格知」固皆作述語用的動詞也。故此句必不是

作「弗造哲迪〔于〕民康」解。[31]

這種以詞形和語法關係來處理成語的手法，的確能夠在傳統訓詁學之外別開生面，開拓古漢語實詞的研究界面。

(二)漢語史的成績

本文雖然以研究《尚書》的文法為主，由於定生師在動筆之前，已完成〈漢以前的文法研究〉一文，又看完《尚書古文疏證》、《助字辨略》、《經傳釋詞》、《經詞衍釋》、《古書疑義舉例》、《爾雅》、《馬氏文通》等語文專書，還看了幾百個鐘鼎文和《殷墟文字考釋》的甲骨文字，之後再到圖書館瀏覽秦代及以前的各類作品，到了寫本文的時候，對先秦文法早已成竹在胸。加上他要用文法手段分辨《尚書》的真偽和時代，所以在分析時「史」的意識分明，對《尚書》各種語言成分的歷時描述，更洋洋大觀，儼然是一篇簡明的先秦漢語史論文。

定生師的語言歷時意識在文中不同的地方都可以看到。他說：

一個時代的文章有其普遍的文法。（頁1787）
倘若不同時代，則必不能逃其時代文法之支配。（頁1794）
從商代的甲骨文，一變而為銅器文，再變而為《尚書》那樣的文字。（頁1794）
是什麼時代的書，必會合什麼時代的文法。（頁1025）

有了這些清晰的歷時概念，觀察所得的結論自然堅實，成為本文在漢語史上表現出來的特異成績。這些成績包括以下各點，即使在今

---

31 見頁1926。

天它們仍不失為漢語的時代標尺：

1. 「予」字之為「余」字之假借字，甲骨及銅器皆無之。（頁1829）

2. 「汝」字用在領位，乃春秋以後的事。（頁1829）

3. 「乃」字乃用以擔任領位的。銅器中皆然。（頁1829）

4. 我們知道兼「汝爾」而用于單數，惟春秋以後有之。……周器有「爾」始于「齊侯罍」、「齊中罍」，此二器皆出春秋時。（頁1829）

5. 「之」字之在西周，是不作賓位用的。作賓位用，是後來才發達的。（頁1830）

6. 「其」作在領位的，也是後來——東周以後的事。（頁1830）

7. 若用為「非……惟」之連詞式時，則係晚出。（頁1910）

8. 「則」字不是初周連詞，故用「則」字，便不是初周的時代。最多西周末始有之。（頁1910）

9. 「故」字不是初周連詞，故用「故」字，便不是初周時代。（頁1910）

10. 「雖」字不是初周連詞，故用「雖」字，便不是初周時代。（頁1910）

11. 「與」字是「越」字第一義的異形字，後出。（頁1910）

12. 「至于」字為「越」字第二義（即次等）的異形字，出於春秋前後。（頁1911）

13. 「矧」字用作肯定，則其勢必成單用，那末，是晚出的方法了。（頁1910）

14. 「而」字是東周以後字，盛於春秋戰國；用此字者，決非西周時代。（頁1911）

15.在附論《詩經》的時候，補充了以下一則晚出的「如何」：
用「如何」代「曷」。（頁1967）

（三）不足與繼進

一篇典範的文章，並不一定十全十美，面面俱圓的。計定生師本文從當年七月初動筆，至十月十七日刊登於《中大週刊》為止，除去編輯、排稿、校對等工序，寫作時間實不足三個月。在當時語言學理論、語言分析方法、檢索工具尚未發達，古漢語史料（主要指地下材料）不足而且時間倉卒的情況下，對《尚書》這樣古奧的先秦語言進行研究，肯定受到很大的制肘。然而定生師即使在這樣有限的條件下，單憑一己之力，突破樊籬，創建出一個堅實的《尚書》語法框架，作出令人驚歎的成績，實在難能可貴。在追求完美與感受迫蹙之間，定生師內心了然洞察本文論題的優劣所在，也同樣令人驚異。他說：

> 「太專注在今文自身了，遂爾將『惟』字放過。」（頁1790）
> 「于『惟』字之用法式樣，仍不是很精詳的。（頁1879）
> 「我于《尚書》，從前是《典謨》的辨，既而為《盤庚》之辨，皆是一步一步由文法事實上來」（頁1791）
> 「我頗相信助詞一篇，發揮頗透；成語也有甚透處，有甚不透處；《詩經》一段，也太草率，連詞也有好有壞。」[32]（頁1791）

以上所論的不足，只不過是他個人的感受而已。然而作為一篇語法論文，以今天觀點看，雖然文章的取徑得宜，但結論也只能算是初

---

32 按：《詩經》部分指本文在結論時談及的《詩經》成語部分。

步觀察，還欠缺具體的分析和論證，在方法論上未免顯得粗糙。

另外，上述的十五條標尺，到了今天，也漸漸受到嚴格的學術檢查。其中「予、乃、則、與、而」（第1、3、8、11、14條），已得到學者證實。[33]其餘各條，有的被否定，有的尚未得到注意，或者需要調整。情況如下：

一、被否定的：

　　1.「之」字在西周，不用於賓位；[34]

　　2.「其」字用於領位，在東周之後；[35]

二、至今尚未得到充分注意的：

　　1.「汝」字用於領格，乃春秋以後的事；[36]

　　2.周器有代詞「爾」始于春秋時；[37]

---

33 「予」字見馬國權：〈兩周銅器銘文代詞初探〉，《中國語文研究》第3期（1981年），頁67；陳昭容：〈先秦古文字材料中所見的第一人稱代詞〉，《中國文字》新16期（1992年），頁209-210。「乃」字見朱其智：《西周銘文篇章指同及其相關語法研究》，頁71。「則」字見陳初生：《金文常用字典》（西安：陝西人民出版社，1987年），頁467。「與」字見大西克也：〈並列連詞「及」「與」在出土文獻中的分布及上古漢語方言語法〉，頁130-131。收入於郭錫良主編：第二屆國際古漢語語法研討會《古漢語語法論集》（北京：語文出版社，1998年），頁130-143。「而」字見陳永正：〈西周秋春銅器銘文中的聯結詞〉，《古文字研究》第十五輯（北京：中華書局，1986年），頁321。

34 西周金文「之」字作賓語，可指代物或人，例子見朱其智：《西周銘文篇章指同及其相關語法研究》，頁171-175頁。

35 西周金文「其」字作領位，例子見朱其智：《西周銘文篇章指同及其相關語法研究》，頁106。

36 「汝」字用於領位，這論題至今仍少人討論。

37 西周銘文只有七例「爾」字句，徐中舒、唐蘭、裘錫圭、孫稚雛、于省吾、洪家義、馬承源、白川靜等人都曾討論過，但意見不一，「以誰為準，不知所從」。見朱其智：《西周銘文篇章指同及其相關語法研究》，頁69-71。

三、需要調整的：

「矧、故、雖、及、至于」等條的年代模糊，需要定出準確的時間。

以上無論哪一項，如果得到充分的語料論證，都足以成為今天漢語史的有意義論題。

可見，〈尚書的文法及其年代〉當時雖然在沒有專業導師指導之下完成，而且又是一篇典型的少作，然而它的內容、方法、結論、留下有待解決的論題，無論對古籍研究或語言研究，無疑都是定生師給我們留下的一筆豐厚的遺產。

五　贊語

自古以來，有關經籍和語言學的著作，都是屬於老師宿儒的；年青一代，很難有置喙的份兒。一九二八年，中國廣東揭陽一個十七八歲的青年，在兩位大師的感召和鼓勵下，憑著個人出眾的才華，初試身手，在《尚書》這棵千年怪樹上深深揮了一刀。力度之大，九十年後，仍然鏗然有聲，痕跡依舊鮮明。這一刀，是中國學術史上的一件大事；這一年，也將成為世界語言學史上特別的一年。定生師此作，與宇宙間所有少年英雄們的創舉一樣，永遠受人景仰懷念！

2010年5月5日初稿
2021年3月15日修訂

後記

　　政治大學車行健老師長期關注民國時期經學研究與戰後臺灣經學發展的議題，《何定生著作集》的整理和出版，是老師多年來投放大量心力的階段性成果。箇中經過與轉折，老師在《著作集一》已有詳盡說明。筆者研究所在學期間，有幸參與其中，並協助製作《經師身影——臺灣大學何定生教授》短片。博士班畢業後，個人研究方向由《尚書》訓詁、校勘問題，延伸至《詩經》《尚書》的語法分析。經過與車老師商量後決定，申請科技部博士後延攬案補助，獲通過，遂以半年時間，重返母校為《何定生著作集二：尚書與文法》進行校訂。過程中，除了經常與車老師往返討論校對問題，亦承蒙中研院文哲所蔣秋華老師撥冗審閱稿件，提供意見。又得曾志雄教授同意，收錄其大作。去年秋季，筆者在2021年第4次的經學講會「顧頡剛與戰後臺灣經學暨何定生著作重刊發佈會」（國立政治大學達賢圖書館，2021年11月6日）上，略就整理《著作集二》的觀察心得，發表〈何定生古代文法研究對尚書考辨的貢獻〉，承臺灣師範大學國文系金培懿、許華峰二位師長的提問指正，獲益良多。另外，學友張斯翔博士、黃澤鈞博士、徐偉軒博士協助辨識何氏手書文字，萬卷樓圖書公司總編輯張晏瑞博士的支持，呂玉姍編輯的協助，都是本書能順利完成的關鍵，筆者謹此深致謝意。

2022年7月31日

盧啟聰於中國文哲研究所

臺灣經學叢刊　0505004

何定生著作集二：尚書與文法

原　　著	何定生	
主　　編	車行健	
整　　理	盧啟聰	
責任編輯	呂玉姍	
特約校稿	林秋芬	

發 行 人　林慶彰

總 經 理　梁錦興

總 編 輯　張晏瑞

編 輯 所　萬卷樓圖書股份有限公司

　　　　　臺北市羅斯福路二段 41 號 6 樓之 3

　　　　　電話 (02)23216565

　　　　　傳真 (02)23218698

發　　行　萬卷樓圖書股份有限公司

　　　　　臺北市羅斯福路二段 41 號 6 樓之 3

　　　　　電話 (02)23216565

　　　　　傳真 (02)23218698

　　　　　電郵 SERVICE@WANJUAN.COM.TW

香港經銷　香港聯合書刊物流有限公司

　　　　　電話 (852)21502100

　　　　　傳真 (852)23560735

ISBN 978-986-478-555-1

2022 年 9 月初版

定價：新臺幣 660 元

如何購買本書：

1. 劃撥購書，請透過以下郵政劃撥帳號：

　帳號：15624015

　　戶名：萬卷樓圖書股份有限公司

2. 轉帳購書，請透過以下帳戶

　合作金庫銀行　古亭分行

　　戶名：萬卷樓圖書股份有限公司

　　帳號：0877717092596

3. 網路購書，請透過萬卷樓網站

　網址 WWW.WANJUAN.COM.TW

大量購書，請直接聯繫我們，將有專人為

您服務。客服：(02)23216565 分機 610

如有缺頁、破損或裝訂錯誤，請寄回更換

國家圖書館出版品預行編目資料

何定生著作集. 二, 尚書與文法/何定生原著 ；
車行健主編 ；盧啟聰整理. -- 初版. -- 臺北
市 ：萬卷樓圖書股份有限公司, 2022.09
　　面 ；　公分. -- (何定生著作集 ；505004)
ISBN 978-986-478-555-1(平裝)

1.何定生　2.學術思想　3.傳記

783.3886　　　　　　　　　　　110020672